高职高专素质教育系列精品教材

大学生职业生涯规划与就业指导教程

主　编：李伸荣　许　跃　邵海鸿

副主编：赵宝国　杨　晶　高祥禄

北京理工大学出版社
BEIJING INSTITUTE OF TECHNOLOGY PRESS

版权专有　侵权必究

图书在版编目(CIP)数据

大学生职业生涯规划与就业指导教程 / 李伸荣，许跃，邵海鸿主编 . -- 北京：北京理工大学出版社，2024.7.
ISBN 978-7-5763-3925-3
Ⅰ.G647.38
中国国家版本馆 CIP 数据核字第 2024LV7749 号

责任编辑：时京京	文案编辑：时京京
责任校对：周瑞红	责任印制：施胜娟

出版发行 / 北京理工大学出版社有限责任公司
社　　址 / 北京市丰台区四合庄路 6 号
邮　　编 / 100070
电　　话 /（010）68914026（教材售后服务热线）
　　　　　（010）68944437（课件资源服务热线）
网　　址 / http：//www.bitpress.com.cn

版 印 次 / 2024 年 7 月第 1 版第 1 次印刷
印　　刷 / 三河市天利华印刷装订有限公司
开　　本 / 787 mm×1092 mm　1/16
印　　张 / 17.5
字　　数 / 410 千字
定　　价 / 49.80 元

图书出现印装质量问题，请拨打售后服务热线，负责调换

Preface 前言

常言道："凡事预则立，不预则废。"对大学生来说，做好自己的职业生涯规划和接受系统的就业指导是非常必要的。为了引导大学生树立正确的职业观、就业观和择业观，帮助大学生提升职业生涯规划与就业能力，编者总结多年从事就业指导教学和实践的经验，编写了本书。

具体而言，本书具有以下几点特色：

1. 强化素养，立德树人

党的二十大报告指出："育人的根本在于立德。"本书有机融入党的二十大精神，以培养学生正确的人生观、价值观和就业观为己任，以职业素养培育为核心，将个人理想、文化自信、诚信品质、创新精神、社会责任等内容有机地融入正文与各模块中，引导并激励学生培养良好的职业素养，合理地规划自己的职业生涯，将来为全面建设社会主义现代化国家贡献自己的力量。

2. 强师共编，职业引领

本书的编写内容紧密围绕大学生的职业生涯规划和就业需求展开，力求帮助大学生解决在职业生涯规划和就业过程中可能遇到的实际问题，强调实用性和针对性，增强了职业引领功能，能有力地促使学生学以致用。

3. 紧跟时代，盘活课堂

本书切实践行"以学生为主体，以教师为主导，以培养解决问题的能力为根本"的教育理念，在内容的编排上出陈易新，紧跟时代步伐，大量选用既有示范性又有时代感的阅读材料和贴近大学生实际生活的实操案例，既有助于学生理解和掌握学习要点，也有助于教师更好地开展教学工作。

4. 理念创新，体例新颖

本书从方便学生学习的角度出发，遵循"理论知识够用，重视能力训练"的原则，采用"案例导入＋理论讲解＋实践训练"的结构框架进行编写，引导学生课前感知、课中探索、课后实践，充分体现了"做中学，学中做"的教育特色，能够更好地引导学生学习，培养学生的实践能力。

本书由李伸荣、许跃、邵海鸿担任主编，赵宝国、杨晶、高祥禄担任副主编。本书在编写过程中，参考了大量的资料并引用了部分文章。

由于编者水平有限，书中存在的不足之处，敬请广大读者批评指正。

Contents 目 录

项目一 生涯愿景 ... 1
学习目标 ... 1
能力目标 ... 1
素质目标 ... 1
案例导入 ... 1
任务一 了解大学的意义 ... 2
任务二 了解职业生涯 ... 5
任务三 了解职业生涯规划 ... 9
任务四 明确职业生涯规划的意义 ... 17
项目实训练习 ... 22

项目二 专业探索 ... 25
学习目标 ... 25
能力目标 ... 25
素质目标 ... 25
案例导入 ... 25
任务一 走进职业世界 ... 26
任务二 了解行业、专业、企业与职业 ... 30
任务三 我国职业环境分析 ... 35
任务四 探索目标职业 ... 41
任务五 新时代职业发展的趋势 ... 45
项目实训练习 ... 48

项目三 职业瞭望 ... 51
学习目标 ... 51
能力目标 ... 51

素质目标 ··· 51
　　案例导入 ··· 51
　　任务一　职业环境 ··· 52
　　任务二　职业意识 ··· 58
　　任务三　职业决策 ··· 64
　　项目实训练习 ··· 70

项目四　兴趣探索　73

　　学习目标 ··· 73
　　能力目标 ··· 73
　　素养目标 ··· 73
　　案例导入 ··· 73
　　任务一　兴趣与职业的关系 ··· 74
　　任务二　霍兰德职业兴趣理论 ··· 76
　　任务三　探索自己感兴趣的职业 ··· 80
　　项目实训练习 ··· 81

项目五　目标制订　84

　　学习目标 ··· 84
　　能力目标 ··· 84
　　素养目标 ··· 84
　　案例导入 ··· 84
　　任务一　制订职业生涯规划的影响因素 ······································· 85
　　任务二　制订职业生涯规划的依据、原则和步骤 ······························· 88
　　任务三　职业生涯目标的确立 ··· 94
　　任务四　撰写职业生涯规划书 ·· 102
　　任务五　职业生涯规划的评估与调整 ·· 103
　　项目实训练习 ·· 109

项目六　职业能力提升　111

　　学习目标 ·· 111
　　能力目标 ·· 111
　　素质目标 ·· 111
　　案例导入 ·· 111
　　任务一　能力与职业的关系 ·· 112

任务二　探索能力的思路和方法 ·················· 116
　　项目实训练习 ······································ 119

项目七　职业能力与技能提升　　121

　　学习目标 ·· 121
　　能力目标 ·· 121
　　素养目标 ·· 121
　　案例导入 ·· 121
　　任务一　专业能力提升 ···························· 122
　　任务二　通用能力提升 ···························· 124
　　任务三　技能的探索 ······························· 129
　　任务四　职业能力与技能测评 ··················· 134
　　项目实训练习 ······································ 137

项目八　大学生就业概述　　142

　　学习目标 ·· 142
　　技能目标 ·· 142
　　素养目标 ·· 142
　　案例导入 ·· 142
　　任务一　大学生就业形势 ························· 143
　　任务二　大学生就业政策 ························· 151
　　任务三　大学生就业市场 ························· 156
　　项目实训练习 ······································ 162

项目九　大学生就业准备　　163

　　学习目标 ·· 163
　　技能目标 ·· 163
　　素养目标 ·· 163
　　案例导入 ·· 163
　　任务一　调试就业心理 ···························· 164
　　任务二　收集就业信息 ···························· 168
　　任务三　撰写求职材料 ···························· 173
　　项目实训练习 ······································ 185

项目十　大学生求职实践　　188

学习目标 …………………………………… 188
技能目标 …………………………………… 188
素养目标 …………………………………… 188
案例导入 …………………………………… 188
任务一　求职礼仪 ………………………… 189
任务二　求职笔试 ………………………… 190
任务三　求职面试 ………………………… 195
项目实训练习 ……………………………… 205

项目十一　大学生就业权益　　207

学习目标 …………………………………… 207
素养目标 …………………………………… 207
案例导入 …………………………………… 207
任务一　就业协议书与劳动合同签订 …… 207
任务二　就业协议书与劳动合同的解除 … 215
项目实训练习 ……………………………… 216

项目十二　大学生自主创业　　217

学习目标 …………………………………… 217
技能目标 …………………………………… 217
素养目标 …………………………………… 217
案例导入 …………………………………… 217
任务一　大学生创业概述 ………………… 218
任务二　大学生创业条件 ………………… 221
任务三　大学生创业过程 ………………… 227
项目实训练习 ……………………………… 234

附　录　　236

附录1　教育部关于举办首届全国大学生职业规划大赛的通知 …… 236
附录2　首届全国大学生职业规划大赛成长赛道方案 …………… 239
附录3　首届全国大学生职业规划大赛就业赛道方案 …………… 240
附录4　职业规划大赛闯关指导手册 ……………………………… 242
附录5　MBTI性格测试详解 ……………………………………… 259

附录6　大学生职业生涯规划（过程）档案表 …………………………………… 261
附录7　练习：厘清自己的就业目标 …………………………………………… 265
附录8　生涯彩虹图 ……………………………………………………………… 267

参考文献　　　　　　　　　　　　　　　　　　　　　　　　　　　　269

项目一
生涯愿景

※ 学习目标

1. 掌握职业、职业生涯的含义和特点，了解职业对个人生活的重要意义。
2. 了解影响职业发展与规划的内外部因素，为职业规划做好准备。
3. 了解职业生涯规划的基本要素，学会基本的职业生涯规划技能。

※ 能力目标

1. 能够根据自己的实际情况，为自己规划职业生涯。
2. 正确认识自己的能力与职业价值观。

※ 素质目标

1. 树立为人民服务的意识，将自己的理想与祖国前途、民族命运联系起来，愿意为实现中国梦而努力奋斗。
2. 深刻认识到每个人都是与众不同的，愿意客观地认识自己，并给予他人包容和欣赏，积极构建和谐美好的人际关系。

※ 案例导入

我的人生我做主

小刘高中毕业后考入某高校，学习电子科学与技术专业。大学生活开始后不久，小刘看到老师拿着法考书，不由想起自己的父亲经商由于不懂法律被骗。于是，他有了学习法律、将来成为律师的想法。在得到老师的鼓励后，小刘辅修了法学双学位。在小刘的努力下，他在毕业时成功获得法学学士学位。他还参加了司法考试，获得了律师资格证书。

在法学本科和法考目标都顺利达成后，小刘开始重新审视自己。他觉得自己与法学专业的同学相比，存在不小的差距。于是，他继续努力学习，考上了某大学法学院的公费研究生，读民商法专业。在读研究生的过程中，小刘在强化日常学习的同时仔细分析民商法专业的就业前景，给自己确定了新的目标——从事律师非诉讼业务中的资本与证券运作工作。研究生毕业后，小刘凭借自己出色的专业能力顺利加盟北京某知名律师事务所，主要从事公司上市、并购与融资等业务的法律咨询工作。但是，小刘对自己现在的成绩并不满足，他又给自己定了下一个目标——学习私募投资或风险投资业务的相关知识，拓展自己的知识领域。回忆过去的学习之路，小刘感慨颇多。他从上大学开始，就一直在为自己规划将来的职业道路，并为实现目标而不断努力，从而为自己创造了一个光明的未来。小刘觉得，总结自己过去的经历，可以将其归纳为7个字，那就是"我的人生我做主"。

很多在校大学生认为，只有走出校园，准备参加工作时，才需要进行职业生涯规划。其实这种想法是错误的。大学生应该像小刘一样，主动培养规划意识，掌握一定的职业生涯规划方法，提前进行职业生涯规划。如果在大学期间没有提早进行规划，大学生就可能会在大学毕业、面临人生的重要选择时犹豫不决，从而影响自己将来的职业发展。

任务一　了解大学的意义

大学曾是我们梦寐以求的地方，如今身处大学校园，你对大学又有怎样的认识呢？你是否有种"不识庐山真面目，只缘身在此山中"的感觉？

有人说大学是一面镜子，也有人说大学是一座金矿，更有人说大学是一个世外桃源。当昨日梦想变成今天的现实，当步入向往已久的大学殿堂，你是否想过怎样在镜子前正视自我？怎样在金矿中寻找自我？怎样在世外桃源里赢得自我？

大学是一个崭新的人生舞台。在这个舞台上，我们可以尽情地追逐自己的兴趣与理想，为自己的事情做决定，将所学理论付诸实践，更可以从容地支配属于自己的时间。大学是教人独立思考、掌握学习方法、培养自学能力的地方。大学是一个让学生适应社会、适应不同工作岗位的平台。大学不能保证教师所教的每项技术在几年后仍然适用，也不能保证你可以学会每项技术，但是，大学可以教会你独立思考的方法，培养你举一反三、无师自通的能力，这些能力能够帮助你适应瞬息万变的未来世界。

※ 职业链接

大学应该这样读

我认为读大学比拿到文凭、能够就业更加重要的是，大学可以培养一个人的独立人格。我们从小到大都在学校与老师设定的单行道里冲锋，大学毕业后又要被生活、工作中的压力所困扰，如果真的有什么时候我们最有可能找到自己，那就是这个学习压力不太大、各种机会很多、经济压力未至、角色冲突还未出现的大学时期。如果在大学你活不出自己的样子，以后这项任务会越来越难，代价会越来越沉重。

而所谓的独立人格，一是了解自己的感受，能在社会、父母、家庭的各种价值主张下有自己独立的思考和判断；二是在不断地与人交往和完成任务中，从模糊到清晰地逐渐意识到自己的优势，并且有意识地寻找平台和机会进行发挥；三是对除了学生以外的其他生命角色有所了解，如社会人、朋友、同事、上下级、伴侣……只要你完成这些，不管大学里分数如何，就算过得成功了。

这个过程极不容易，需要反复地试错，在成功与失败、在恍然大悟与一无是处中摇摆，这种痛感快感只有真正经历过的人才会知道。这个过程没有教科书，也没有标准答案。大部分人惶恐、担忧、不敢投入，只有少数人敢于涉足。

大学，学些长大了要用到的东西，把自己培养成为一个你自己喜欢的人。请记住，值得去的地方永远没有捷径。

上大学要收获什么呢？关键不是大学能给予我们什么，而是我们能在大学里学到什么，这主要取决于我们自身的主观能动性。大学时期恰是学会做人、做事、做学问，学会生活的黄金时期。

一、学会做人

做人是人从出生到生命尽头都在学习的学问。当我们还在蹒跚学步、咿呀学语的时候，父母就开始充满希望地引导我们学做一个好人，并在以后的日子里不断地告诉我们应该如何为人处世待人接物。等到我们背起书包上了学，老师在传授知识的同时，更是谆谆教导我们要学做一个有所作为的人。"身体发肤，受之父母"，外在条件我们无法选择，但能否做个好人、做个有价值的人，却是可以选择的。学习做人非常重要，不知道如何做人，就不能真正地掌握生存本领；不知道如何做人，就不能成为一个纯粹的、有道德的人；不知道如何做人，就不能成为一个高尚的、有价值的人！学会做人，不仅仅指道德和伦理意义上的"做人"，更是一种对健全和完美人格的追求与修炼，使自己在情感、精神、交际、合作、审美、体能、道德创造等方面获得相对全面而充分的发展。

二、学会做事

学会做事是指采取正当的手段，运用自身能力，顺利实现目标的过程。社会上曾传出这样的声音：大学生有文凭，没素质；有知识，没能力！虽然这不是大学生群体的主流现象，但也说明了大学生能力培养有所欠缺的事实。那么，大学生应该如何提高自己"做事"的本领呢？

（1）主观上要树立积极做事的意愿。即使有能力、有机会，但如果本人不愿意发挥作用，就无法达到学会做事的目的。

（2）从小事做起，全面提高能力。大事、小事是相对的，积小事而成大事。"一屋不扫，何以扫天下？"眼前的小事不做，怎么去做看不见的大事呢？

（3）在提高自身能力的同时，要学会利用外界的力量。

（4）要审时度势，把握机会，找到自己擅长的领域，避免英雄无用武之地。

（5）所做事情要有利于社会，一个人能力再强，如果不用在正道上，就无法被社会接受。

（6）要注重培养责任意识、合作意识、创新意识、竞争意识等。

三、学会做学问

大学不同于小学、初中、高中的最根本原因，在于大学除了学习人类已有的、现成的知识成果外，更注重得出结论的过程和发现真理的方法，培养人做学问的思维。学会做学问，首先要树立科学的知识观，在继承前人优秀成果的同时，更要学会通往科学境地的方法；其次要学会学习，学会自主学习、创新学习、科学学习、终身学习和全面学习；最后要学以致用。"不闻不若闻之，闻之不若见之，见之不若知之，知之不若行之"，学而不用，浪费知识；学以致用，创造价值！

四、学会生活

生活是人生的重要组成部分，满意度高的生活状态会让我们事半功倍。学会生活包括学会独立生活、学会时间管理、学会情绪管理、学会健康管理。

（1）学会独立生活。部分家长缺乏对孩子独立生活能力的培养，导致孩子在遇到问题时很被动。在考入大学之前，除了学习之外的所有事情都由家长包办。考入大学之后，家长包办的条件不存在了，于是孩子不得不独自面对突如其来的大学生活。独立生活能力的差异导致同学之间生活状态也会不同。

看看身边的同学，有的学习、工作、生活安排得井井有条，而有的则一塌糊涂，甚至达到退学的地步。学会独立对进行精彩的大学生活具有非常重要的意义。学会独立，首先要增强独立意识。依赖和懒惰是人的本性，要克服与生俱来的本性需要有强烈的意念和坚定的信念。其次，要主动把握和创造独立生活的机会，让自己得到更多的锻炼。最后，要提高自身解决问题的能力，这样在需要独自面对生活的时候才会更加游刃有余。

（2）学会时间管理。时间不可缺少，也无法替代；时间不可存储，也无法增减，但时间可以管理。那么如何管理时间呢？首先，制订一个合理的计划，时间只给有合理安排的人。其次，要分清主次，把更多的时间花费在解决主要问题上。再次，确立正确的目标，并给目标设以时限，避免将大量的时间用于内耗上。最后，寻找解决问题的最佳途径，快速解决问题。

（3）学会情绪管理。情绪不但会影响人们的生理健康，更可能影响人生事业的成败。一个好的心态不仅能够让我们以更健康的体魄投入自己的事业，还能够让我们以愉快、乐观的心情跨过发展道路上的一切坎坷。

如何才能学会情绪管理？第一，体察自己的情绪。情绪有很多种，常见的积极情绪有爱、希望、信心、同情、乐观、忠诚等。时刻体察自己的情绪，学会调整、控制情绪。第二，从积极的角度思考问题，每个人都可能会遇到不愉快的事，更多地考虑这件事的积极影响，会有利于情绪的控制。第三，学着适当地表达情绪。把自己的感受用对方可以接受的方式来表达和沟通，当然，这有一定的难度，需要用心体会和揣摩。第四，遇到影响情绪的事情，不要急于马上解决问题，给自己一个缓冲，时间是情绪管理的特效药。第五，坚定必胜的信念，相信办法总比困难多。第六，用适宜的方式来舒缓情绪，有些人会听听音乐、大哭一场、大声喊叫、找朋友聊天、深呼吸、散步、逛街、进行体育运动等。舒缓情绪的目的是让自己好过一点，给自己一个厘清事情头绪的机会，也让自己能够更加从容地面对未来。如果纾解情绪的方式不当，如通过酗酒、摔东西等进行自我摧残与麻醉，则不能达到控制情绪、解决问题的目的，而只是暂时地逃避痛苦，而后需要承受更多的痛苦，这就不是"适宜"的缓解情绪的方式。

（4）学会健康管理。我们自身的健康情况如何？是不是该为自己的健康做点什么呢？现在很多人习惯享受各种便捷的服务：吃饭可以叫外卖，购物可以网购，娱乐可以直接通过网络资源来享受，学习可以通过网上共享资料来实现，即便出门也是直接网约车。这样的便捷生活使得大学生的主动运动越来越少，对身体的锻炼完全依靠主动运动来完成，其效果并不理想。大学生正值青春年少，身体状态是一生中最好的阶段，很多同学有不吃早餐、经常通宵熬夜等不良的生活习惯，短期看似乎对身体健康没有影响，其实已经潜藏危机。带着这样的危机去面对日后紧张的工作，健康状况怎能不让人担忧？

※ 案例导入

商务英语专业的张同学:"七天的入学教育结束了,其实挺累的,可也是这既累又充实的七天,让我对未来几年的大学生活有了更清楚的认识,也体验到了更为真实的大学生活。曾经从高中老师的口中听得那种令人憧憬的大学生活自由、开放、包容。总以为大学就是一个完全自由的天地,甚至可以说是一个不需要归属感的阶段,但现在明白了,其实真正的自由和开放应该是你有能力去掌控你的成长和生活。在入学教育中,我就已经了解到在大学里要面对的一些常见问题和困惑,如人际关系、学习工作甚至情感问题,看来大学要带给我的成长会是难以估量的,我也要做好准备,迎接这未来几年的生活。"

市场营销专业的李同学:"今晚,高年级的学长学姐和我们进行了新老生交流会,回答了好多我们不敢问老师的问题,大学生活好多彩……有学长说,如果大学可以重来,他想早睡早起,不想过那种熬夜之后上课无精打采的生活;有学姐说,她很后悔没有好好利用图书馆里的资源,因为慢慢会发现,学校真的是知识的海洋,而这些知识是只要你愿意就可以接触到的;还有一位学长说,如果可以重来,他一定要好好规划他的大学生活,因为这样才能让自己在毕业季的时候有更多的资本去竞争,而不是到了毕业时感到迷茫,充满挫败感。学长学姐们说得都很接地气,我们也问了旷课是不是真的没关系、挂科也没关系,他们的回答是'一切都是有规矩可循的',如果想要拥有不后悔的大学生活,最好的办法就是好好规划,督促自己过得有质量。成长还是需要努力……"

化学专业的林同学:"今天是各个协会纳新的日子,好热闹。突然觉得好像高中时期的自己,除了读书就没有什么别的能力了,况且书也没有读得很好。虽然上了大学,但我不知道自己在这几年中收获的东西是否对得起学费。突然觉得好迷茫,没有优势,不知道如何走出自己的世界,去和同学们、老师们进行交流。好想找个人聊聊,但是好朋友都不在身边,现在还没有与身边的人成为好朋友。我选择了心理健康协会,希望在面对困惑、迷茫的时候也懂得怎么管理自己的情绪,过快乐、健康、有意义的大学生活。"

在人生的道路上,大学阶段处在一个岔路口,走哪一条路,向哪个方向发展,在很大程度上决定一个人事业的成败。选对了方向,一路顺利;选错了方向,步履维艰。因此,把握好方向对每个人而言都尤为重要。

任务二　了解职业生涯

一、职业生涯的含义

"生涯"是在日常生活中使用非常频繁的一个词。在《现代汉语词典(第7版)》中,"生涯"指从事某种活动或职业的生活。在西方,"生涯"的本义是两轮马车,后引申为道路,即人生的发展道路,也可指人或事物所经历的成长途径,还指人一生中所扮演的系列角色。目前,国际上大多数学者较认同的是美国生涯理论研究专家舒伯(Donald E. Super)的观点。舒伯认为,"生涯"是生活中各种事件的演进方向和历程,它统合了个人一生中各种职业和生活角色,由此表现出个人独特的自我发展形态。

综上所述，职业生涯是指个体的职业角色发展形态的历程，它是个复杂的概念，由时间、范围和深度构成。时间指人的一生中不同的阶段，范围指人的一生中所扮演不同职业角色的数量，深度指人对一种职业角色的投入程度。职业生涯又称职业发展，简单地说，就是个人一生连续从事的工作行业和工作职务的发展道路，是一个人的终生职业经历，包括就业形态、工作经历及与职业相关的活动等。在职业生涯的各个阶段，都应重视职业生涯的发展，尤其是在职业生涯早期和中期，一定要把对职业生涯各因素的追求放在首位，因为它对一个人职业生涯的成功乃至人生的成功具有关键性作用。

砥节砺行

2021年4月19日，习近平总书记在清华大学考察时指出，"当代中国青年是与新时代同向同行、共同前进的一代，生逢盛世，肩负重任"，广大青年要"在攀登知识高峰中追求卓越，在肩负时代重任时行胜于言，在真刀真枪的实干中成就一番事业"，并嘱咐大学生要爱国爱民、锤炼品德、勇于创新，实学实干。当代大学生是民族伟大复兴进程的见证者和参与者，也是社会主义事业的生力军，应担当起党和人民赋予的历史重任，努力学好专业知识，掌握必要的专业技能，做好职业生涯规划，在激扬青春、开拓人生、奉献社会的进程中书写无愧于时代的篇章。

二、职业生涯的特点

研究职业生涯的特点可以帮助大学生更好地进行职业生涯规划。从总体上看，职业生涯主要有以下几个特点。

1. 可规划性

职业生涯规划的目的不是预言职业生涯发展过程中的具体细节，而是给个人提供一个总体的职业生涯发展状态的指导，战略性地把握职业生涯发展方向。在职业生涯发展过程中存在很多偶然性因素，职业生涯的可规划性正是表现在对职业生涯发展过程中许多偶然性因素的把握上。

2. 差异性

作为独特的个体，每个人在个人特质、性格气质、能力特点上都有差异，因而在职业目标的选择、职业规划的确定上都有所不同。在实现职业目标的道路上，个人行为方式的不同，努力程度的不同，导致最后实现目标的结果也必然有所差异。正是由于这种差异的存在，职业生涯规划才是个性化的。职业生涯规划越个性化，它对个体的职业生涯发展越具有切实的指导意义。

3. 阶段性

职业生涯的发展过程可以划分为不同的阶段。每个阶段都有不同的目标和任务，各个阶段之间并不是并列关系，前一阶段的状态是后一阶段的基础，各个阶段之间具有连续性和递进性。利用好职业生涯发展的阶段性，高质量地完成各阶段的任务对职业生涯的持续发展至关重要。

4. 发展性

职业生涯是一个动态的发展过程。一方面，个体自身通过持续不断的努力来提高个人能力和职业水平，通过实现职业追求来提升个人价值，从而承担越来越重要的社会角色；另一方面，个体在与他人、环境和社会的互动中，根据自己不断丰富的社会职业信息、个人职业能力、职业决策技术，制定出与该阶段相符合的职业生涯规划。

三、职业生涯的分类

职业生涯按照时代不同，可以分为传统职业生涯和现代职业生涯；按照不同的发展方向，可以分为外职业生涯和内职业生涯。

1. 传统职业生涯和现代职业生涯

①传统职业生涯。

传统职业生涯属于一种传统的终身雇用制度，一个人的全部职业生涯，包括从进入职场到退休都处在同一个组织的边界内，受限于同一雇主。传统职业生涯表现出严格的等级晋升过程，职业生涯流动的模式基本上就是个人在同一行业和职业中学习和成长，经过时间和经验的积累，呈现出由一个阶段向另一个阶段的直线性晋升的过程。员工与组织之间建立起一种忠诚的心理契约，员工以对企业的忠诚换取长期或终身的就业保障。组织对员工的技能要求只是单一的特殊技能，雇员不需要面临激烈的就业竞争和频繁的工作变换。

②现代职业生涯。

在20世纪80年代，劳动者要15~20年才会有一次工作变动；随后缩短为每隔10年劳动者会有一次工作变动；到20世纪90年代，缩短到每隔5年劳动者会有一次工作变动。进入21世纪，劳动者工作变动的频率更快，甚至一年换多次工作。人们将这种新型的职业生涯模式称为"无边界职业生涯"（boundaryless career）。人们通常所说的现代职业生涯就是指无边界职业生涯。

无边界职业生涯是指超越单个就业环境边界的一系列就业机会。无边界职业生涯最突出的特点就是跨越了组织边界，雇员的职业生涯不再局限在一个组织当中，而是在两个或多个组织中完成，组织不再愿意也很难为员工提供终身或长期的就业保障。员工主动或被迫地频繁流动，使得传统的建立在忠诚观念基础上的心理契约逐渐被以就业能力为基础的心理契约所取代。同时，传统的组织等级制度和晋升标准被打破，谁有学习能力、适应能力，谁就能处于职业生涯发展的主动地位。

③传统职业生涯向现代职业生涯转变的原因。

传统职业生涯向现代职业生涯的转变是多种因素共同作用的结果，如经济全球化、科技的进步、产业结构的调整等。

（1）经济全球化。经济全球化彻底改变了竞争的边界。员工不仅要面临国内日益增多的就业人员，同时也面临着来自不同国家的劳动力的就业竞争。就业环境的变化使得越来越多的劳动者不可能在一个组织内完成自己一生的职业生涯。虽然经济全球化表面上只是一个经济过程，但不可避免地在社会文化的层面上带来强烈的渗透和深刻的影响。人们的文化心理和价值观都受到强烈的冲击，从而使他们对于职业发展的认识发生了变化。

（2）科技的进步。随着科学技术的不断进步，科技转化为直接生产力的速度不断加快。科学技术的进步改变了人们的职业生涯。首先，科学技术的发展创造出许多新的职业岗位，也导致传统的"简单劳动型"职业岗位的消失。例如，《中国电子商务发展报告（2018—2019）》显示，2018年全国电子商务交易额达31.63万亿元，同比增长8.5%。其中，商品、服务类电子商务交易额30.61万亿元,增长14.5%。随着电子商务就业规模日益壮大,电子商务与实体经济融合发展加速,带动了更多人从事电子商务相关工作。在电子商务时代,实体店受到很大的冲击,在很多地区出现关闭浪潮。而许多实体店也正在转型结合线上、线下的特点,逐步体现出其展示与体验价值的重要作用。例如,天猫商户、当当网商户等都开实体店,让消费者体验更多的新产品,促进线上销售。电子商务的发展渐渐地改变着传统行业,从而改变了许多劳动者的职业生涯。其次,随着市场竞争的加剧和科学技术的进步,生产部门或企业的资本有机构成和劳动生产率不断提高,对劳动力的需求量相对减少,导致一部分在岗员工失业。

(3)产业结构的调整。随着经济的发展、生产的现代化,旧的生产形态和产业部门不断被淘汰;同时,新兴产业的涌现,尤其是第三产业的大幅增加提供了新的就业机会,不断地把原来分布于传统产业部门的劳动力转移到了第三产业。产业结构的调整成为推动无边界职业生涯形成的一个原因。不论是发展中国家还是发达国家,第一产业和第二产业中的员工不断向第三产业转移,使劳动者被迫进行职业变换,从而打破了原有的职业生涯边界。

2. 外职业生涯和内职业生涯

美国心理学教授埃德加·施恩(Edgar H. Schein)提出职业生涯包括内、外两部分,即职业生涯分为外职业生涯和内职业生涯。

①外职业生涯。

外职业生涯是指经历一种职业的通路(由教育开始,经过工作期直到退休),是一个人从事职业时的工作单位、工作地点、工作内容、工作职务、工作环境及这些因素与职称、工资待遇等因素的匹配组合,以及两类因素之间的动态匹配变化过程。外职业生涯的构成因素通常是由别人认可和给予的,也容易被别人否认和收回。

②内职业生涯。

内职业生涯是指一个人在工作中所具备的知识、观念、兴趣、心理素质、内心感受、经验、能力等因素的组合及其变化过程。内职业生涯强调职业者的主观感受,包括职业者对周围环境的认知评价及由此产生的态度。内职业生涯的各构成因素一旦取得,别人便不能收回或剥夺。内职业生涯是真正的人力资本所在。

③外职业生涯与内职业生涯的关系。

内职业生涯是根,职业生涯的每次飞跃发展都是以学习新知识、建立新观念为前提条件的,而这些都是内职业生涯的因素。外职业生涯发展是以内职业生涯发展为前提条件的,提高内职业生涯而取得的工作成绩,最终会转化为外职业生涯。人最有价值的是他的内职业生涯部分,因此,无论在任何时候,都要把工作的重点和焦点放在内职业生涯上面。

四、职业生涯成功的标准

在国外的研究中,职业生涯成功被界定为个人在工作经历中逐渐积累和获得积极的心理感受及与工作相关的成就,并将其分成客观职业生涯成功和主观职业生涯成功。客观职业生涯成功是指个体在职业生涯中获得的,能由公正的第三方可观察、可衡量、可证实的成果。主观职业生涯成功是指个体从他(她)认为重要的维度,对自己职业生涯内心的理解和评估。

1. 客观标准

职业生涯成功的客观标准，从本质上讲，主要集中在社会认可的"较高的薪金和职位"上，其他指标可以随"薪金和职位"的获得而拥有。毋庸置疑，以可感知和证实的"薪金和职位"作为客观成功的标准，使我们对职业生涯成功的评价具有了可操作的评价依据，同时也有助于人们明确职业追求的目标。

但片面地追求客观成功，往往会导致职业价值观的扭曲及其他一系列不良后果，另外，客观成功标准的局限性还在于，它忽视了职业生涯成功因个体、民族、社会和时代而具有的差异性，忽视了其评价标准所应有的多元性和层次性。

2. 主观标准

在强调客观成功标准的同时，不能忽视主观成功的标准，事实上，很多人在获得客观成功时，主观心理上却伴有失败感，因为"薪金和职位"并不能满足人的全部需求。

在大多数的时候，主观职业生涯成功可操作化的指标是指"工作或职业满意度"，成功不仅仅是一个社会的客观问题，也是一个人的主观问题。有些被社会认可的成功经理人，其实对自己的职业生涯并不满意，从主观职业生涯成功的标准来看，他们常认为自己是失败的。因此，对于衡量职业生涯成功的标准，应当引入个人的自我实现和工作意义的成分，具体包含自我认同、工作满意和精神满足等主观成功的评价指标。职业生涯成功主观标准的重视和提出，弥补了以客观标准片面地衡量职业生涯成功的某些不足。尽管如此，主观成功标准也有其自身的局限性，主观上的工作满意和精神满足只是一种个人化的心理感受，"职业满意度"并不能真正反映主观成功的本质内涵。

客观职业生涯成功与主观职业生涯成功是职业生涯成功的两个方面，只考查客观成功或只考查主观成功都是片面的，大学生应从"主客统一"的角度去评价职业生涯成功，同时兼顾主观、客观两方面，二者缺一不可。

任务三　了解职业生涯规划

随着我国高等教育招生范围的扩大，越来越多的人走进大学进行深造，这就带来了高校人才培养与社会人才需求之间的矛盾。因此，对大学生而言，能否了解自己、规划自己，进一步发掘自身特长对职业发展至关重要。可以说，职业生涯规划就是职业成功的起点。

一、职业生涯规划的含义

职业生涯规划（career planning）又称为职业生涯设计，是个人对所从事的职业进行自我计划和管理的过程。具体来说，职业生涯规划是指个人根据主体优势、能力水平、兴趣爱好和职业倾向等，结合时代特点、制约因素和机遇条件，为自己确立最佳的职业奋斗目标，并根据目标有效选择职业道路确定教育培训和发展计划，确定行动方向、行动时间和行动顺序的过程。

职业生涯规划不但与个体的主观因素有关，而且与个体周围存在的客观条件有密切关系。首先，职业生涯规划要切合个人的自身条件，尽力达到内外因素的最佳匹配。确定职业发展目标的关键是要人岗匹配，既不高攀，也不低就；并非收入高、地位高、权力大的工作就是好工作。职业生涯规划要求个体根据自身的兴趣、特点，通过对自己的内在因素进行测评找到自身的内部潜质，将自己定位在一个最能发挥自己长处的位置，选择最适合自己能力的职业。其次，职业生涯规划要充分利用周围存在的客观条件。职业生涯规划针对决定个人职业选择的主、客观因素进行分析和测评，确定个人的奋斗目标并选择符合这一目标的职业。职业生涯规划就是要找到客观与主观的最佳匹配点，使外部优势充分支持内部潜质，将二者的优势结合起来，创造发展平台，形成在职场打拼的强有力的核心竞争力。

※ 案例导入

有这么一家人，丈夫是教师，在一所中专学校教经济学；妻子在街面开一家折扣店，丈夫没有什么爱好，教学之余，除了到图书馆翻翻经济类杂志，就是到妻子的小店转悠转悠。妻子也没有什么大志向，除了卖纽扣，最多再卖些头饰、胸花之类的小饰品。

一天，丈夫告诉妻子，他有一个新发现。他说："昨天，我在图书馆看一份杂志，介绍的全是世界上的大公司，叫作'500强'。我发现，他们都是一根筋、一条路。"妻子问："什么意思？"丈夫说："打个比方，你卖纽扣，就只卖纽扣，卖所有品种的纽扣，店再大，都不卖别的。"妻子说："这算什么新发现！不就是开专业店吗？"丈夫说："好像是开专业店，但我搞不清楚的是，为什么成为'500强'的都是这些专业店，而不是其他的店，这里面一定有名堂。"

有了这一想法之后，丈夫对妻子说："以后再进货，头饰、胸花之类的东西，不要再进了。全进纽扣，有多少品种进多少品种，看看会怎么样。"

自此，一家"航空母舰式"的纽扣店在这座城市出现了。所有做纽扣批发和销售的人都是因这家纽扣店来到这座城市。

二、职业生涯规划的类型

按时间长短来划分，可以将职业生涯规划分为人生规划、长期规划、中期规划和短期规划（表1-3-1）；按职业问题处理方法来划分，可以将职业生涯规划分为依赖型职业生涯规划、直觉型职业生涯规划和理性型职业生涯规划（表1-3-2）。

表1-3-1 按时间长短划分的职业生涯规划

类型	定义及任务
人生规划	整个职业生涯的规划，时间长至40年左右，设定整个人生的发展目标
长期规划	5~10年的规划，主要设定较长远的目标
中期规划	一般为2~5年的目标与任务
短期规划	2年以内的规划，主要是确定近期目标、规划近期完成的任务

表 1-3-2　按职业问题处理方法划分的职业生涯规划

类型	定义及任务
依赖型职业生涯规划	依赖父母、朋友、老师，或遵从书本与社会舆论
直觉型职业生涯规划	凭自己的直觉和一时好恶作出决定
理性型职业生涯规划	综合考虑个人和职场等因素，分析利弊得失，作出相应的计划

三、职业生涯规划的构成

职业生涯规划主要由以下六部分构成。

1. 自我评估

自我评估是对自己做出全面的分析，主要包括对个人的需求、能力、兴趣、性格、气质等的分析，以确定自己适合哪些与之相匹配的职业。

2. 组织和社会环境分析

组织和社会环境分析是对自己所处的环境的分析，以确定自己是否适应组织环境或者社会环境的变化，以及怎样调整自己来适应组织和社会环境的需要。短期的规划比较注重组织环境的分析，长期的规划更多地注重社会环境的分析。

3. 生涯机会的评估

生涯机会的评估包括对长期的机会和短期的机会的评估。通过对社会环境的分析，结合个人的具体情况，评估有哪些长期的发展机会；通过对组织环境的分析，评估组织内有哪些短期的发展机会。通过对职业生涯机会的评估可以确定职业和职业发展目标。

4. 职业生涯目标的确定

职业生涯目标的确定包括人生目标、长期目标、中期目标与短期目标的确定，它们分别与人生规划、长期规划、中期规划和短期规划相对应。一般来说，先要根据个人的专业、性格、气质和价值观及社会的发展趋势确定自己的人生目标与长期目标，然后把人生目标和长期目标进行分化，根据个人的经历和所处的组织环境制订相应的中期目标和短期目标。

※ 案例导入

一个炎热的夏天，一群人正在铁路上工作。远处一列火车缓缓驶来，在前面的站台停了下来，一位老人走下火车，冲着一个正在工作的工人喊道："大卫，是你吗？"被称作大卫的工人抬起头来看了他一眼，说："哦，总裁，是您来了啊。是我。大卫。"他们聊了一会儿，火车开走了。大卫的同事立刻把大卫围了起来："原来你认识我们总裁啊？"大卫笑道："是啊，我们当年一起在这条铁路上抢过铁镐呢！""哦，他是怎么当上总裁的？这么厉害！"一个年轻人问道。大卫沉思了一会儿，回答："23 年前，我为 1 小时 1.75 美元的薪水而工作，而他却为这条铁路在工作。"理想的差异已经变成了现实的差异。

5. 制定行动方案

在确定各种类型的职业生涯目标后，要制定相应的行动方案来实现它们，把目标转化成具体的方案和措施。这一过程中比较重要的行动方案有职业生涯发展路线的选择、职业的选择和相应的教育和培训计划的制订。

6. 评估与反馈

在人生的发展阶段，社会环境的巨大变化和一些不确定因素的存在，会使我们的发展轨迹与原定的职业生涯目标与规划有所偏差，这时需要对职业生涯目标与规划进行评估并做出适当的调整，以更好地符合自身发展和社会发展的需要。职业生涯规划的评估与反馈过程是个人对自己不断认识的过程，也是对社会不断认识的过程，是使职业生涯规划更加有效的有力手段。

四、职业生涯规划的基本理论

职业生涯规划思想起源于 20 世纪初的西方国家，是经济发展职业划分、技术进步、经济周期波动而产生职业问题并带来一系列社会矛盾后，社会为解决就业问题而做出努力的产物。通过近百年来的大量研究与不断发展，经历了从职业指导到职业生涯辅导再到生涯辅导的转变，形成了许多重要的理论和实践经验。

1. 职业选择理论

职业选择是指人们从职业期望、职业理想出发，依据兴趣、能力、特点等自身因素，从社会现有职业中选择一种适合自己的职业的过程。很多心理学家和职业指导专家对职业选择问题进行过专门研究，提出了相应的理论，其中最有代表性的就是人职匹配理论。人职匹配理论是现代人才测评维度的理论基础。人职匹配理论的基本原理是：不同个体有不同的个性特征，每种职业由于其工作性质、工作环境、工作条件、工作方式不同，对工作者的能力、知识、技能、性格、气质、心理素质等也有不同的要求。所以，个体在进行职业决策时，应选择与自己的个性特征相适应的职业。

※ 案例导入

自我分析

自我分析一定要全面、客观、深刻，绝不回避缺点和短处。"当局者迷，旁观者清"，可参考家人、同学、朋友、师长、专业咨询师等第三方的意见，力争对自我有真正全面的认识。

◎ 你的优势

(1) 你学习了什么？在校期间，你从专业学习中收获了什么？社会实践活动提高和升华了你哪些方面的知识与能力？努力学好专业课程是职业设计的重要前提。要注意学习、善于学习，同时要善于归纳、总结，把单纯的知识真正内化为自己的智慧，为自己多准备些后备能源。

(2) 你曾经做过什么？在校期间担任的学生职务、社会实践活动取得的成就及工作经验的积累。要提高自己经历的丰富性和突出性，应该有针对性地选择尽量与职业目标相一致的工作，坚持不懈地努力工作，这样才会使自己的经历有说服力。

(3) 最成功的是什么？你做过的事情中最成功的是什么？是如何成功的？通过分析可以发现自己的长处，如坚强、智慧超群，以此作为个人深层次挖掘的动力之源和魅力的闪光点，形成职业生涯规划的有力支撑。

◎ 你的劣势

(1) 性格的弱点。人无法避免与生俱来的弱点。这就意味着你在某些方面存在着先天不足,是你力不能及的。多安下心来跟别人好好聊聊,看看别人眼中的你是什么样子,与你的预想是否一致,找出其中的偏差并弥补,这将有助于自我提高。

(2) 经验或经历中所欠缺的方面。欠缺并不可怕,怕的是自己还没有认识到或认识到了却一味地逃避。正确的态度是认真对待,善于发现,努力克服和提高,你可以打出"给我时间,我可以做得更好"的旗号。

美国波士顿大学教授弗兰克·帕森斯在他的《选择职业》一书中第一次系统地阐述了"人职匹配"理论。其基本思想是:个体差异是普遍存在的,每个个体都有自己独特的人格特质与之相对应,每种职业也有自己独特的要求。一个人的能力、性格、气质和兴趣与所从事职业的工作性质及条件要求越接近,工作效率就越高,个人成功的可能性也越大;反之,则工作效率和职业成功的可能性就越小。每个人在进行职业决策时,要根据自己的个性特征选择与之相对应的职业种类,进行合理的人职匹配。帕森斯的"人职匹配"理论把职业与人的匹配分为两种类型,即条件匹配和特质匹配。条件匹配是指职业所需技能和知识与掌握该种技能和知识的人之间要匹配。例如,脏、累、险等劳动条件差的职业需要吃苦耐劳、体格健壮的劳动者与之相匹配。特质匹配是指某些职业需要具有一定特质的人来与之匹配如科学研究工作需要富有创造力的人来与之匹配。

帕森斯指出,实现合理的人职匹配需要以下三个步骤。

1. 评价自己的生理和心理特点

清楚地了解自己的能力、性格、气质和兴趣是人职匹配的前提与基础。要广泛搜集自己的身体状况、能力倾向、兴趣爱好、气质与性格及家庭背景、学业成绩、工作经历等方面的情况,在择业时,通过心理测试及其他测评手段对这些资料进行整合分析,找出自身的生理和心理特点。

2. 分析各种职业对人的要求,并向求职者提供相关职业信息

掌握相关职业信息是人职匹配的必要条件。相关职业信息包括该职业的性质和对人的性格要求、学历要求、能力要求、心理特点要求等。此外,职业的工资待遇、工资条件、为实现职业发展而设置的教育课程计划,以及提供这种课程的教育机构、学习年限、入学资格和费用等都是求职者在进行职业选择时应考虑的因素。

3. 比较分析

清楚地掌握了自己的生理和心理特点及职业的各项指标之后,要对二者进行综合比较分析,从而选择既适合自身特点又有机会从事的职业。

※ 案例导入

小王参加一家公司的招聘,面试一个大区销售助理的职位。在面试期间,人事经理问他怎么看待出差这件事情,他说,他喜欢出差,去不同的地方接触不同的人让他觉得很充实、很丰富,他很喜欢"在路上"的感觉。人事经理告诉他,这个职位已经换了两位职员,这两位职员其他方面都很优秀,但都因为不能忍受频繁的出差而自动辞职。所以他们这次非常看重这一点,其他能力还能在工作中不断获得提升,但是一定要找一位喜欢并且能够随时出差的职员。

(二) 职业锚理论

职业锚理论是由埃德加·施恩提出的。锚是固定、稳定船的工具,被抛下后,深深沉入

海底，就可以稳住大船，使船不容易漂走。"职业锚"是用锚的作用形容个人在事业发展中的职业定位问题。施恩教授认为，个人在工作选择和发展过程中对个人需要、动机和价值观进行不断的探索，以获得的工作经验为基础，在实际工作中通过不断的自我审视，逐步明确个人的需要与价值观，明确自己的特长及今后发展的重点，在潜意识里确定自己长期稳定的职业定位，最终所有的工作经历、兴趣、资质等便集合为一个占主导地位的"职业锚"。

施恩认为，如果一个人在他的职业生涯中能确定一件事情，使他的动机、能力价值观统一起来，并能深刻而清晰地回答以下三个问题，他就找到了自己的"职业锚"。

施恩认为，如果一个人在他的职业生涯中能确定一件事情，使他的动机、能力、价值观统一起来，并能深刻而清晰地回答以下三个问题，他就找到了自己的"职业锚"。

（1）我到底想做什么？（自己的动机和需要）
（2）我到底能做什么？（自己的才能和能力）
（3）我到底为什么做这件事？（自己的态度和价值观）

※ 案例导入

小侯就读于一所高职院校，毕业时她去参加了一个大型招聘会，当看到许多公司都是招一两名人员时，她感到很失望。终于她发现了一家化妆品公司在销售、财务、文秘、宣传等方面都有职位招聘，她想这里一定机会很多，于是就挤到招聘人员跟前。招聘人员问她："你想应聘什么职位呀？"她连忙说："什么职位都行，只要你们给我机会，我一定会努力的！"招聘人员微笑着对她说："同学，你找什么工作无所谓，但我们招人一定要找合适的。"小侯听了感觉很不好意思，但仍没能很清楚地说出自己最适合的岗位。招聘人员看她很有诚意就准备帮她发现自己的特点，于是问："你自己想一下你想做什么？你能做什么？你为什么要做？"很可惜这次小侯没有把握住机会，因为她自己也不知道。最后招聘人员说："同学，从你自己来看，你该毕业求职了，但从我们企业来看，你还没有达到毕业的要求啊！"

"职业锚"是个人选择和发展自己职业时围绕的中心，当一个人对自己的动机、能力及价值观有了清楚地了解之后，就会意识到自己的"职业锚"到底是什么。有学者认为，"职业锚"的意义很大，一个人从确立"职业锚"的那一刻起，其职业才真正开始转变为事业。根据施恩教授的观点，"职业锚"共分为八种类型，如表1-3-3所示。

表1-3-3 施恩的八种"职业锚"类型及其特点

"职业锚"类型	特点
技术/智能型	强调实际技术或功能等业务工作拒绝了管理工作，但愿意在技术、功能领域管理他人
管理能力型	追求承担一般管理性工作，且责任越大越好；具有强有力的升迁动机和价值观，以提升等级和收入作为衡量成功的标准
自主/独立型	最大限度地摆脱组织束缚，追求能施展个人职业能力的工作环境；追求在工作中享有自由，有较强的职业认同感，把工作成果与自己的努力相联；追求自由自在的工作方式、工作习惯和生活方式，追求能施展个人才华的环境

续表

"职业锚"类型	特点
安全/稳定型	追求长期的职业稳定和工作的保障性；在行为上，倾向于根据组织对他们提出的要求行事，对组织具有较强的依赖性；个人职业生涯的开发与发展受到限制
创业型	有强烈的创造需求和欲望；意志坚定，喜欢建立或创造属于自己的东西，并愿意为之冒险
服务型	把服务他人、帮助他人作为自己的核心价值；在选择职业和工作时，把能否实现该价值作为首要标准
挑战型	喜欢挑战具有较高难度的任务，希望能战胜强硬的对手，克服无法克服的困难和障碍等；参加工作的最大动力就是战胜各种不可能、新奇、变化和困难
生活型	试图在工作和生活之间寻找平衡，认为个人的需要、家庭的需要和职业的需要都非常重要，为了找到一个能够提供足够的弹性让他们实现这一目标的职业环境，甚至可以牺牲职业的某些方面，如提升等

需要指出的是，大多数人的第一份职业往往不是终生职业。一个人的"职业锚"要经过若干年的工作实践后才能被发现。施恩教授认为，人们开始寻找"职业锚"的平均年龄是 35 岁，找到"职业"的平均年龄是 40 岁。"职业锚"确定后，长期稳定的职业定位便会产生，事业发展的方向也逐步明朗。

（三）职业发展阶段理论

1. 金兹伯格的职业选择三阶段理论

美国著名的职业发展理论的代表人物金兹伯格（Eli Ginzberg）认为，职业生涯是一个连续的、长期的发展过程。他通过比较美国富裕家庭成员童年期、成年期职业选择的想法和行动的差异，将职业发展分为幻想期、尝试期和现实期三个阶段。

（1）幻想期。幻想期指 11 岁之前的儿童时期。在这一阶段，儿童对他们所看到的或接触到的各类职业工作者充满好奇，对那些引人注目、令人激动的职业充满憧憬。这一时期个体在职业需求上呈现的特点是：许多想法感情色彩浓厚，主要根据自己的兴趣决定职业理想，并不考虑自身的条件、能力水平和社会需要与机遇，处于幻想状态。

（2）尝试期。尝试期指 11～17 岁由少年向青年过渡的时期。在这一阶段，个体的心理和生理均迅速成长变化。开始有独立的意识和价值观念，知识和能力也显著提高，并开始对社会生产与生活的经验有所了解。个体在职业需求上呈现出的特点是，不但注意自己的职业兴趣，而且客观地审视自身的条件、能力和价值观开始注意职业角色的社会地位，社会意义和社会需要。十一二岁是兴趣阶段，个体开始注意并培养自己对某些职业的兴趣；十三四岁是能力阶段，个体开始认识到个人的能力与职业的关系；十五六岁是价值阶段，个体开始认识到职业的社会价值性，注意到选择职业时要兼顾个人与社会的需要；十七岁是综合阶段，个体能将上述三个阶段进行综合考虑，并结合相关的职业选择资料来正确了解和判定未来的职业发展方向。这一时期是职业目标形成最重要的阶段。

（3）现实期。现实期指 17 岁以后的青年和成年期。在这一阶段，个体即将步入社会，能比较客观地把职业愿望或要求同主观条件、能力及社会现实的职业需要紧密联系和协调起来，寻找适合自己的职业角色，力求达到主观因素和客观因素的统一。这一时期的职业需求不再模糊不清，已有具体的、现实的职业目标，表现出的最大特点是客观性、现实性、实际性。

现实期又可分为以下三个阶段。

①探索阶段，根据尝试期的结果，进行各种职业探索活动，尝试各种职业机会。

②具体化阶段，根据探索阶段的经历，做进一步的选择，此时职业目标已经基本确定，并开始为之努力。

③专业化阶段，个体根据自我选择的目标，开始做详细而具体的准备。

2. 舒伯的职业生涯发展阶段理论

美国著名职业生涯规划大师舒伯集差异心理学、发展心理学、职业社会学及人格发展理论之大成，经过长期研究，系统地提出了有关职业生涯发展的理论。1953年，他根据自己的相关理论成果，将职业生涯发展划分为成长期、探索期、建立期、维持期和衰退期五个阶段，具体内容如下。

（1）成长期（0~14岁）。此阶段属于职业生涯认知阶段。个体开始发展自我概念，并经历了对职业从好奇、幻想到产生兴趣，再到有意识地培养职业能力的逐步成长过程，舒伯将这一阶段具体分为以下三个时期。

①幻想期（7岁以前）。个体把"需要"作为主要考虑因素，对自己觉得好玩和喜爱的职业充满幻想并进行角色模仿。

②兴趣期（8~11岁）。个体以"兴趣"为中心来理解、评价职业，开始做职业选择。

③能力期（12~14岁）。个体开始以"能力"为主要因素来思考职业问题，开始考虑自身能力与喜欢的职业是否相符，并有意识地进行能力培养。

（2）探索期（15~25岁）。此阶段属于学习打基础阶段。个体将通过参加学校活动、兼职等进行职业探索，试图了解自我和职业，并根据未来的职业选择作出相应的教育决策，进而完成择业及初步就业。

此阶段又可分为以下三个时期。

①试探期（15~18岁）。个体开始综合认识和评估自己的兴趣、能力和职业的社会价值、就业机会，并对未来职业进行尝试性选择。

②过渡期（19~21岁）。个体正式进入就业市场或者接受职业培训，开始由一般性的职业选择转变为对特定目标的选择。

③尝试期（22~25岁）。个体选定工作领域，开始从事某种职业，对职业发展目标的可行性进行验证。

（3）建立期（26~45岁）。此阶段属于选择、安置阶段。经过早期的试探与尝试后，不适合者会谋求变迁或重新选择，个体已经找到属于自己的职业位置，并谋求长期发展，此阶段又可分为以下三个时期：

①尝试/稳定期（26~30岁）。个体对初步选定的职业和目标进行反思，若有问题则重新选择职业，并逐渐趋于稳定。

②巩固期（31~40岁）。个体确定属于自己的职业目标，并努力去实现。

③挫折/精进期（41~45岁）。在这个阶段，个体可能会发现自己并没有朝着预定的职业目标靠近，在实现既定目标时遇到挫折或者发现了新的目标，因而需要重新评价、不断改

进自己的需求和目标，处于一个转折期。

（4）维持期（46～65岁）。此阶段属于升迁和专精阶段。大多数人通过长期从事某一工作，在该领域已占有一席之地。他们现在要考虑的不再是锐意进取，而是力求保住现有职位，维持已取得的成就和社会地位。这一时期大多数人将重点放在维持家庭和工作之间的和谐关系、总结工作经验、寻找接班人上，工作领域不断出现的新知识和新技术对这时期的人来说是比较大的挑战。他们对新知识的兴趣逐步下降，尤其是对那些知识和技术更新较快的行业来说，选择创新还是停滞不前直接影响着个体的职业价值。

（5）衰退期（66岁以后）。此阶段属于退休阶段。个体的健康状况和工作能力开始衰退，并将逐步结束职业生涯。在这一阶段，个体要学会接受权利和责任的减少，学会接受一种新的角色，以适应退休后的生活。

3. 格林豪斯的职业生涯发展阶段理论

金兹伯格和舒伯都是从人生不同年龄段对职业的需求与态度的角度来研究职业发展过程和职业生涯阶段的。格林豪斯（Greenhouse）则主要从人生不同年龄段职业发展所面临的主要任务的角度对职业发展进行研究，并以此为依据将职业生涯发展划分为以下五个阶段。

（1）职业准备阶段。典型年龄段为0～18岁。这一时期的主要任务是发展职业想象力，对职业进行评估和选择，接受必需的职业教育。

（2）进入组织阶段。典型年龄段为19～25岁。进入组织阶段的主要任务是以应聘者的身份出现在就业市场上，在获取充足信息的基础上，尽量选择一种适合自己、各方面都较为满意的职业。

（3）职业生涯初期。典型年龄段为26～40岁。这一时期的主要任务是学习职业技术，提高工作能力；了解和学习组织纪律与规范，逐步适应工作，融入组织；为未来的职业成功做好准备。

（4）职业生涯中期。典型年龄段为41～55岁。这一时期的主要任务是重新评估早期职业发展历程，重新确认或修改职业目标，做出成年中期的合理选择，在工作中继续保持较强的工作能力。

（5）职业生涯后期。典型年龄段为56岁直至退休。这一时期的主要任务是继续保持已有职业成就，维护尊严，准备引退。

任务四　明确职业生涯规划的意义

一、职业生涯规划对大学生个人发展的意义

（一）职业生涯规划是大学生事业成功的导航仪

中国有句古语："凡事预则立，不预则废。"

哈佛大学商学院曾经对其毕业生的职业生涯规划情况做过一次跟踪调查，结果发现：3%的人有清晰且长远的目标，25年来，他们从未改变目标，总是朝着同一个目标不懈努力；25年后，他们几乎都成了社会各界顶级的成功人士。10%的人有清晰的短期目标，这些人大都生活在社会的中上层，他们的共同特点是不断完成预定的短期目标，生活状态步步

上升；25 年后，他们成了各行各业不可或缺的专业人才。60% 的人目标模糊，他们能安稳地生活与工作，但都没有什么特别的成就。余下 27% 的人是那些 25 年来都没有目标的人群，他们几乎都生活在社会的最底层，他们的生活过得很不如意，并且常常在抱怨他人、抱怨社会、抱怨世界。调查表明，有的人之所以获得成功，是因为他们为自己的职业生涯早早地确定了明确的目标并坚持下来。

（二）职业生涯规划有利于大学生寻找人生的真实使命

职业生涯规划有利于大学生明确人生目标，更加理智地认识自己，了解个人的价值观、职业动机和抱负，适应社会发展的需要，最终实现自己的职业生涯目标。

（1）让大学生学会把握人生的未来。职业生涯规划能帮助大学生真正结合自己的生活经验和对世界、自我的认识，认真思考自己的当下和未来，主动选择并规划自己的人生道路。它可以增强大学生的责任感与使命感，使大学生的未来发展变得更为清晰和明朗。

（2）促使大学生主动体验和探索。职业生涯规划可以促使大学生积极参与学校和社会的职业实践，获得真实的职业生涯体验。在实际体验中，大学生可以学会自觉反省并完善自我，了解学习生活与毕业后走向社会所必需的发展信息。在体验和探索中，大学生才会一天天能干，一天天懂事，一天天走向成熟。

（三）职业生涯规划有利于大学生了解外部世界

职业生涯规划能够使大学生对外部世界有一个正确的认识。

（1）激发大学生对未来的探索。目前，我国还有相当一部分在校大学生在面对未来的职业问题时仍处于一种十分迷茫的状态，他们不知道选择什么样的工作，应该如何为未来做准备。职业生涯规划有助于解决大学生对未来感到迷茫的问题，使他们少走很多弯路。职业生涯规划能够激发他们对未来的兴趣，使他们在学习期间主动地探索自己未来的职业方向，专注于如何在现有的平台上发展自己，合理地规划自己的学业与大学生活。

（2）促使学业与职业对接。职业生涯规划可以转变大学生学习的观念，使大学生认识到学习不再是简单地对书本知识进行记忆与储存。学习就是为了适应，即在面对新任务和新环境时，能迅速吸纳多方面的信息，从容应对各种局面。学习更多的是掌握知识的手段，而不是获得经过分类的系统化知识。职业生涯规划有助于大学生更早地接触职业世界和进入职业角色，有利于实现学业与职业的良好对接，促使大学生通过学习主动了解和适应外部工作世界，掌握一定的专业技能和技巧，从根本上提高大学生的择业技能和社会认知能力。

（四）职业生涯规划可促进大学生的全面发展

职业生涯规划有助于培育大学生积极主动的生活态度，培养大学生自立、自强、自主的精神，有助于鼓励大学生积极进取、努力学习，促进大学生全面发展。

（1）符合人才培养的目标。教育部 2007 年下发了《关于印发〈大学生职业发展与就业指导课程教学要求的通知〉》（教高厅〔2007〕7 号），要求各高校把就业指导课程建设纳入人才培养工作，开设大学生职业发展与就业指导课程，并作为必修课列入教学计划；对大学生进行职业理想、职业目标、职业定向、职业道德、职业能力和职业生涯规划的教育，提高大学生的综合素质，促进个体的全面发展。职业生涯规划以学生为本，贯彻"关心人、培养人、发展人"的原则，促进大学生把学习中的"要我学"转变为"我要学"，使大学生在走向社会时能"赢在起跑线上"。

（2）实现大学生个性化发展。职业生涯规划倡导自主探究，通过开展社会实践活动和课外的科技活动、学科竞赛、文体活动、技能培训等鼓励大学生自我发现、自主选择、自我提高，较好地解决了大学生个性化发展的问题，充分开发和发展了大学生的个性潜能。

职业生涯规划留给大学生一定的发展空间，让大学生用自己的思想来思考，用自己的方式来表达，用自己的意愿来创造，积极主动地去品味和感悟，实现以人为本、发展个性、突出特色、人尽其才的目标。

（3）完善自身的整体素质。职业生涯规划能够引领大学生反思过往，审视自己，消除心理上的负担，完善自身的整体素质。大学生可将自己的能力水平与设定的未来职业所需要的能力水平进行对比，发现自身的差距；调整知识结构，弥补实践技能的欠缺，增强综合素质；主动参与、勤于动手，重视实践能力、创新能力的发展和自身综合素质的开发，实现身心素质的全面和谐发展。

二、职业生涯规划对大学生就业的意义

（一）职业生涯规划有利于提高大学生的社会竞争力

（1）适应社会和经济发展的要求。职业生涯规划需要大学生结合本地区经济发展和产业结构状况，了解本地区经济发展中有哪些产业部门，各种产业部门在本地区经济发展中所占的比重，以及对人才需求的情况，大学生只有在把握社会和经济发展的要求以后，才能有针对性地学习有用的知识，提高专业技能，成为社会和经济发展所需要的人才。

（2）挖掘潜能。良好的职业生涯规划可以引导大学生准确认知自己的个性特征，以及已有的和潜在的自身优势，对自身价值进行准确定位，调动自己学习的积极性和主动性，有质有量地提高学习效率，最大限度地发挥潜能，寻找各种能够展现自我的平台，在职业竞争中不断地提高自身的能力，增加自身的优势。

（3）形成核心竞争力。职业生涯规划可以让大学生拥有明确的目标，完善自身的品行人格；对大学生起到内在的激励作用，将自我内在的需要转化为外在的能力。职业生涯规划可以使大学生在与别人比较中求异，发现并培养出一种独有的就业能力——核心竞争力。

（二）职业生涯规划有利于大学生建立科学的择业观

科学的择业观是指求职者依照自己的职业兴趣和期望，分析现代职业对求职者的素质要求，使自身条件与职业需求特征相符合。职业生涯规划能够帮助大学生建立科学的择业观，客观地认识择业，增强就业的自信心。

（1）客观地认识择业。大学生择业时，容易走入极端，有些大学生过度盲目，只考虑自身的需要而脱离实际，对求职单位和职业过于理想化；有些大学生则是纯粹的现实主义者，"只要是社会需要的，就是我们要选择和考虑的。"这与科学的择业观显然是背道而驰的，职业生涯规划能帮助大学生客观地认识择业，准确定位，避免跟着感觉走，避免盲从和被动。

（2）增强就业的自信心。有效的职业生涯规划使每个大学生对自身都有一个客观、全面的了解，清楚自己的优势与特长、劣势与不足，知道自己适合做什么。职业生涯规划能使大学生摆正自己的位置，相信自己的实力，面对有把握的岗位时大胆尝试，有助于提高其择业的成功率。

（三）职业生涯规划有利于降低大学生就业的压力

大学生经过职业生涯规划，能够对职业环境有一定的了解，学会自我调适，避免择业时盲目攀比，利用积极的心理暗示引导正确的就业行为，减少就业障碍，降低就业的压力。

（1）引导大学生学会自我调适。职业生涯规划能够帮助大学生从就业误区中走出来，打破专业局限，开阔广泛的就业视野，使大学生能够根据社会需求不断调整与修正自身的知识结构和就业意向，增强从优择业的主动性。在求职过程中遇到挫折时，职业生涯规划使大学生懂得通过自己的努力和主动的心理调适消除不良的心理情绪，学会积极悦纳自己，以健康的心理状态面对就业问题，从而实现从容就业、顺利就业。

（2）避免盲目攀比。在大学毕业生中存在盲目攀比的现象。当看到自认为能力与自己相当或不如自己的同学找到令人羡慕的职业、获得可观的收入时，有些大学生就难以保持心理平衡，进而产生就业的盲目性和一时冲动，严重妨碍其顺利就业。职业生涯规划推崇正确的价值取向，使大学生学会以平和的心态面对现实，变"盲目攀比"为"合理比较"；学会对自己和他人的行为做出正确判断；学会自我教育，适时调控自己，自觉抵制盲目攀比。

（3）引导积极的心理暗示。职业生涯规划引导大学生用一些更积极的思想和概念来替代过去陈旧的、否定性的思维模式，调整个体的心境、感情、意志乃至专业能力。积极的自我暗示能够形成积极的心态和成功的心理。大学生经常对自己给予肯定，能够让自己鼓起信心和勇气，摆脱自卑，抓住机遇，采取行动，获得成就和幸福。大学生对自己进行积极的心理暗示，是提高"可就业性"的重要保证。

※ 案例导入

王同学，农学硕士毕业。刚开始找工作的时候，他有些心高气傲，希望能进有名的大单位，因此首选南方航空公司。开始时挺顺利的，但在最后审查阶段他被淘汰了，原因是专业不对口。外企是他的第二目标，所以他也在网上申请了不少外企职位，不过要么网上申请被淘汰，要么面试被淘汰，总之几个回合后一个录用通知都没拿到。接着，他就朝第三目标——事业单位特别是高校努力，因为这一类单位待遇都相对稳定，遗憾的是他经过两轮面试后再次被淘汰。时间就这样在网上申请、面试、失败的周而复始中一天天过去，转眼春节将至，这也就意味着他已彻底地错失了9—12月的秋季招聘黄金季。他带着沮丧的心情过完了春节，并暗自下定决心，节后必须在4月前把工作的事定下来，不管是国企还是私企，也不管是在山东、广东还是广西。

然而，节后的招聘市场明显冷清了，不仅招聘单位少了许多，招聘的岗位性质也大都只有营销类的了。因为不是自己兴趣所在，他也打不起精神来面试，所以最终的结果仍是一无所获。根据学校的未就业就"从哪里来就到哪里去"的派遣政策，他的档案被打回了江西老家。刚好家乡在招大学生"村官"，他便以"专业对口，学历层次高"的优势被录用了，服务期为三年，这也就意味着，三年后，30岁的他还将再次面临择业。

三、职业生涯规划对大学生创业的意义

（一）职业生涯规划可帮助大学生认识创业

职业生涯规划帮助大学生对自己的未来进行综合审视，认识到创业不但能为自己解决就

业的问题，也能为社会其他成员提供就业机会，为社会开辟与开创新行业、新领域和新职业。随着国内创业环境更加公平、公正，中国正成为现在和将来最具有创业机会与创业空间的国家。

（二）职业生涯规划可培养大学生创业的能力

职业生涯规划能够促使大学生利用各种机会来培养自己的创业能力。

（1）通过社会实践培养创业能力。大学生创业能力的培养离不开社会实践，大学生在社会实践中逐步了解创业的实际问题。社会实践提供给大学生深入社会和体验社会的机会，有利于提高他们的独立思考能力和系统思维能力，提高其语言表达能力、组织管理能力、团队协作能力，使其成为既有专业特长，又有经营管理能力的复合型创业人才。

（2）增强创业的意志和素质。职业生涯规划能够帮助大学生认识到创业的艰辛，为未来创业提前做好准备，增强自己的创业意志。增强创业意志有利于大学生坚定自主创业的信心和勇气；在面临各种压力时懂得通过有效的心理调节措施，保持合适而良好的心情和积极的态度。职业生涯规划有助于大学生在思想道德素质、知识能力素质、身心健康素质等方面获得全方位的发展，磨炼其意志品质，使其在创业之路上走得更远。

（三）职业生涯规划可指导大学生创业

职业生涯规划能让大学生学会正确创业，帮助大学生选择创业项目，为创业做好各方面的准备，指导大学生避免创业的一些误区。

职业生涯规划能够指导大学生分析市场环境，选择适合的创业项目。创业项目是指创业者能够用来实际运作，开办企业，进行生产、经销产品（包括有形产品或无形服务），并通过出售给消费者来赚取利润的创业机会。

※ 案例导入

在第四届中国"互联网+"大学生创新创业大赛全国总决赛上，北京理工大学中云智车项目从全国64万个项目中脱颖而出，斩获了总冠军。

北京中云智车科技有限公司（以下简称中云智车）成立于2018年2月，曾获英诺天使数百万元种子轮投资，拥有车规级无人车全栈研发能力，以系列模块化通用底盘订制化功能上装的无人车研发与生产新模式为核心战略，以系列特定场景无人车为旗舰产品，专注于突破全线控底盘总体设计及控制技术、无人车综合动力学控制技术、特定场景环境感知与理解技术等关键技术。中云智车团队主要由CEO关超文、首席科学家倪俊带领研发项目，该团队从引领者到核心成员，都是汽车研发行业的技术精英。关超文，北京理工大学硕士，曾作为北京理工大学无人赛车队第一任队长，带队研发世界首台无人驾驶大学生方程式赛车，首次实现了场地赛车的完全无人驾驶，并作为规则的主要制定者，创办了"中国大学生无人驾驶方程式汽车大赛"。倪俊，曾获中国青少年科技创新奖、北京青年五四奖章。

中云智车自成立以来，不断突破自身限制，掌握关键技术，先后推出系列无人车模型并投入实际应用当中，形成了无人车整车研发与生产的新模式。"模块化、线控化、通用化"是其研发底盘的三大特点。

※ 项目实训练习

实训一　我的生涯意识

实训目的：认识自己所学专业的行业前景与就业方向，积极进行自我探索，唤醒生涯规划的意识。

实训步骤：

步骤 1　问卷调查。认真思考下列问题。

（1）你为什么选择这个专业？

_____

（2）你喜欢这个专业吗？

A. 喜欢　　　B. 还可以　　　C. 不喜欢

（3）你觉得自己适合学这个专业吗？

A. 适合　　　B. 说不清　　　C. 不适合

（4）你觉得自己擅长这个专业吗？

A. 很擅长　　B. 不知道　　　C. 不擅长

（5）你将来会从事与专业相关的工作吗？

A 会　　　　B. 不一定　　　C. 不会

步骤 2　数据分析。

（1）对班级同学的回答进行数据统计。

_____

（2）分析大学生职业生涯意识的现状及特点。

_____

步骤 3　分组讨论。

（1）在学业规划与升学决策中，专业的选择是否重要？

_____

（2）在大学生活中，是否需要树立明确的职业生涯目标？

实训二　5年后的职场名片

实训目的：初步确立自己的职业目标，尽快找到大学生活的努力方向，培养自我管理意识。

实训步骤：

步骤 1　在下列空白处为5年后的自己设计一张职场名片，名片上应包含姓名、工作单位、职务、电话、微信、E-mail、地址等内容。

步骤2　根据自己设计的职场名片,回答以下问题。
(1) 5年后你所从事的职业属于哪一类?

(2) 你如何刻画5年后职场上的自己?

(3) 想要成就5年后的自己,你在大学期间重点要做哪些方面的准备?

步骤3　想一想:为自己树立5年后的职业理想,是否有助于你在大学期间提升自我管理能力?

实训三　绘制个人职业生涯彩虹图

实训目的:深入学习舒伯的职业生涯发展阶段理论,学会绘制个人生涯彩虹图。

实训步骤:

步骤1　请在图1-4-1所示的空白职业生涯彩虹图上标出你现在的年龄,划分出职业生涯的过去、现在和未来。

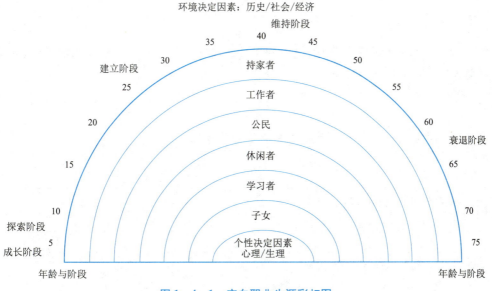

图1-4-1　空白职业生涯彩虹图

步骤2　用不同颜色的彩笔在图1-4-1上绘制出你的成长过程和你憧憬的未来生活。

步骤3　分享你的职业生涯彩虹图,并进行讨论。

(1) 在个人职业生涯彩虹图的设计过程中,你主要考虑哪些因素?

(2) 你的职业生涯彩虹图是否合理？为什么？
_____
_____

步骤4　评选。先对个人职业生涯彩虹图进行小组内评选，每个小组内评选出最优秀的职业生涯彩虹图。全班共选出4幅典型的个人职业生涯彩虹图。绘制者分享制作职业生涯彩虹图的经验与感想。

实训四　我心目中的象牙塔

活动目标：对大学生活的思考。
活动场地：室内或者比较空旷的室外。
人员要求：不限。
材料准备：纸笔。
活动内容：
(1) 罗列你上大学的10条理由。
_____
_____

(2) 如果你是大学校长，你将创建一所怎样的大学？
_____
_____

(3) 你为什么选择现在的专业？你是否喜欢现在的专业？
_____
_____

(4) 你对自己的专业了解多少？（专业名称、培养目标、核心课程、教学方法、知识和技能、相关专业、职业领域、就业岗位群等）
_____
_____

(5) 除你所在专业外，你还喜欢或更喜欢哪些专业？
_____
_____

(6) 思考你的大学学习和生活。
_____
_____

活动讨论：相互传递并交流探讨。

项目二
专业探索

※ 学习目标

1. 态度层面：树立职业人的观念和意识。
2. 知识层面：了解职业和职场环境，掌握职场素质的要求。
3. 技能层面：进行具体行业职场调研。

※ 能力目标

1. 掌握环境分析和职业探索的方法。
2. 能运用所学知识积极探索自己的目标职业领域。

※ 素质目标

1. 积极参加社会实践，提高综合素质。
2. 树立职业理想，努力将个人理想融入国家发展的宏伟目标之中。

※ 案例导入

夏某是某高职学校商务英语专业的一名毕业生。她是一个思想活跃、敢闯敢干的人，在同学中颇有名气。刚入校时就以一篇名为《张扬青春》的演讲获得了一等奖。她平时爱好广泛，英语水平也不错。一次偶然的机会她接触到了网上购物，并觉得网上购物方便快捷，将成为未来电子商务的主流。她老家是以小商品著称的义乌，夏某便开始尝试在网上开店。二年级暑假回家时，她借了个数码相机把家里亲戚朋友做的毛绒玩具都拍了照，然后放到淘宝网和易趣网上销售。由于她的价格比别人低，很快吸引了很多买家。一个多月下来，虽然并没有赚到多少钱，但网上开店低廉的成本深深地吸引了她，她的店铺也获得了较高的评价。

暑假结束后，夏某回到学校读书，把网上店铺交给妹妹照看，她自己则花了更多的时间到网上寻找更多的商机。由于许多网站都是外文网，对她的英语水平有了很大的进步，在一边学习一边摸索中,她在一些商务网上试探性地发了一些货源信息,并在阿里巴巴上找到了一些采购玩具的需求信息,竟然得到了回复。她把信息反馈给家里,经过联系,得到了两笔大的订单。

在网上初试牛刀,让夏某兴奋不已。在学校最后一学期实习阶段,大家都以为夏某会自己创业,她却出人意料地选择了一家小型的外贸公司实习。实习结束后,她又留下做了一年多,积累了一些外贸公司运作的经验。此时,她的网上店铺已经升级到了双钻级别,经营范围也不断拓展,夏某便离开了那家公司,全力以赴来管理自己的网上店铺。

任务一　走进职业世界

一、职业概述

(一) 职业的含义

从汉语词义的角度看,"职业"一词由"职"和"业"构成,"职"是指职位、职责,"业"是指行业、事业。《现代汉语词典》的解释是:职业是个人在社会中所从事的作为主要生活来源的工作。

因此,职业就是指参与社会分工,利用专门的知识与技能,为社会创造物质财富和精神财富,获取合理报酬作为物质生活来源,并满足精神需求的工作。职业也就是指人们为了谋生和发展而从事的相对稳定的、有收入的、专门类别的社会劳动。这种社会劳动是对人们的生活方式、经济状况、文化水平、行为模式、道德情操等方面的综合反映,也是一个人的权利、义务及职责的具体体现,是人的社会地位的一般性表征。

(二) 职业的特征

1. 社会性

职业的社会性即劳动者承担生产任务,履行公民义务。职业并非人类一出现就存在的,而是社会分工的结果。每一种职业的产生都体现了社会分工的细化,体现了社会生产力的提高和社会的不断进步。因此,职业是劳动者获取的一种社会分工角色,是个人与社会结合的体现。社会成员通过从事职业活动为社会做出自己的贡献,社会也以全体成员的劳动作为积累而持续发展和进步。

2. 价值性

职业价值性即劳动者从中创造价值取得收入。劳动者利用专门的知识和技能从事职业活动,以获取一定的收入作为物质生活的来源,这就是职业的经济性。获取一定的收入既是劳动者从事职业活动的基本动机,也是其从事职业活动的结果。可以说,直到现在职业仍然是人们谋生的手段,是维持个人和家庭生存的基础。

3. 稳定性

职业的稳定性即劳动者从事的职业活动是相对稳定的、持续的。职业一直处在不断发展变化之中,随着生产力和社会分工的发展,新的职业不断出现。但是,某种职业一旦形成,便会在较长的一段时期内存在和发展。职业的生命周期具有相对的稳定性,这是因为决定职业存在的社会条件的变化是比较缓慢的。职业的稳定性使人们学习、掌握专业知识和技能成为可能，也使人们职业生涯的规划和发展成为可能。

4. 多样性

职业的多样性即不同职业之间有很大差异。职业不仅种类繁多，而且不同种类职业的劳动内容、生产工具、知识与技能要求等都存在很大差异。俗话说，"隔行如隔山"，职业间的差异会给人们的职业转换带来一定的障碍和困难，同时也使社会分工更加细化，有利于提高工作效率。

5. 规范性

职业的规范性应该包含两层含义：一是指职业内部的规范操作要求，二是指职业道德的规范性。不同职业的劳动者在其劳动过程中都有一定的操作规范性，这是保证职业活动的专业性要求。当不同职业在对外展现其服务时，还存在一个伦理范畴的规范性，即职业道德。这两种规范性构成了职业规范的内涵与外延。

6. 技术性

职业的技术性即劳动者在职业活动中需要具备一定的才能和专长。职业的技术性揭示了职业的专业性。虽然不同职业对技术的要求有所不同，但都需要劳动者具有一定的技术。可以说，自职业产生起，就不存在一种没有技术要求的职业。目前，许多职业都对学历、专业、职业资格等有明确的要求。

（三）职业的意义

1. 职业对个体的意义

（1）职业是个体获取经济来源的主要途径。

获取经济来源的目的是满足其基本的生存需求。马斯洛认为，生理上的需要是职业的功能；人类维持自身生存的最基本需求，包括饥、渴、衣、住、行等方面的需求。如果这些需求得不到满足，人类的生存就成问题。从这个意义上说，生理需要是推动人们行动的最强大的动力，职业活动的收入是个体的主要经济来源。职业作为人们参与社会生活、从事社会实践的主要手段，为人们提供了个人生存和维持家庭开支的重要物质基础，并使人类在此基础上实现繁衍和个体的发展。

（2）职业是个体参与社会交往的重要手段，并从中获得社会和他人的尊重。

马斯洛认为，个体在社会中、生活中有感情需要和被尊重的需要。在社会感情方面，人都需要朋友之间、同事之间、家人之间的友谊、合作和关爱，都希望成为群体中的一员，可以得到关心和照顾；在被尊重需要方面，人都希望自己有稳定的社会地位，个人的能力和成就能得到社会的承认。感情和被尊重是比生存层次更高的需要，是人热切追逐的目标，也是激励人发挥潜力和热情的最大动力。通过从事某种职业，个体可以与他人交往，并在交往中获得他人的认可。这种认可可以是名誉、地位、权力等非经济利益，也可以是别人对自己的尊重和信任等精神力量。被尊重的需要得到满足，能使人对自己充满信心，对社会充满热情，从而体验到活着的意义与价值。

（3）职业是个体实现自我价值的必要载体，是个体奉献社会的重要途径。

自我价值的实现是最高层次的需要，它指的是实现个人理想、抱负，发挥个人的能力到最大限度，完成与自己的能力相符合的一切事情的需要。在这个过程中，个体可以逐渐成为自己所期望的人物。职业是个体发挥能力的重要载体，是个体在社会中生存和发展的重要手段。也就是说，人必须干称职的工作才会感到快乐，才会在事业上有所成就。此外，个体通过职业参与到社会劳动分工中，并在追求自我实现和发展的同时为社会做出贡献。

2. 职业对社会的意义

（1）职业是社会存在的基础。

职业分工及其结构构成了社会经济制度运行的主体，职业劳动创造出社会财富，不仅能够维持人类的生存与繁衍，也为社会的存在与发展奠定了物质基础。

（2）职业是社会发展的动力。

职业结构变动、人们为了追求未来的好职业而进行的人力投资、不同职业阶层间的矛盾冲突及解决等，构成了推动社会发展的动力。

（3）职业是社会控制的手段。

职业是维持社会稳定、实现社会控制的手段。政府为公众提供职业岗位，制定并执行一系列的就业政策，能够起到减少社会问题、实现社会安定的作用。

（四）职业的分类

原始社会中，人类劳动最早只按男女性别进行分工，男人打猎、捕鱼，女人采摘果实、挖掘茎块，所以不存在职业。在原始社会末期，出现了最初的社会大分工，农业、手工业和畜牧业开始成为专门的职业。以后随着生产力的发展，社会分工越来越细，职业也越来越多，职业是社会分工和人类文明的标志。人类历史上职业的产生和发展，一方面体现了社会生产力发展水平和科技进步的结果；另一方面又促进了社会生产力的提高，促进了生产的社会化和专业化的发展。一个国家的职业构成与其国民经济结构、经济与科学技术发展水平有着密切的关系。由于各国经济发展水平不同，职业分类标准也不一样。

1. 国外对职业的划分

（1）国际标准职业分类。

国际标准职业分类是国际劳工组织制定的一个包括全部文职工作人员所从事的职业的系统分类结构。为了便于比较，国际劳工局将职业划分为8个大类，83个小类，284个细类，1 506个职业项目，1 881个职业。8大类是：专家、技术人员和有关工作者；政府官员和企业经理；事务性工作和有关工作者；销售工作者、服务工作者；农业、牧业和林业工作者，以及渔民和猎人；生产及有关工作者；运输设备操作者和劳动者；不能按职业分类的工作者。国际标准职业分类对各国制定适合国情和需要的职业分类起着重要的参考作用，但它并不能代替任何一个国家的职业分类。

（2）加拿大《职业岗位分类词典》的分类。

加拿大《职业岗位分类词典》把分属于国民经济中主要行业的职业划分为23个主类，主类下分81个子类，489个细类，7 200多个职业。此种分类对每种职业都有定义，逐一说明了各种职业的内容及从业人员在普通教育程度、职业培训、能力倾向、兴趣、性格以及体质等方面的要求，有较大的参考价值。

2. 国内对于职业的划分

（1）《中华人民共和国职业分类大典》的分类。

2015年7月29日，国家职业分类大典修订工作委员会全体会议在京召开，会议颁布了2015年版《中华人民共和国职业分类大典》，明确我国职业分类结构为8个大类、75个中类、434个小类、1 481个职业。与1999年版相比，维持8个大类，增加9个中类和21个小类，减少547个职业（新增347个职业，取消894个职业）。新增职业包括"网络与信息安全管理员""快递员""文化经纪人""动车组制修师""风电机组制造工"等。取消职业包括"收购员""平炉炼钢工""凸版和凹版制版工"等。8个大类如下：

第1大类：党的机关、国家机关、群众团体和社会组织、事业单位负责人。

第2大类：专业技术人员。

第3大类：办事人员和有关人员。

第4大类：社会生产服务和生活服务人员。

第5大类：农、林、牧、渔业生产及辅助人员。

第6大类：生产、运输设备操作人员及有关人员。

第7大类：军人。

第8大类：不便分类的其他从业人员。

（2）国民经济行业分类。

《国民经济行业分类》（GB/T4754—2017）中明确我国行业分类共有20个门类、97个大类、473个中类、1 380个小类。与2011年版比较，门类没有变化，大类增加了1个，中类增加了41个，小类增加了286个。其中，为体现新产业新业态、新商业模式，主要增加以下行业类别：

a. 农、林、牧、渔业门类中的种子种苗培育活动、畜牧良种繁殖活动、畜禽粪污处理活动。

b. 采矿业门类中的海洋石油开采。

c. 制造业门类中的生物质液体燃料生产、生物质致密成型燃料加工、基因工程药物和疫苗制造、特种玻璃制造、工业机器人制造、特殊作业机器人制造、增材制造、装备制造、新能源车整车制造、高铁车组制造、可穿戴智能设备制造、智能车载设备制造、智能无人飞行器制造、服务消费机器人制造。

d. 电力、热力燃气及水生产和供应业门类中的生物质能发电、海水淡化处理。

e. 建筑业门类中的节能环保工程施工、核电工程施工、风能发电工程施工、太阳能发电工程施工。

f. 批发和零售业门类中的互联网批发。

g. 交通运输、仓储和邮政业门类中的公共自行车服务、多式联运。住宿和餐饮业大类中的民宿服务、露营地服务、外卖送餐服务。

h. 信息传输、软件和信息技术服务业门类中的互联网生产服务平台、互联网生活服务平台、互联网科技创新平台、互联网公共服务平台、其他互联网平台、互联网数据服务、物联网技术服务、地理遥感信息服务。

i. 金融业门类中的小额贷款公司服务、消费金融公司服务、网络借贷服务、创业投资基金、天使投资。

j. 租赁和商务服务业门类中的园区管理服务、商业综合体管理服务、供应链管理服务。

k. 科学研究和技术服务业门类中的工业设计服务、新能源技术推广服务、环保技术推广服务、三维（3D）打印技术推广服务、创业空间服务。

l. 水利、环境和公共设施管理业门类中的土地管理业等。

（四）我国职业发展变化趋势

现代职业的发展趋势是职业随着社会分工、生产力的发展和社会需求的变化而不断地发展变化。在这些因素的推动下，种种新职业应运而生。我们选择职业时不仅要考虑个人的意愿，更要紧跟时代发展的步伐，充分考虑社会需求的变化趋势。总体上看，职业发展呈现出以下几种趋势。

1. 新职业出现的频率加快

在职业产生初期，职业种类少、发展缓慢。随着社会的发展，社会分工越来越细，科学技术不断进步，职业种类增加的速度逐渐加快。从事脑力劳动的职业在职业总数中所占的比例也呈现出快速增长的趋势。2004年，国家劳动和社会保障部建立了新职业发布制度，定期发布新职业目录。

2. 职业分工由简单到精细

职业是社会分工的产物，也会随着社会分工的不断细化而发展变迁。职业分工由简单到精细，第三产业职业数量不断增加。职业的产生是社会分工的结果。社会分工具有三个层次，即一般分工、特殊分工和个别分工。一般分工区分出第一产业、第二产业、第三产业；特殊分工划分了不同行业；个别分工划分出更多的职业岗位，如为农业服务的职业，产生了化肥、塑料薄膜的生产等职业；再如计算机出现后，便有了硬件、软件操作员、计算机教师、计算机销售、维修人员等不同职业。

3. 职业活动的内容不断弃旧更新

同一职业活动不断增加新的内容，对从业人员的素质要求也越来越高。同样的职业，在不同的时代，工作内容会有很大变化。旧的业务知识、技术方法过时了、被新的业务知识、技术方法所取代。如现代刑事警察这种职业，远比20世纪初的一般侦探要求高得多，完成任务需要掌握现代知识并具备使用现代工具的本领，要通晓法律和犯罪心理学，掌握侦探技术、电子技术、鉴定技术、擒拿技术、驾驶技术等。虽然职业类型没有变，但内容已大为更新。现代职业除了专业性越来越强以外，还开始向综合化、多元化方向发展。

4. 职业模式趋于灵活和复杂

全职工作、兼职工作、多重工作、工作共享、远程办公、自由职业、自我创业等工作形式不断出现，五天工作制、四天半工作制、朝九晚五、弹性工作制更加灵活多样。

随着知识经济时代的来临，与传统热门职业相比，热门职业正发生着重大变化。新职业层出不穷，老职业越老越吃香。经过市场调查并综合专家分析，有机构预测未来几年的"金牌"职业有理财规划师、人力资源师、软件开发工程师、网络媒体高级编辑、企业高级策划/公关经理、游戏/动画设计工程师、公务员、职业规划师、律师、销售等。总之，了解职业发展趋势，有利于大学生把握好个人职业目标的选择，找准个人职业生涯发展的方向，从而更好地适应变革中的社会职业环境，避免择业的盲目性。

任务二　了解行业、专业、企业与职业

一、行业与职业

（一）行业的概念

什么是行业？一般意义上来讲，行业是指从事国民经济中同性质的生产或其他经济社会

的经营单位或个体的组织结构体系的详细划分，如林业、房地产业、金融业等。行业是按照工作对象进行划分的，是企业的集合，从事同类产品生产销售的企业或提供类似服务的企业达到一定的数量才形成一个行业。例如，房地产行业包括建筑企业、规划设计企业、装饰企业、监理企业等不同类型的若干家企业。

职业是按照工作职能进行划分的，在同一行业内，不同个体结合自身特点可以从事不同的职业。例如，同样是从事 IT 行业，有的人是程序设计员，有的人是市场推销员。大学生在进行职业生涯规划的时候，按照择优原则，行业的选择要先于职业的选择。若选择行业的方向发生错误，再进行改变，代价巨大。

实际上，行业包含所有企业和职业，不同职业构成企业，提供同类型产品和服务的企业构成了行业。《国民经济行业分类》（GB/T4754—2017）中的门类及代码如表 2-2-1 所示。

表 2-2-1 《国民经济行业分类》中的门类及代码

代码	门类	代码	门类
A	农、林、牧、渔业	K	房地产业
B	采矿业	L	租赁和商务服务业
C	制造业	M	科学研究和技术服务业
D	电力、热力、燃气及水生产供应业	N	水利、环境和公共设施管理业
E	建筑业	O	居民服务、修理和其他服务业
F	批发和零售业	P	教育
G	交通运输、仓储和邮政业	Q	卫生和社会工作
H	住宿和餐饮业	R	文化、体育和娱乐业
I	信息传输、软件和信息技术服务业	S	公共管理、社会保障和社会组织
J	金融业	T	国际组织

（二）行业与职业的关系

行业与职业之间既有区别又有密切的联系，在狭义的范围内可以相互代替。以生产出售活动为例，其中主要包含三种经济关系：一是生产者向消费者销售的关系；二是消费者向生产者购买的关系；三是生产者内部之间以及消费者内部之间的关系。在这些关系链条之间，任何一个关系没有得到很好的处理，都会阻碍行业的发展，影响人们对该行业中职业的选择。可见，职业、行业具有不可分割的内在的必然联系。在以经济活动为中心的现代社会，各种职业都是行业乃至产业的一个缩影，可以说，行业的发展状况对职业的产生具有一定导向作用。

（三）行业的发展与前景对职业的导向与指引

行业在发展的过程中受诸多因素影响，其中，行业自身潜质、社会发展趋势和国家政策导向是较为重要的因素。例如，科学技术迅猛发展会加速某些行业的衰亡，也会催生新兴行业的产生，这在某种程度上反映出社会发展对行业兴衰的影响。分析行业状况应关注国家对相关行业的政策导向，即国家是支持该行业还是限制该行业。一般来说，国家大力扶持的行业会获得较快的发展。又如，近年来我国加大节能环保力度，大力支持清洁燃料，加快了家用电器厂家推广节能减排的速度。可以说，行业的产生、成长、壮大都离不开国家行政力量的干预。因此，通过洞察社会发展潮流、分析国家重大政策走向对行业发展的影响，能够客观明确地进行职业选择。此外，国际国内重大事件也会对行业的发展产生重大的影响。例如，2008年北京奥运会的成功举办，在极大地促进了北京市建筑业、旅游业和服务业发展的同时，也极大地增加了这类行业中职业选择的机会。

因此，在进行行业分析、职业选择的过程中，首先要了解自己目前所在行业的情况，并结合前述诸多影响因素洞察其未来发展趋势。需要注意的是，行业前景不同于职业前景。许多大学生在求职过程中认为，热门行业意味着丰厚的收入和锦绣前程，所以蜂拥而至，而部分传统行业如制造业、纺织业等总给人收入待遇较差、工作一成不变的印象，因此无人问津。实际上，这是错误的看法。市场瞬息万变，行业中没有绝对的热门，也没有永远的冷门。大学生在选择职业时不应只局限于眼前利益，而应从长远的角度选择职业，以具有发展潜质的职业作为自己的择业目标，善于发掘冷门行业中的热门职位以及热门行业中具有较好发展前景的职业。

二、专业与职业

（一）专业与职业的关系

什么是专业？汉语中的"专业"大致有两个方面的含义：一是指学业分类，《现代汉语词典》（商务印书馆出版）、《辞海》（上海辞书出版社出版）等对"专业"的解释是"高等学校的一个系里或中等专业学校里，根据科学分工或生产部门的分工把学业分成的门类"；二是指专门性职业，如学者周川在《专业散论》中认为，广义的专业是指某种职业不同于其他职业的一些特定的劳动特点，狭义的专业是指某些特定的社会职业；学者王沛民在《研究和开发"专业学位"刍议》中认为，专业是在社会的各行各业中相对于"普通职业"的专门职业。

"大众教育"阶段的高校专业是社会分工、学科知识和教育结构三位一体的组织形态。其中，社会分工是专业存在的基础，学科知识是专业的核心，教育结构是专业的外在表现形式，三者紧密结合共同构成高校人才培养的基本单位。

专业教育培养的人才具有明确的职业导向性，这使得专业与职业存在许多共同之处，但是由于概念、属性、特征等因素，专业与职业之间也有本质区别。

首先，一个专业对应一个职业群，有时甚至可以对应几个相关的职业群。在学业规划中，专业的选择十分重要。专业的选择取决于学习主体对毕业后人才市场趋势的认识，以及对自身具备的资源与优势的判断。从理论上来讲，专业的选择应该以职业为标准，所选择的专业应当与职业所需的知识、技能相适应。实际上，专业与职业之间可以是直接对应关系，也可以是间接对应关系。

例如，物流专业所对应的职业群主要是进入专业化物流公司、国内商贸流通公司、电子商务物流公司、企业物流配送中心等部门从事物流系统优化组织设计及物流经营管理工作，或者进入企事业单位、工商贸易管理部门、电子商务物流公司、第三方物流公司、交通运输等部门从事物流管理工作。计算机专业对应的职业群为硬件、网络、软件开发、电子商务等。建筑专业对应的职业群为建筑师（建筑设计、地板规划和详细结构）、土木工程师（设计和管理建筑物、道路等的建设）、制图员（根据工程师和建筑师的设计说明准备草图）、机械工程师（计划和设计工具、机器和发动机）、测量员（为建筑场所和地图绘制收集与测量数据）。

据麦可思2022届工作与专业相关度的调查结果，工作与专业相关度较高的本科专业前十位如表2-2-2所示。

表2-2-2　2022届工作与专业相关度较高的主要本科专业（前十位）

序号	本科专业名称	工作与专业相关度/%
1	医学影像学	84
2	网络工程	83
3	播音与主持艺术	82
4	电子信息工程	82
5	微电子科学与工程	82
6	运动训练	81
7	计算机科学与技术	81
8	信息工程	81
9	医学影像技术	81
10	通信工程	81

工作与专业相关度较高的主要高职高专专业前十位如表2-2-3所示。

表2-2-3　2022届工作与专业相关度较高的主要高职高专专业（前十位）

序号	高职高专专业名称	工作与专业相关度/%
1	轨道机车	87
2	铁道供电技术	83
3	动车组检车技术	82
4	园艺技术	80
5	国际贸易实务	80
6	铁道工程技术	80
7	供用电技术	80
8	铁道交通运营管理	80
9	物业管理	79
10	服装设计与工艺	78

从以上的统计可以看出，工作与专业相关度较高的，多数为技术含量较高的专业，以医学为主。这类专业，由于对应职业方向明确，也容易导致就业面偏窄，灵活度不够。

其次，职业群一般由基本操作技能相通，工作内容、社会作用以及从业者所应具备的素质接近的若干个职位所构成。职业群横向划分，是相同的职业存在于不同的产业或行业之中，如计算机专业所对应的职业群广泛分布于国民经济各个产业和行业之中。纵向划分，是同一职业存在于同一行业若干个不同的岗位及其可能晋升的职务上。例如，计算机专业的职业发展路线为：软件开发工程师—软件架构设计师或高级软件工程师—白盒测试、性能测试、自动化测试工程师—QA 主管—技术开发部经理。

最后，一个人无论是基于主动还是基于盲从、被动而选择了某一学科，都无法保证这个专业一定是自己将来要从事的职业或事业，此时就会出现专业与职业不匹配的现象。这种现象的出现，究其原因主要有：不考虑自身的兴趣爱好及自身特质；盲目依据亲朋好友的意见或建议选择专业；盲目依据劳动力市场供需状况、社会地位、经济收入等外在条件选择专业；因高考分数不够而被调剂到自己不喜欢的专业等。

（二）职业专业化

职业专业化是我国新时期大学教育改革发展的方向。所谓专业化，就是指普通职业个体逐渐符合专业标准，成为专门职业并获得相应专业地位的过程。面对严峻的就业形势，要想在每年几百万的大学生就业大军中脱颖而出，迈好职场第一步，最关键的就是提升自身的专业化水平，提高职业化素质。为此，应从以下两个方面着手，以实现学生个体在职业和专业上的有机结合，即职业专业化。

首先，积极构建和开设个体的职业专业化的能力课程。个体的专业积淀是在掌握知识、技能的过程中形成和发展的，是通过在高校进行相关专业课程的学习实现的。因此，学校有必要构建和开设大学生认识能力课程、自学能力课程、创新能力课程和实践能力课程，使学生通过对这些课程的学习，真正实现理论知识与实践能力的有效衔接。

其次，充分运用目标管理的方法实现个体的职业专业化。在教与学的过程中，注重充分发挥学生自主管理的能力。抓住施展个人才华的机会，在能力培养系统工程下，感受学习和生活的兴趣与价值，享受学习和生活的满足感和成就感，按期完成能力培养目标，使职业与专业有机结合。

※ 案例导入

阿伦是一名高等院校学生，学的专业是海洋捕捞。毕业那年，由于渔业资源萎缩，许多渔业公司都不太景气。此时，阿伦面临两个选择，一是回老家工作，二是到宁波象山一个边远小镇的一所水产技校去当教师。阿伦家庭关系比较简单，没有什么人可以在工作上帮他，回老家就意味着到一家濒临破产的渔业公司工作。他平时在学校里喜欢写些东西，个性也比较沉稳，而且在学生会担任职务。因此，当象山的水产技校过来要人时，一下子就看中了他。阿伦二话没说就答应了。到了技校后，阿伦很快融入当地的生活，他原来的组织能力和文字方面的功底以及专业方面的积累显现出了优势，很快得到了领导的赏识，不久成为学校的中层干部。几年后，他把父母接到了象山。虽然他所学的海洋捕捞方面的专业知识并没有用到多少，但 4 年的中专任教经历使他的能力结构得到了提高与改善，他的知识结构能够更加适应社会的需要，也就在职业发展中占有更多的优势。

三、企业与职业

（一）企业的含义

企业一般是指以盈利为目的，运用各种生产要素（土地、劳动力、资本、技术和企业家才能等），向市场提供商品或服务，实行自主经营、自负盈亏、独立核算的法人或其他社会经济组织。企业的大小、性质、目标各异。

企业在商品经济范畴内，指作为组织单元的多种模式之一，按照一定的组织规律，有机构成的经济实体，一般以盈利为目的，以实现投资人、客户、员工、社会大众的利益最大化为使命，通过提供产品或服务换取收入。它是社会发展的产物，因社会分工的发展而成长壮大。企业是市场经济活动的主要参与者，在社会主义经济体制下，各种企业并存，共同构成社会主义市场经济的微观基础。企业存在三类基本组织形式：独资企业、合伙企业和公司制企业。公司制企业是现代企业中最主要、最典型的组织形式。

职业是对性质相近的工作的总称，通常指个人服务社会并作为主要生活来源的工作。通俗来讲，"职业＝职能＋行业"，因此可以将职业看成个人的专业化成长。其具有以下几个特征。

（1）参与社会分工。社会分工越细，职业种类越多，行业种类越多，职业类别也就越多。

（2）每种职业都需要从业者具备相应的知识和技能。

（3）通过为社会创造财富获得合理的报酬。不创造财富不是职业行为。

（三）企业与职业的关系

1. 企业由不同职业组成

企业根据自身运营的需要，把整个机构分为若干职能部门。通过职能分解，将部门职能转为具体工作内容，进而对业务活动进行归类，形成细分职能，以职位呈现。也就是说，将不同职业根据自身的特征和功能有序地组合在一起，构成各个职能部门，最后组成一个企业。

2. 企业决定职业的权责与技能

同种职业会因所在企业的不同，在特征、职能、责任、专业技能等方面产生差异。例如，绝大多数企业都有采购的职位，但不同行业对采购的资质要求是不同的，特别是在专业知识、技能水平方面。

3. 企业为职业的作用发挥创造平台

企业是职业发挥作用的重要渠道。在企业中，不同职业履行不同职责，为企业和社会的运行和发展发挥作用、创造价值。

4. 职业道德影响企业发展

职业道德与企业的兴旺发达密切相关。良好的职业道德，不仅有利于协调职业之间、职位与企业之间的关系，增强企业的凝聚力，而且有利于企业的科技创新，降低产品成本，提高产品和服务质量，从而树立良好的企业形象，提高产品的市场竞争力。因此，现代企业十分重视职业教育。

总之，企业和职业之间相互依赖、相互作用，维持人们的生计，维系社会的存在，发挥和发展人的个性与能力。企业与职业活动是在社会中实现自我价值的手段。

任务三　我国职业环境分析

职业环境对一个人的成长和职业发展有着重要的影响，任何人的职业选择和职业发展都无法摆脱家庭、学校和社会关系环境及当前社会流行的工作价值观、政治经济形势、产业结构变动等客观环境带来的巨大影响，因此，在进行职业生涯规划时要对其做深入的分析和研究。

一、职业环境分析概述

大学生的职业生涯规划总是受到环境因素的影响，大学生进行职业生涯规划时必须对各种环境因素有一个比较充分的了解和分析，否则，仅凭自我兴趣甚至是想当然制订的规划会脱离实际，无法实施。

1. 环境分析的含义

所谓环境分析就是对大学生所处的环境进行一个相对全面和科学的认识、评估和分析，就是要了解学校、院系、家庭以及朋友等构成的小环境中的可利用资源，了解国家、社会、地方区域等大环境中的相关政策法规、经济形势，认清所选职业在社会大环境中的发展状况、技术含量、社会地位、未来发展趋势等，并分析环境因素对自身职业生涯可能产生的影响，从而为制订个人职业生涯规划提供依据。环境分析与自我分析、职业分析一样，都是大学生进行职业生涯规划的重要环节。

2. 环境分析的作用

每个人都生活在一定的环境中，其成长与发展都与环境息息相关。俗话说："物竞天择，适者生存。"环境是个人职业生涯发展的外部约束条件，只有充分认识到外部条件的影响，个人的职业定位才会更加合理和现实，否则，脱离现实的规划和定位只会给求职者带来打击和失望。所以，在制订个人的职业生涯规划时，要分析环境的特点，环境的发展变化，自己与环境的关系，自己在特定环境中的地位，环境对自己提出的要求或挑战以及环境对自己的有利条件与不利条件等。

3. 环境分析的内容及获取环境信息的途径

（1）环境分析的内容。进行职业环境分析，就是要弄清楚环境对个人职业发展的要求及影响，对各种影响因素加以衡量、评估并做出反应。一般来说，环境分析包括微观环境分析和宏观环境分析两个方面的内容。微观环境分析包括学校环境分析、家庭环境分析、社会关系分析等；宏观环境分析包括政治法律环境分析、经济环境分析、社会文化环境分析和技术环境分析等。

（2）获取环境信息的途径。要进行环境分析，首先必须了解环境，掌握信息。在信息时代，互联网、电视、广播、报纸等媒体异常发达，信息量巨大。大学生可以通过各种媒体获取有关微观与宏观环境的信息；大学生也可以通过实习、兼职、社会实践等机会，利用假期和课余时间，在不影响学业的基础上，多深入社会实践；大学生还可以通过选修相关课程和听讲座、听报告的方式来获取宏观环境的信息；了解家庭、学校等微观环境信息的最好途径就是向长辈、专业老师、师兄师姐等请教。

二、微观环境分析

所谓微观环境，就是指学校、院系、家庭以及朋友等构成的小环境。小环境中既存在有利于自己职业发展的资源，也存在不利于自己职业发展的因素。如何去辨别、利用有利资源，规避不利因素，应成为大学生必须学会的技能。

1. 学校环境分析

学校环境是大学生活和成长的主要环境。高中毕业生必然会被名校所吸引，因此不能认真分析学校环境。所谓学校环境，主要指所在学校的传统、专业特色与学校声誉、校友去向等。

（1）学校的传统。任何一个学校都有自己独特的传统，这会对其学生产生潜在的影响。学校的传统和其他因素共同构成学校的校园文化。校园文化是大学生生活和成长的软环境，具有独特的育人功能。大学生要选择适合自己的职业道路，就不能不分析学校的文化。实际上，校园文化对学生的影响，许多时候大学生自己并不了解。

（2）专业特色与学校声誉。近些年来，各高校纷纷开设"热门"专业，造成不同高校专业设置趋同。实际上，每所大学所开设的专业都会有自己的特色。同样是计算数学专业，如果开设在计算机学院往往会强调其应用性，所设置的课程与计算机专业所学习的课程类似；如果开设在数学学院往往会强调其与数学的关联性，所设置的课程会更多地突出数学特色。所以大学生在进行职业选择时要分析自己的专业特色，以进行准确定位。另外，学校声誉也是不得不考虑的因素。有的大学在某一区域的社会认同度较高，但是在其他区域就较低。例如，山东大学在华东地区具有广泛的社会影响，但是在华南等地区影响力就小得多。正确分析学校的情况有利于大学生顺利实现就业，并在职业发展中赢得先机。

（3）校友去向。校友去向是大学生在进行职业选择和职业规划时必须加以考虑的因素。经验表明，一个学院的毕业生通常会具有相似的毕业去向，校友聚集在某一地区、某一行业甚至某一单位的情况经常发生。究其原因，有以下三点：一是特定的专业适合特定的职业，专业对口是许多职业的选材标准；二是某所学校或某个学院的社会认可度常常有一定的范围，许多单位已经与该学校或该学院形成了良好的合作关系；三是在就业中如果能获取校友的帮助，将有利于大学生顺利就业和适应职场。

2. 家庭环境分析

任何人的成长和发展都无法摆脱家庭环境的影响。大学生在进行职业生涯规划时，必须充分考虑家庭环境的影响，如家庭经济状况、家人期望、家庭文化等。家庭环境不仅会影响到个体的性格，还会影响到其职业目标的确立。因为个人职业发展目标的确立，总是同自身的成长经历和家庭环境相关联的。个人在成长过程中，也会根据其成长经历和接受教育的情况，不断修正、调整，并最终确立自己的职业理想和职业规划。对家庭环境的了解和分析主要应包括以下几个方面：

（1）家庭经济状况。如果某大学生的家庭经济条件不好，需要他尽快在经济上提供帮助，那么该学生就应该首先解决吃饭问题，找一份比较安稳的工作，踏踏实实地工作，一步一个脚印地积累实现自己理想所需要的资本。如果家庭条件允许，则可以挑选适合个人发展的职业，而无须顾及生存问题。

（2）家人期望。大学生的职业选择常常体现了家人的期望，融合了家长的意志。可以说，父母的意志对子女的职业选择具有重要影响。子女经常被看作父母希望的延伸或者家庭的代表，他们的使命就是实现父母的理想。所以许多大学生往往选择父母正在从事或者希望其从事的职业，尽管这种做法并不可取。美国心理学家 Herbert A. Otto 认为，父母在子女的职业发展过程中处于核心地位，父母通过奖励和惩罚引导孩子的行为，通过教导和说理启发孩子考虑父母期望他们选择的职业，通过树立榜样影响孩子的职业计划。

（3）家庭文化。家庭是社会的细胞，是人们生活的重要场所，家庭文化和生活环境对一个人的职业选择也具有重要影响。"父母是孩子的第一任老师，家庭是孩子的第一所学校"，人的生活习惯、价值观念和行为方式往往是从幼年时期就开始受到家庭环境的深刻影响，长期潜移默化而形成的。所以，家庭不仅会影响到个体对某些职业知识和技能的认识和兴趣，还会从根本上影响个体的职业分析和职业目标、职业选择的方向和种类、决定选择中的冒险和保守程度、对职业岗位的认可态度以及工作中的种种行为和表现等。

一般来说，如果父辈从事的是社会声望较高的职业，子女经常会"子承父业"；如果父辈从事的职业社会声望不是很高，作为子女的大学生可能就会拒绝选择父母所从事的职业。例如，艺术家庭出身的大学生，在与家庭成员的长期接触中，很可能继承父母的职业价值观，从而走上与父母相同的职业道路。小布什成为美国总统，居里夫人的女儿获得诺贝尔化学奖，邓亚萍成为乒乓球世界冠军，著名演员陈佩斯和著名相声演员侯耀文的人生发展之路，都是这种影响的具体体现。

3. 社会关系分析

一般来说，个人在职业生涯中都会或多或少地寻求他人的帮助，为了顺利就业并获得事业成功，个体需要就自己的社会关系进行评价和分析。据北京大学"高等教育规模扩展与劳动力市场"课题组的一次调查显示，人际关系网络仍是大学生寻找就业机会的理想途径。有41.61%的学生认为，通过家庭和个人社会关系、托熟人是最有效的求职途径。在来自大城市的学生中，这一比例更是高达51.29%。另外，通过分析自己的社会关系，也有利于大学生在职业生涯中寻求经验和指导。

通常人们都认为人脉关系的形成往往依托于家庭关系背景，其实它的另外部分来源于大学生自己在学习和工作过程中有意识的积累。因此，大学生除了对自己的社会关系进行分析和评价以外，还应积极合理地拓展自己的社会关系，不断累积自己的社会资本，这也是个人能力的重要组成部分。

三、宏观环境分析

社会因素对每个人的职业生涯发展都有重大影响，而且任何人都无法摆脱，其内容广泛，既涵盖国家、社会、地方区域等大环境中的经济形势，也包括社会文化状况和相关政策法规等。面对如此繁杂的内容，宏观环境分析应从何处着手呢？

目前，在对宏观环境进行分析时一般采用PEST分析法。PEST分析最早应用于企业的行业分析，后扩展到职业生涯领域。宏观环境分析的具体内容虽常有差异，但一般都应包括对政治法律环境（political）、经济环境（economic）、社会文化环境（social）和技术环境（technological）这四大类主要外部环境因素的分析，所以称之为PEST分析法。

●政治法律环境分析：政治法律环境包括一个国家的社会制度，政府的方针、政策、法律法规等，大学生求职者主要应关心诸如政治环境是否稳定、国家政策是否会改变、政府的经济政策是什么、政府所持的市场道德标准是什么等问题。

从职业发展的角度看，政治稳定、政府经济决策、法律法规等因素对大学生的影响最大。没有稳定的政治环境，就不会有经济的持续发展；没有经济的持续发展，就无法解决新增就业人口的问题。政府经济决策常常决定政府投资的重点，这与职业发展有密切关系。法律法规对企业与个体行为具有指引、评价、教育、预测和强制的作用，是最基本的社会规范。其中，劳动法律法规是切实保障大学生就业权益的法律依据。因此，大学生应该重视对社会有关政策和法律的了解，分析其中蕴藏着哪些职业发展机会，以便在进行职业设计时利用这些机会。

※ 知识分享 1

新《劳动合同法》对大学生就业的影响

新《劳动合同法》从 2008 年 1 月 1 日起已经施行，但应届大学毕业生对其的知晓率却相当低，许多大学生并不知道新《劳动合同法》给自身就业会带来什么样的影响。

有人说，新《劳动合同法》的颁布和实施是社会进步的体现，可以更好地保障处于弱势地位的求职大学生的合法权益，尤其是可以废除职场潜规则，营造良好的就业环境，如关于"订立书面合同"和"规定试用期时间"这两条规定对大学生就业的直接影响较大。但也有人指出，新《劳动合同法》的颁布和实施，短期内将加剧大学生供大于求的矛盾。在大学生就业难的今天，很多单位都需要求职者具备一定的工作经验，而对一个刚走出家门的大学生来说，找工作往往抱着"先就业"找个落脚点的想法。但是，根据新《劳动合同法》的规定，用人单位如果不与劳动者在开始工作后的一个月内订立书面劳动合同，就须支付双倍工资。这有可能会加大无工作经验的应届毕业生找工作的难度。

● 经济环境分析

①宏观经济环境包括国家和区域两个层面。国家宏观经济环境主要指一个国家的人口数量及其增长趋势，国民收入、国民生产总值及其变化情况以及通过特定指标能够反映的国民经济发展水平和发展速度。反映国家宏观经济环境状况的关键要素包括 GDP 的变化发展趋势、利率水平、通货膨胀程度及趋势、失业率、居民可支配收入水平、汇率水平等。区域经济状况主要是指在一定区域内经济发展的状况，主要包括一个地区的经济结构、产业布局、资源状况、经济发展水平以及未来的经济走势等。

②个体的职业发展与宏观经济环境有直接关系。宏观经济景气时，社会就业率通常也较高；反之，则会走低。具体到某一个区域的经济状况来说，通常经济发展水平高的地区，个人的发展机会也较多；反之，在经济落后地区，个人的发展不得不受到一定的限制。

我国劳动力市场的基本状况

1. 劳动年龄人口日趋减少，不同年龄劳动力供给分化趋势加剧

受生育率持续下降等因素影响，2012 年，我国 15~59 岁的劳动年龄人口占总人口的比重首次出现下降，绝对量也较上年减少了 345 万人。我们认为，我国的劳动力总规模已过拐点，未来将保持稳步下滑的态势。2015 年，我国劳动年龄人口总量进一步减少，总体劳动力供给不足局面逐步显现，推动劳动力成本继续加快上升，我国的"人口红利期"已步入尾声。

在劳动年龄人口总量下降的同时，不同年龄劳动力供给则出现明显分化趋势。其中，15~34 岁的年轻劳动力是我国劳动年龄人口总量下降的主要部分，其规模将在未来的 10 多年时间内从目前的 4.2 亿下降至 2026 年的 3.2 亿左右；与之相反，受人口老龄化不断加深推动，35~59 岁的中老年劳动年龄人口则将从目前的 5.2 亿增至 5.7 亿左右。劳动力年龄结构分化加剧将在劳动力市场引发更多结构性矛盾。

2. 就业参与率仍处于较高水平，但总体趋于下降

影响劳动力供给的因素除了劳动年龄人口总量外，还包括劳动参与率。长期以来，我国都属于全球劳动参与率较高的国家。不过随着收入水平的提高、社会保障网络日益完备以及人口老龄化程度不断加深，我国劳动年龄人口的劳动参与率正处于逐年下滑的状态。

目前，我国15～64岁劳动年龄人口总量大约为10亿人，劳动参与率下降意味着平均每年有200万左右的劳动力退出劳动力市场。在劳动年龄人口不断减少的大背景下，如果未来劳动参与率继续维持下降势头，将加剧劳动年龄人口下降带来的劳动力供给紧张局面。

3. 农村剩余劳动力转移继续增长，但潜力日趋枯竭

改革开放以来，我国农村地区一直发挥着劳动力蓄水池的作用，为城镇第二、第三产业发展提供源源不断的劳动力。在劳动人口数量持续减少的背景下，农村剩余劳动力保持增长势头为劳动力市场供需平衡做出重要贡献。

● 社会文化环境分析

社会文化环境是指影响人们行为、思想的基本因素，包括一个国家和地区的居民教育程度和文化水平、宗教信仰、风俗习惯、审美观点、价值观念等。认真分析社会文化环境，尤其是社会价值观，有利于大学生进行职业规划，因为个人的成功需要社会的认可。只有符合社会主体价值观念的行为，才会被社会认可、接受。另外，价值观也会随着社会的不断发展和进步而发生不同程度的变化，从而使人们对职业的认识和需求也发生变化。

一个人生活在社会环境中，必然会受到社会价值观念的影响。分析一个人的思想情况，从某种层面上来讲，就是了解其对社会主体价值观念接受的程度。社会价值观念正是通过影响个人价值观念而影响个人的职业选择。例如，中国传统文化崇尚学而优则仕，官本位思想严重，轻视经商、服务等行业，对大学生择业也会有一定的影响。因此，近年来出现了这样的情况，很多大学生毕业后纷纷考公务员，而不愿意选择做从基层服务员干起来的职业经理人，宁愿在写字楼里有一个普通文员，也不愿意到企业去开创一份新事业。这些价值观念都深深影响着大学生的职业生涯规划和选择。

砥节砺行

党的二十大报告指出，要"推进文化自信自强，铸就社会主义文化新辉煌"，要求当代青年"发展社会主义先进文化，弘扬革命文化，传承中华优秀传统文化""讲好中国故事、传播好中国声音，展现可信、可爱、可敬的中国形象"。当代大学生应深刻认识到将来的社会责任和使命，树立正确的就业观念和创业理念，顺应当前的就业形势和就业政策，将个人职业发展放在社会文化背景下，将个人实际、社会需求和长远发展相结合，在努力学习专业知识和职业规划知识的同时，积极拓展自己的民族文化底蕴，增强文化自觉和文化自信，做好新时代文化传承的接班人。

● 技术环境分析

技术环境主要包括国家对科技开发的投资和支持重点、技术发展动态、技术转移和技术商品化速度等。重大技术革命总是会对人类生产和生活方式产生深远影响。技术的发展不仅会带来理论的更新、观念的转变、思维的变革、技能的补充，也会深刻影响人们的职业观念。

例如，自20世纪90年代中期以来，互联网及信息技术在全球范围内的迅速发展，就引发了人们生活方式和工作方式的历史性变革。信息技术的应用，使人类的活动突破了对传统交通、通信手段的依赖，拓展了发展空间和交往空间；促进了劳动者与劳动工具、劳动对象在空间上的灵活安排及有机结合，优化了人类的生产方式；提高了人们的生活质量；人们获取、传输和利用知识的能力空前提高。

因此，一个大学生，尤其是工科学生，必须紧密关注技术环境的变化，借以确定职业发展方向。只有符合科技发展潮流的职业，才会具有生命力，才能取得成就。例如，随着激光照排技术的兴起，原来的铅字铸造业逐渐萎缩。

※ 知识分享 2

数码多媒体、三维动画行业的发展前景

数码媒体艺术是运用先进数码技术，如平面合成、三维、动画等手段进行艺术创作的新媒体艺术，它作为新类型艺术形式已在中国得到关注和发展。三维动画设计、影视广告、平面广告、多媒体、企业 VI 设计、网页设计、虚拟现实、建筑效果图则是该行业的不同发展领域。

现在 CG 动画行业在我国发展的速度很快，我们在电视广告、动画片、电影中经常能看到三维动画设计的元素。目前，在广告、影视、游戏等行业中，三维动画制作人才都是非常抢手的"香饽饽"。

据统计，全球范围内数字娱乐市场的规模将达到 1 000 亿美元，而目前中国有近 500 万动画、网络游戏爱好者，此外至少还有 400 万潜在用户群，由此带动的市场估计会达到 10 亿元的规模。而随着影视业的发展和竞争的加剧，在未来较长的时间内，我国的三维动画市场还将成倍增长，与之相关的各项产业的产值还将翻番。

在我国，数字动画设计已成为朝阳产业，而与世界发达国家相比，中国的数字媒体才刚刚起步。据统计，现在全国动画从业者不足 1 万人，只及韩国的三分之一，远远不能满足国产动漫业对人才的需求。据北大方正影视游戏动画机构有关人士称，从动漫业的发展趋势来看，我国影视动画人才总需求量在 15 万人以上，游戏动画人才总需求量在 10 万人以上，可见人才缺口之大。

任务四　探索目标职业

职业探索是个体在各种环境下认识自己和环境的有力手段和方式。有学者认为，职业探索是个人对自己与工作环境之间关系的认定。其包括通过工作、工作实践所了解掌握的资料及信息，培养个人的职业需要、兴趣、工作角色的活动。简单来讲，职业探索是个人对自我特质以及各种不同的职业或者工作，乃至对个人环境关系进行探索，以便对未来的职业发展目标确立更加明确的方向。

一、探索目标职业的意义

职业探索是个人职业生涯规划中非常重要的一部分，也是职业生涯发展中一个十分重要的阶段，它有利于个体提高自身专业技能和综合素质以适应外界环境的迅速变化。

大学生在大学一年级阶段，无论在学习、生活还是心理上都需要迅速地适应从高中生转变为大学生的过程，同时也需要对自我重新进行定位。大学生在进入大学初期面临着生活自理、学习自觉等一系列自我管理与教育的问题，此时，自我认知和环境认知探索不够，职业生涯理论缺乏，目标和现实之间差距较大。学校应该有针对性地引导其积极适应大学生活，初步了解职业生涯规划的理论、自我认知的方法，为有计划地进行职业探索打下良好的基础。大二学生经过一个学年的大学生活、学习和假期社会实践调查，对大学生活和社会环境有了初步的了解，同时对自我也有了一定的认知，各方面能力都得到一定的提高，已经具备了初步制订职业生涯规划的能力，而这一阶段的职业探索任务在于明确自身的优势、劣势、兴趣、爱好、性格、能力，根据自我认知和职业能力进行个性化的职业探索、培养职业兴趣、树立职业价值观。进入大三以后，大学生的职业目标逐渐明确，并有计划地开始实施自己所制订的职业生涯规划，这种有意识地进行的职业探索可以避免就业的盲目性。

※ 案例导入

一家银行打算设计一个新的网站。该银行一名员工的17岁的儿子小武最后以4万元的报价拿下了这个网站设计项目。如果请专业设计人士的话需花费20万元。而年轻的小武并不因报酬低而抱怨，他所看重的是以此为契机小试身手，以求今后发展更大的业务。事实上，不少年轻的业余网页设计者都是从较低的要价开始，走上了专业设计道路。另一个17岁的少年小天由于曾参加网页设计比赛得奖而声名大噪。他现在的网页设计制作业务多得做不完，甚至专门聘请一位成人顾问做经纪人，该顾问则可从中获得15%的酬劳。

许多精明的老板现在都逐渐转向青少年市场寻求网页设计师、计算机程序员。据报道，北京一名20岁出头的在校大学生，从与一名博士生合作开发软件开始，发展到独立为一家从事期货交易信息的公司开发软件，挣了20万元报酬并获得了一台价值3万元的笔记本电脑的奖励。

一些富有冒险精神的业余网页设计者不甘心为别人打工，开始了为自己打工的生涯。小有名气的"蓝河网眼工作室"就是其中的代表。创办伊始，为企业制作网页是他们的主要业务，由于他们所做的网页在当地的企业网页中特色鲜明，加上低成本的运作方式，使工作室有了很强的竞争力。不久，一家属于一个国际公司亚洲总部的中文网站也看上了他们，工作室为这个网站担负起客户服务的工作。

二、大学生应掌握的职业信息

（一）用人单位的基本情况

在步入职场之前，对用人单位的相关信息和基本情况应做到基本了解。大学生可以通过企业的名称如"东方出版有限公司北京分公司"了解该组织所在地区、所属行业、经营性质、业务范围、组织级别等信息。此外，也可以通过职业介绍机构、新闻媒体、招聘会、网络、校园就业指导中心了解到相关内容。

对求职者而言，招聘单位的发展前景会直接影响到个人的前途。工作单位的资产实力、行业前景、科技含量、人员组成、管理水平等方面都会潜移默化地影响一个人的发展，因此也需要对其进行了解和判断。

（二）用人单位的招聘条件、需求岗位和招聘数量

招聘条件即用人单位对求职者的具体要求，一般包括学历、学位、专业、职业资格、技术等级、性别、年龄、相貌、体质等诸多方面。需求岗位的工作内容一般包含"需要什么、做什么、怎么做"，如某一单位所招聘的岗位是总裁助理，需要一位或几位能够处理日常事务工作的人员。对设置特殊岗位的单位，有时还会对求职者提出特殊要求。

用人单位在进行招聘时，会根据需求设置相应的岗位数量，此时，大学生需要了解和掌握招聘岗位、条件、数量等方面的信息。这些信息将会对应聘成功起非常重要的作用。

（三）用人单位提供的薪金待遇

用人单位在发布招聘信息时，有时会说明所招聘职位的薪金待遇，诸如工资、奖金、福利、津贴以及医疗、养老保险等事项。然而，部分招聘单位并不会将薪金待遇明示在招聘信息中，此时，如果对该单位较有意向，可以通过向知晓该单位某些信息的亲朋好友或其他熟人询问而获得所需信息。

三、探索目标职业的途径

（一）静态信息收集

1. 充分利用网络信息资源

当前社会是网络信息社会，大部分招聘信息可以通过网络取得，而网络求职因成本低、及时、高效等诸多优势成为时下最便捷的信息渠道。无论对用人单位还是对求职者来说，都可以通过网络查询相关信息，建立沟通互动的关系。求职者既可以到已经建立局域网的职业介绍机构登记、查询相关招聘信息，将个人简历、求职意向入网，等待用人单位的通知；也可以通过进入专业、大型的职业网站浏览各类用人单位发布的招聘信息，同时发布自己的求职信息，使双方通过网络建立联系。前者是具有较强针对性的信息获取方式，而后者则是被广泛利用的效率高、信息量大、时效性强的现代信息收集渠道。

2. 参加现场招聘会

招聘会也是较为普遍的求职渠道之一，很多大的省市都会根据实际就业供需举办相应的现场招聘会。其中，既有数百个招聘单位参加的大型招聘会，也有几十家甚至十几家用人单位参加的中小型招聘会；既有针对固定专业、行业、求职人员的专场招聘会，也有面向广大就业群体的综合性招聘会。

相对于网络求职而言，现场招聘会的优势在于用人单位与求职者能够进行面对面的交流，尽管成本较网络求职高一些，然而通过实地交流和沟通，双方能够形成初步意向、减少不确定因素、增加成功概率。因此，求职者可以选择具有一定规模的现场招聘会，通过亲自洽谈了解，取得所需要的信息。

3. 通过专业机构以及新闻媒介获得职业信息

职业介绍所和人才交流中心是从事职业介绍业务的专业机构，可以为求职者提供大量的职业信息和相关服务。

此外，电视、广播电台、报纸、杂志等新闻媒介都是获取职业信息的有效渠道。从这些渠道获取职业信息不仅节省时间、节约金钱，还可以享用到最广泛和最全面的信息服务。然而，由于广告篇幅有限、信息不详细，求职者不能全面地了解用人单位，因此，还需要综合其他方面的信息来确认。

4. 通过学校就业指导部门、校友、亲朋好友等获得职业信息

许多用人单位会选择直接到学校招聘毕业生，也有很多学校与用人单位建立长期稳定的就业联系，学校每年会向其推荐学生，用人单位也会从中择优录取一定数量的毕业生，而且通过学校就业指导部门获得的职业信息，既全面具体，又准确可靠。此外，通过往届毕业的校友以及身边的亲朋好友得到的职业信息可作为上述渠道的有益补充。

（二）动态信息收集

大学生可以通过参加假期实习、社会实践、社团组织、生涯人物访谈等渠道获取职业信息。知识来源于书本，能力来源于实践。完善的知识结构已经不能满足用人单位对求职者的要求，他们更青睐能够充分地将知识和实际应用能力相结合的求职者。通过实习、社会实践，大学生既可以直接与用人单位接触，更清楚地了解用人单位有关需求情况，又能让用人单位更多地了解自己。

通过与生涯人物进行面对面的接触，大学生可以从职场人士的现身说法和切身经验中获得大量的宝贵信息，这些信息具体、真实，能够帮助大学生丰富对目标专业和职业的了解，帮助他们获取最新的职业信息。生涯人物访谈让学生重新了解自己，促使他们对照职场要求、生活和实践，实现自我完善和自我提高。

※ 案例导入

新职业来了，你准备好了吗

人工智能工程技术人员、大数据工程技术人员、电子竞技员……人力资源和社会保障部拟发布13个新职业，引发社会广泛关注。从传统的"工、农、兵、学、商"，到如今新职业、自由职业不断涌现，背后是中国经济新科技、新业态日新月异的发展。

新行业造就新职业

人社部近日发布的新职业大多来自目前比较新兴和热门的行业。既有现在流行的人工智能、大数据工程技术人员；也有人们不常听说的农业经理人、数字化管理师；还有与生活息息相关的职业，如城市轨道交通相关技术人员等。

其中，人工智能工程技术人员、电子竞技员等是人们讨论的热门职业。其兴起与近年来人工智能行业的爆发和相应的"人才荒"有很大关系。清华大学中国科技政策研究中心发布的《2018中国人工智能发展报告》显示，截至2018年6月，中国人工智能企业数量已达1 011家。数据预测，到2020年，中国人工智能核心产业规模将超过1 500亿元，带动相关产业规模超过1万亿元。《全球人工智能领域人才报告》显示，截至2017年一季度，全球人工智能技术领域专业人才数量超过190万，远不能满足市场需求。据估计，中国人工智能学科人才需求的缺口每年接近百万。

电子竞技员的出现与近年来电竞行业的发展关系密切。目前，中国电竞用户超过2亿人，人才缺口限制电竞体育、文化、娱乐等产业价值的发挥。专家表示，随着电竞行业健康良性地发展，相关从业者正获得社会认可。专家表示，这些新职业将成为未来行业的一个趋势，促进相关产业、培训行业的发展。

技术推动职业兴替

一批新职业兴起，伴随着另一批旧职业退出历史舞台。铁路扳道工、弹棉花手艺人、寻呼转接员……根据2015年修订发布的《中华人民共和国职业分类大典》，有205个曾经耳熟能详的职业不再被收录其中。

无人机驾驶员代替了很多传统行业操作员，其兴起体现技术革新助力传统产业转型。在地理测绘、物流配送、电力巡检等诸多领域，无人机驾驶员大显身手。以农药喷洒作业为例，作为一个拥有18亿亩基本农田的农业大国，中国每年为此耗费大量人力。借助无人机，不仅能节省大量人力成本、提升作业效率，还能降低农药浪费、减少对环境的污染。当然，这对相关操作者的专业素质提出很高的要求。2018年发布的《无人驾驶航空器飞行管理暂行条例（征求意见稿）》明确规定，个人或者组织进行植保无人机作业时必须持有无人机安全操作执照。

此次发布的新职业中，新增母婴护理员、蜂产品品评员、酒体设计师等与人们生活需求相关的工种。"人们对美好生活的追求反映在职业领域，传统的'专业技术人员''社会生产服务和生活服务人员'呈现越来越细分化发展的趋势。"

就业观念有新要求

专家表示，新职业的出现，呼唤教育、法律、培训等人才培养体系不断完善。例如，要给予学生与时代发展相匹配的在校教育，帮助其快速适应和掌握新知识、新技术、新学科，成为创新型、复合型人才。

相关职业技能和行业企业的评价不断规范。人社部颁布26个新的国家职业技能标准，涉及的职业包括中式烹调师、智能楼宇管理员、汽车装调工等。此外，人社部将陆续开发行业企业评价规范。

对新职业及相关行业进行科学管理也很重要。以电竞行业为例，除了电子竞技员，还有教练、陪练、裁判员、解说，甚至有经纪人等周边运营人员，更细的职业分类要求更细化的运营管理。为此，2016年，教育部将"电子竞技运动与管理"增补为高等职业学校拟招生专业，旨在培养专门的运营管理人才；很多电竞俱乐部制定了严格的规章制度。

此外，新职业中不少采用非全时制、灵活就业的方式，对人们就业观念转变提出新要求。专家表示，当下很多年轻人在选择职业时，更注重热爱、有趣、自由。随着这种工作方式和劳动关系的普及，各方要尽快转变传统观念，及时调整相关体制机制配套。

任务五 新时代职业发展的趋势

职业是社会分工的结果，是人类社会生产和社会生活进步的标志。随着经济和社会的不断发展，科学技术的突飞猛进，社会职业的数量、种类、结构、要求都在不停地发生着变化。了解职业的发展趋势，是为了使自己所选择的职业方向符合社会发展的趋势，从中捕捉到有利于自己职业发展的线索。

一、未来职业的发展特点

科技进步给职业发展带来巨大冲击。现代科技的发展带来了新技术、新产品、新工艺，这些新技术和新工艺的研究、开发、应用必然导致部分职业的新旧更替。例如，电子计算机技术的发展使诸如电报发报、电话接线、机械打字等传统职业逐渐走入末路，但电子通信、网络服务、电子保安、计算机制造、调试、维修、设计、培训等新职业一个个破土而出。科技发展使职业发展越来越呈现出这样的特点，即脑力劳动职业发展速度越来越快，体力劳动职业将越来越少；经济部门和服务性行业的职业越来越多，行政管理等行业的需求越来越少等。未来职业发展逐步呈现出以下特点。

（1）职业教育的技术含量增大，体力劳动逐渐脑力化。

随着高等教育水平的不断提升，科学技术的不断发展，各种就业岗位需要更多受过良好教育、掌握最新技术的劳动者，单纯的体力劳动或机械操作职业将明显减少，脑力工作将逐渐增加，呈现体力劳动脑力化的倾向。

（2）职业素质要求不断更新和提升，竞争力增强。

随着社会进步及新技术与新设备的出现，部分职业或职位对就业者的要求逐渐从单一型向复合型人才方面发展。用人单位选择劳动者的实质是选择劳动力，劳动力水平是择业者与用人单位的最终关系。那些信息灵、能力强、素质高的求职者往往能得到一个比较理想的职业岗位。

（3）职业选择多样性，工作方式多样化，永久性职业减少市场经济条件下的劳动就业，能够提供多种类型的劳动岗位。从劳动力市场的宗旨来说，它应为所有进入市场的用人主体提供劳动资源。同时社会分工的不断精细化，推动了人们工作理念和工作方式的更新。

（4）职业要求由单一技能向跨专业、复合型转化。

随着人们对人才观念的转变，以及职业自身对从业人员要求的提高，用人单位在择人时已经不再单纯地以学历和专业对口为选择标准，而以基础应用技能和操作能力为标准，更加倾向于选择复合型人才。

（5）职业由传统工艺型向信息化、智能型和知识创新型转化。

传统工艺型职业在科技含量上相对滞后，在技术更新速度方面比较缓慢，而生产力发展的关键之一就是增加职业岗位的科技含量，改善劳动组织和生产手段，提高劳动生产率。

二、未来发展较好的职业

我国"十四五"规划和2035年远景目标纲要草案公布，不仅为各个领域的行业划了重点，更为大学生未来的职业指明了方向。

1. 科技前沿领域

科技对一个国家的重要性不言而喻，在科技前沿领域中，新一代人工智能、量子信息、集成电路、脑科学与类脑研究、基因与生物技术、临床医学与健康、深空深地深海和极地探测成为最值得关注的领域。

（1）新一代人工智能：前沿基础理论突破，专用芯片研发，深度学习框架等开源算法平台构建，学习推理与决策，图像图形、语音视频、自然语言识别处理等领域创新。

（2）量子信息：城域、城际、自由空间量子通信技术研发，通用量子计算原型机和实用化量子模拟机研制，量子精密测量技术突破。

（3）集成电路：集成电路设计工具、重点装备和高纯靶材等关键材料研发，集成电路先进工艺和绝缘栅双极型晶体管（IGBT）、微机电系统（MEMS）等特色工艺突破，先进存储技术升级，碳化硅、氮化镓等宽禁带半导体发展。

（4）脑科学与类脑研究：脑认知原理解析，脑介观神经联接图谱绘制，脑重大疾病机理与干预研究，儿童青少年脑智发育，类脑计算与脑机融合技术研发。

（5）基因与生物技术：基因组学研究应用，遗传细胞和遗传育种、合成生物、生物药等技术创新，创新疫苗、体外诊断、抗体药物等研发，农作物、畜禽水产、农业微生物等重大新品种创制，生物安全关键技术研究。

（6）临床医学与健康：癌症和心脑血管、呼吸、代谢性疾病等发病机制基础研究，主动健康干预技术研发，再生医学、微生物组、新型治疗等前沿技术研发，重大传染病、重大慢性非传染性疾病防治关键技术研究。

（7）深空深地深海和极地探测：宇宙起源与演化、透视地球等基础科学研究，火星环绕、小行星巡视等星际探测，新一代重型运载火箭和重复使用航天运输系统、地球深部探测设备、深海运维保障和装备实验船、极地立体观测平台和重型破冰船等研制，探月工程四期、蛟龙探海二期、雪龙探极二期建设。

2. 战略性新兴产业

（1）新支柱。

①聚焦新一代信息技术、生物技术、新能源、新材料、高端装备、新能源汽车、绿色环保以及航空航天、海洋装备等战略性新兴产业。

②加快发展生物医药、生物育种、生物材料、生物能源等产业。

③深化北斗系统推广应用，推动北斗产业高质量发展。

（2）未来产业。在类脑智能、量子信息、基因技术、未来网络、深海空天开发、氢能与储能等前沿科技和产业变革领域，组织实施未来产业孵化与加速计划，谋划布局一批未来产业。

3. 5G 新型基础设施建设

在 5G 新型基础设施建设中，离不开的便是大数据相关的专业。其中，计算机科学与技术（数据科学与大数据技术方向），便主要培养大数据科学与工程领域的复合型高级技术人才。

（1）5G 新型基础设施建设。

①加速 5G 网络规模化部署，推广升级千兆光纤网络。

②前瞻布局 6G 网络技术储备。

（2）推动物联网全面发展。

加快构建全国一体化大数据中心体系，强化算力统筹智能调度，建设若干国家枢纽节点和大数据中心集群，建设 E 级和 10E 级超级计算中心。

（3）积极稳妥发展工业互联网和车联网。打造全球覆盖、高效运行的通信、导航、遥感空间基础设施体系，建设商业航天发射场，加快交通、能源、市政等传统基础设施数字化改造。同时，随着大数据往各垂直领域延伸发展，对统计学、数学专业的人才，数据分析、数据挖掘、人工智能等偏软件领域的需求加大。

※ 思考与练习

1. 专业对职业的选择有什么影响？
2. 现代职业的发展趋势是什么？

※ 项目实训练习

实训一　新兴职业大搜索

实训目的：了解我国职业发展变化趋势，了解职业发展变迁的原因，拓宽对职业的认知。

实训步骤：

步骤 1　阅读下列材料。

职业的种类是随人类社会发展而不断变化的。如果做一个形象的比喻，可以把职业分为曙光职业、朝阳职业、如日中天职业、夕阳职业、黄昏职业、流星职业、恒星职业、昨夜星辰职业等。曙光职业是指人们可体会到日益增长的社会需求，并且已有少数人开始探索的职业。朝阳行业就是刚刚兴起，正在发展阶段，而且有相当大的发展空间的行业。如日中天的职业是指已经充分发展，并且在目前占据主流的职业。夕阳职业是指将近没落、隐退的职业。黄昏职业是指已经暮色环绕、从业人数急剧减少的职业。流星职业是指像流星般一闪而过的职业。恒星职业是指只要人类社会延续就一定会存在下去的职业。昨夜星辰职业是指曾经持续较长时间，现已完全消失的职业。

步骤 2　分组展开收集。将学生分组，通过各种渠道寻找处在不同阶段的标志性职业，将收集结果填写在下列横线处。

（1）曙光职业：_____

（2）朝阳职业：_____

（3）如日中天职业：_____

（4）夕阳职业：_____

（5）黄昏职业：_____

（6）流星职业：_____

（7）恒星职业：_____

（8）昨夜星辰职业：_____

步骤 3　探究与思考。

（1）我国职业发展变迁具有什么样的特点？

_____

_____

（2）你认为影响我国职业变迁发展的因素有哪些？

_____

_____

实训二　高薪职业排行榜

实训目的：了解职业分类与职业地位，掌握职业地位对职业选择的影响。

实训步骤：

步骤 1　制作高薪职业排行榜（表 6-5-1）。通过网络、书刊、调研、行业报告等渠道，收集统计近三年来收入最高的十大职业。

表 6-5-1　高薪职业排行榜

2022 年		2023 年		2024 年	
职业	平均薪酬	职业	平均薪酬	职业	平均薪酬
1.		1.		1.	
2.		2.		2.	
3.		3.		3.	
4.		4.		4.	
5.		5.		5.	
6.		6.		6.	
7.		7.		7.	
8.		8.		8.	
9.		9.		9.	
10.		10.		10.	

步骤 2　探究与思考。

（1）这些高薪职业有哪些共同点？
_____
_____

（2）你认为薪酬高的职业就是好职业吗？为什么？
_____
_____

（3）你认为影响收入高低的因素有哪些？
_____
_____

实训三　职业生涯人物访谈

实训目的：

生涯人物访谈是大学生职业选择和职业定向的一个自助平台，是在校期间职业生涯规划的一个环节，是一种获取职业信息的有效渠道，目的在于使学生了解和认识社会需求、职业需求、职业环境的基本状况，帮助求职者（尤其是在校大学生）检验和印证以前通过其他渠道获得的信息，并了解与未来工作有关的特殊问题或需要，如潜在的入职标准、核心素质要求、晋升路径和工作者的内心感受等（这些信息是通过大众传媒和一般出版物得不到的）。通过生涯人物访谈，还能正确认识自己的优势和不足，从而制订更加合理的大学学习、生活计划。

实训步骤：

结合自己的兴趣、技能、工作价值观、教育背景和已掌握的职业知识列出未来可能从事的职业，然后在每个职业领域寻找你的职业榜样或相应职业人。生涯人物可以是自己的亲人、老师和朋友，或是他们推荐的其他人。可以采用面谈、电话访谈、QQ 访谈等方式，按照提纲对你的职业生涯人物进行访谈。在访谈结束时，你能让生涯人物给自己推荐其他相关的生涯人物，这样就可以用"滚雪球"的方式拓展自己的职业认知领域。采访生涯人物后，用职业信息加工的观点来分析，对照之前自己对该职业的认识进行比较，找出主观认识与现实之间的偏差，确定自己是否适合这一行业、职业和工作环境，是否具备所需能力、知识与品质，形成书面总结报告，进而详细制订大学期间的自我培养计划。如果访谈结果与自己之前的认识出现严重脱节，就必须进入另一个职业领域开展新一轮职业生涯人物访谈。

附：职业生涯人物访谈参考提纲

（1）你最喜欢你的工作的哪些方面？为什么？

（2）你最不喜欢你的工作的哪些方面？为什么？

（3）你是怎样决定进入这个行业的？采取了哪些步骤进入这个行业的？还有哪些其他途径可以进入这个行业？

（4）想要进入这一行业的人需要什么样的培训？现在需要什么技能或教育背景才可以进入这个行业？

（5）这一行业从新上岗到最高层的工资范围是什么样的？

（6）哪些个人品质对从事这份工作是最重要的？为什么？

（7）每天你都做哪些工作？你能形容一下吗？

（8）在工作岗位上，你感受到哪些压力？

（9）你认为哪种人可以在这个岗位上生存和发展？

（10）简历对被录用是很重要的吗？

（11）有哪些升迁或加薪的机会？

（12）这个行业是在发展中吗？有哪些新的发展趋势？

（13）还有哪些相关的职业你应该去了解？

（14）你是否可以提供3个像你一样对这一工作抱有热情的人？

（15）还有哪些有关这一行业的有用信息你应该去了解？

项目三
职业瞭望

※ **学习目标**

1. 了解目前的职业环境，包括劳动力市场的概况、我国职业发展趋势及发展前景较好的专门人才和未来需求量较大的人才。
2. 掌握职业意识的含义和作用，理解大学生职业意识的形成过程。
3. 了解职业决策的含义、影响因素和理论，掌握职业决策的方法。

※ **能力目标**

1. 能熟练运用SWOT分析法、决策平衡单分析法和5W法进行决策。
2. 能够在平时的生活中运用所学知识主动提升自己的职业生涯决策能力。

※ **素质目标**

1. 增强职业生涯决策意识，并积极探索适合自己的职业生涯决策方法。
2. 培养面临挑战和困难时的自信心。

※ **案例导入**

小程好不容易获得一份销售工作，勤勤恳恳干了大半年，非但毫无起色，反而在几个大项目上接连失败。而他的同事却都干出了好成绩。他实在忍受不了这种痛苦了。在总经理办公室，他惭愧地说可能自己不适合这份工作。"安心工作吧，我会给你足够的时间，直到你成功为止。到那时，你再要走我不留你。"总经理的宽容让他很感动。他想，总应该做出两件像样的事来再走。于是，他在后来的工作中多了一些冷静和思考。过了一年，小程又走进了总经理的办公室。不过，这一次他是轻松的，他已经连续7个月在公司销售排行榜中高居榜首，成了当之无愧的业务骨干。原来，这份工作是那么适合他！他想知道当初总经理为什么会将一个"败军之将"继续留用。

"因为我比你更不甘心。"总经理的回答完全出乎小程的预料。总经理解释道："记得当初招聘时，公司收下100多份应聘材料，我面试了20多个人，最后却只录用了你一个。如果接受你的辞职，我无疑是非常失败的。我深信，既然你能在应聘时得到我的认可，也一定有能力在工作中得到客户的认可，你缺少的只是机会和时间。与其说我对你仍有信心，倒不如说我对自己仍有信心。我相信我没有用错人。"

任务一　职业环境

对职业环境是否有深刻的认识将关系到人们能否在把握职业环境变化的基础上，为人生的发展找到或创造适宜的职业平台。

一、劳动力市场的概况

目前，我国劳动力市场状况有以下特色。

（1）劳动年龄人口日趋减少，不同年龄劳动力供给分化趋势加剧。受生育率持续下降等因素影响，我国的劳动力总规模已过拐点，未来将保持稳步下滑的态势。自2015年开始，我国劳动年龄人口总量进一步减少，总体劳动力供给不足局面逐步显现，推动劳动力成本继续加快上升，我国的"人口红利期"已步入尾声。

在劳动年龄人口总量下降的同时，不同年龄劳动力供给则出现明显分化趋势。其中，15～34岁的年轻劳动力是我国劳动年龄人口总量下降的主要部分，其规模将在未来的7年时间内从目前的4.2亿下降至2026年的3.2亿左右；与之相反，受人口老龄化不断加剧推动，35～59岁的中老年劳动年龄人口将增加至5.7亿左右。劳动力年龄结构分化加剧将在劳动力市场引发更多结构性矛盾。

（2）就业参与率仍处于较高水平，但总体趋于下降。影响劳动力供给的因素除了劳动年龄人口总量外还包括劳动参与者。长期以来，我国都属于全球劳动参与率较高的国家。不过随着收入水平的提高和社会保障网络日益完备及人口老龄化程度不断加深，我国劳动年龄人口的劳动参与率正处于逐年下滑的状态。

目前，我国15～64岁劳动年龄人口总量大约为10亿人，劳动参与率下降意味着平均每年有200万左右的劳动力退出劳动力市场。在劳动年龄人口不断减少的大背景下，如果未来劳动参与率继续维持下降势头，将加剧劳动年龄人口下降带来的劳动力供给紧张局面。

（3）农村剩余劳动力转移继续增长，但潜力日趋枯竭。改革开放以来，我国农村地区一直发挥着"劳动力蓄水池"的作用，为城镇第二、第三产业发展提供源源不断的劳动力。

在劳动人口数量持续减少的背景下，农村剩余劳动力保持增长势头为劳动力市场供需平衡做出重要贡献。

二、我国职业发展趋势

目前，我国的职业发展趋势主要有以下几种。

（1）由单一基础向跨专业、复合型转化。职业岗位的要求和劳动方式逐步由简单向复杂转化，过去要求单一技能的工作，由于职业内涵的发展扩大，现在需要更充分的相关专业的知识和技能，更多地需要跨专业和复合型的人才。

（2）由封闭型向开放型转化。职业岗位工作的范围和面向的服务对象越来越广泛，接收信息的渠道也越来越多，人们相互之间的交往和协作大大加强，所以要求人们具有开放的观念和心态，彻底摆脱封闭的状态。另外，开放型体现在职业岗位工作的性质上。例如，增加了一些以人与人之间联络、沟通、信息咨询和交易为表现形式的内容。

（3）由传统工艺向信息化、智能型转化。生产力发展的关键之一是增加职业岗位科技含量，改善劳动组织和生产手段，提高劳动生产率。能熟练应用信息管理方法的智能型操作人员，是今后职业岗位更新、工作内容更新需要的新型人才。

（4）由继承型向知识创新型转化。知识经济时代的到来，要求社会成员不断树立创新意识，在自己的职业岗位上进行创造性劳动。今后，只有创造性人才才能更好地胜任岗位职责。

（5）由服务型向知识技能型转化。第三产业在劳动者数量增加的同时，对从业人员质量的要求也在不断提高，产生了知识型服务型职业，而且是吸纳社会劳动力的主要渠道。劳动力市场专家预测，未来的新职业会越来越多地出现在服务部门，特别是与健康、通信和计算机相关的行业。

（6）新兴文化创意产业的蓬勃发展为新型职业的产生及创业机遇提供了温床。

三、发展前景较好的专门人才

随着时代的发展，一些现在不受青睐的所谓"冷门"专业或在我国刚刚起步的新兴专业，将来可能会蕴藏着极大的发展空间，具备良好的就业环境。

（一）心理学专门人才

心理学运用科学的方法探究人的心理，分析人的心理发展和各种情感与行为，探究和帮助人以获得精神上的健康。在心理学发达的国家，如美国，每1 500人中就有一名心理学家；而在我国，每百万人口中心理学家还不到两个。这说明，在我国心理学虽然还是一个冷门的专业，但以后的前途不可限量，心理工作者将成为未来的热门人才，其职业前景非常广阔。例如，心理咨询师可以帮助人们解决心理的困扰；教师或儿童顾问可以帮助孩子更好地成长。心理学有着深远的发展空间，有着广阔的应用前景，也有着许多未开发的领域等待更多的人去开拓。

在"5.12"汶川大地震的救援工作中，危机心理干预受到了前所未有的重视。在各地方政府和民间组织的发动下，有至少50支的心理专业队伍赶赴灾区，对受灾群众和相关群体展开相关心理援助。在越来越多心理工作者身体力行的共同努力下，危机心理干预成为震后重建工作中不可或缺的力量，同时也让汶川大地震成为我国危机心理干预进程的一个重要里程碑。相关心理知识的普及和培训也加深了大众对危机心理干预和其他心理知识的了解和认识，让越来越多的人意识到心理健康的重要性，为心理学在中国更广泛地应用和发展创造了条件。

（二）对外汉语专门人才

据教育部一项最新统计资料显示，汉语教学在世界各地呈现出蓬勃发展的趋势，世界各国学习汉语的人越来越多。汉语教学正越来越多地走进国外的大、中、小学课堂。目前，美国、新西兰、日本、泰国、韩国、加拿大、澳大利亚等国已将汉语成绩列入大学升学科目。由于学习汉语的人数较多，许多国家都面临着汉语教师严重不足的情况。在不少国家，中文教师已成为收入颇高、受人羡慕的职业之一。

对外汉语人才是有较深的汉语言文化功底，熟练掌握外语，日后能在国内外从事对外汉语教学，或从事对外文化交流工作的新型实用专门人才。因此，这个专业在中外教育交流的过程中起着非常重要的作用。我国加入世界贸易组织（WTO）后更加大了对此类人才的需求量。2008年奥运会在中国举办，向全世界宣传和介绍中国，带起全世界范围内的新一轮学习汉语的热潮，也进一步加大了对于对外汉语专门人才的需求。对外汉语专门人才可以到国家政府机构的涉外职能部门、各专业外贸机构、合资及外资企业、传播媒体等从事对外汉语教学、外事、国际合作交流、对外宣传、翻译等工作，就业前景广阔。

（三）地理科学专门人才

从不规律的地质、地貌中找出科学规律进行研究，这是一门从各种角度对地质、地表形态等地理特征进行深入研究，同时也研究地域与人们生活的关联的学问。在"西部大开发"的今天，地理学更加显示出它的重要性，如黄河的整治是关系全国现代化建设的大事；青藏铁路的修建需要沿途的详细地形、地质资料，需要比较东西两条线路的优劣；西气东输，途经十多个省份，每个省修建输气管道如何在技术上更简便、在经济上更节约；还有西电东送、生态环境保护、矿产资源开发等，都离不开地理学的参与。

地理科学专门人才的就业范围较广，主要可以从事的职业有教师及科研人员（从事中学或大学的地理教学工作）、工程测量人员（可在大型建设集团从事与土地测量有关的工作）、编辑（在地图出版社从事地图的绘制、编辑工作）和公务员（在自然资源部门工作）等。

汶川大地震让人们更加关注地质、地震预报等地理科学问题。大地震给我国造成了重大损失，也让我们更加认识到地理科学与人们的生产活动的密切关系，愈加重视地理科学的发展和人才的培养。

（四）大气科学专门人才

在21世纪，信息科学与生态学的高速发展推动了大气科学的快速发展，其研究内容与研究方式也发生了很大变化。具体而言，现代化建设与信息时代的到来必将极大地提高人类社会活动的节奏与效率，中小尺度的灾害性天气信息的快速获取、传输与发布，时空范围越来越精确的超短期与邻近预报对人类社会的效益也日益显著。通过增进对大气现象的认识及发展和提高气象预测、天气预报、环境与气候变化预测、人工影响天气等为社会、为人类服务，已成为大气科学发展的目标。

大气科学专门人才能够运用科学的方法，研究地球大气层：通过科学实验、气象观测、数值计算和数据分析等方法，研究组成大气的成分，这些成分的分布和变化、大气风速、温度和气压等要素的水平和垂直结构、大气的基本性质和主导状态的运动规律。与此相关的工作有大气科学家、气象预报员、空气污染研究专家、气象导航员等。

（五）小语种外语专门人才

小语种是相对应用面广、用者甚众的外语而言的，只在少数国家应用的外语语种，包括俄语、德语、法语、日语、西班牙语、阿拉伯语、波斯语、韩语、意大利语、希腊语等。正是由于应用面窄，小语种的专业外语人才一直是小范围地由少数几个学校进行培养。

语言与经济发展密不可分。随着改革开放和中国加入世界贸易组织（WTO）等一系列推动经济发展的契机的到来，中国的市场日渐国际化，各国客商也纷至沓来，特别是加入

WTO以后同世界贸易往来的增强、世博会在我国上海举办，小语种的专业人才将越来越受到社会的青睐。

四、未来需求量较大的人才

（一）信息技术人才

计算机产业正逐步成为我国高度集约型、行业知识密集型经济的支柱产业，这些产业包括软件产业、咨询产业、知识产业、管理产业、教育产业和文化产业等。由于计算机的普及及其使用功能的充分开发，几乎所有的领域都需要计算机类人才，因此信息技术人才在今后若干年内会持续走俏。

（二）网络服务人才

在中国，大力发展网络技术和开展网络服务已成定式。据分析，目前网络服务创造的经济产值约为国民生产总值的2%，预计今后三年将达到5%。

（三）数据管理人才

数据管理和数据库是21世纪经济系统建设的核心，它的发展水平标志着一个国家信息和知识资源开发利用的程度。自20世纪80年代以来，发达国家数据库服务业已成为信息服务业的重要组成部分，每年以20%左右的速度增长。21世纪，随着中国数据产业的发展，数据服务行业将成为服务行业就业人数较多的行业之一。

（四）经营管理人才

在21世纪的知识经济时代，世界范围内各方面的管理将经历第二次革命，其内容包括价值化管理、系统化管理、智能化管理及国际化管理等，将涉及政府、企业、社会管理等行业。

（五）环境保护技术人才

我国环保产业存在的严重问题之一是环保技术人才严重不足。据有关部门估计，我国每年污染造成的经济损失约为2 000亿元，占国民生产总值的10%。由此可见，国民经济的发展急需大量的环保科技人才。

（六）教育人才

据调查，近年来一些特殊专业的教师一直被人看好，如音乐、美术、计算机等学科。有人估计，在今后的20年中，中国教育行业部分专业教师人数将增加1倍，整个教师队伍人数将大量增加。

（七）医疗保健人才

20世纪末，中国从事医疗卫生和保健医疗及生物医学工程开发的人数达1 200万。随着社会的发展和对医疗卫生人才的需求量增大，医疗保健人才会有较大的需求缺口。

五、职业环境分析

（一）行业发展状况分析

企业是行业中的一员，企业的每项经营活动都与整个行业的发展密切相关。行业发展状况分析可以从以下五个方面进行。

1. 行业外在的经济环境

行业的兴起是经济发展的结果，只有经济发展到一定程度，才会引发对行业的需求。在工业革命时期，社会生产力出现了巨大的飞跃，从而带动了众多行业的出现。近几年，我国经济一直处于高速发展的状态，对三大产业的发展起到了极大的推动作用。由此可见，外在的经济环境决定着行业环境的形成。

2. 行业的产能

产能是指在计划期内企业参与生产的全部固定资产，在既定的组织技术条件下所能生产的产品数量或能够处理的原材料数量。由于行业对社会的贡献主要体现在行业的产能方面，因此在分析行业的产能时，应了解行业在社会经济中的地位，行业的产值、年利润及税收总额，以及吸收劳动力的数量，在全国工业产值、财政收入及就业总量中所占的比重。

3. 行业的属性

行业的属性可以从行业在社会生产中的位置来分析，也可以从行业所使用的资源和技术来判断。例如，房地产行业具有三大属性：一是商品属性，因为房地产是一种特殊的商品；二是投资属性，因为房地产具有保值、增值的特点；三是保障属性，保障房是商品房的补充，保障房的供给有利于商品房市场的平稳发展。

4. 行业的规模

分析企业所处的行业规模大小、竞争状况，以及行业内几家主要的大型企业的经营状况，把握行业的技术发展趋势及前景。例如，汽车行业的快速发展大大带动了中国经济的发展，成为拉动中国经济发展的支柱产业之一。

5. 行业的人才需求量

了解行业在用人制度、岗位设置和招聘模式上有什么新的变化，以及在人才市场上供给与需求是否达到平衡。例如，对物流行业进行分析，把握其最新的发展状况。网上购物方便、快捷，已成为人们购物方式的首选，这使物流业成为经济中不可缺少的一种行业。物流行业有着广阔的发展空间，物流专业的大学毕业生有许多的就业选择，既可以到国内物流业工作，也可以选择到大型跨国物流企业工作。

（二）职业岗位分析

职业岗位分析要了解岗位的主要工作内容、相应的工作环境和基本的任职要求等。

1. 工作内容

工作内容是指劳动者具体从事什么种类或内容的劳动，是在劳动合同中明确规定的劳动者应当履行劳动义务的主要内容，包括工种、工作范围、工作任务、工作职责、劳动定额、质量标准等。它是用人单位聘用劳动者的目的，也是劳动者取得劳动报酬的缘由。现在的职业既有热门职业也有新兴职业，每个职业都有各自的特点和工作内容。例如，金融理财师的工作内容是遵循金融理财规范的流程帮助客户实现理财目标；能够正确分析和评估客户的财务状况，并根据客户的风险承受能力为客户量身定做一份合理的理财方案。在职业选择时，大学生首先应清楚地了解职业的工作内容，因为职业的具体工作内容会影响大学毕业生决定是否选择从事该项工作。

2. 工作环境

工作环境是指工作秩序、工作气氛、工作场所及内部关系等能够影响工作人员的心理、态度、行为及工作效率的各种因素的总和。工作环境一般可划分为硬环境和软环境。

（1）硬环境。硬环境主要指劳动的环境，包括工作场地及劳动环境的危险性或舒适性。劳动环境可以在保证员工身体安全的同时，提高工作效率。

（2）软环境。软环境包括企业文化、管理制度、人际关系氛围等环境。

①企业文化决定了一个企业如何看待其员工。一个主张员工参与管理的企业显然比一个独裁的企业能为员工提供更多的发展机会。好的企业文化能够营造出积极和谐的人文环境，进而为企业员工创造出更大的价值空间，同时也提升了企业效益。

②企业员工的职业发展归根结底要靠管理制度来保障。管理制度包括合理的培训制度、晋升制度、绩效考核制度、奖惩制度、薪酬制度等。没有制度或制度定得不合理、不到位，员工的职业发展就难以实现。好的管理制度可以激励员工，也有助于稳定员工。

③工作中良好的人际关系会使人身心健康、心情舒畅而工作愉快。员工会由此热爱自己的团队，积极性和主动性能够得到充分发挥，工作效率将大大提高。员工会更加珍惜自己的工作环境和工作机会，为企业创造更多的物质财富和精神财富。

3. 任职要求

职业能力是一个人在现代社会中生存生活、从事职业活动和实现全面发展的主观条件，包括职业知识和技能，分析和解决问题的能力，信息接收和处理能力，经营管理、社会交往的能力，不断学习的能力。不同的职业要求从业人员达到其所需职业能力的标准不同。例如，医生不仅要求具有一般学习能力、语言表达能力、空间判断能力、形态知觉能力、手指灵活能力，还需要具有较强的算术能力和动作协调能力，最核心的是要具有交流的能力。

※ 案例导入

小马在一家计算机公司上班。公司里许多软件、文件和资料都集中在他的计算机里，他处在一个非常关键的位置上，如果工作中他在某一环节出问题，后果是很严重的。两年下来，他给公司创造了不少效益，公司董事会准备提拔他为总经理助理。

一天下午下班后，他接到总经理的一项突击任务，第二天上班前必须按总经理给他的策划标书连夜制作好一份重要的投标文件，那个项目直接关系到公司今后的发展，也关系到他的提拔重用。下班后，他顾不上吃饭，废寝忘食地编制标书，丝毫不敢马虎大意，每个数字、图案甚至标点他都一丝不苟，唯恐有个闪失。到了午夜，就在他快大功告成时，意想不到的事发生了，公司所在区域突然停电。计算机突然断电将他精心编制的标书和文件全部丢失。遗憾的是他的计算机没有自动保存备份功能，眨眼间他的心血化为乌有。他在计算机前整整等了一夜，还是没有来电。待第二天恢复通电后，他赶紧按昨夜的创意重新出标书，可是招标方确定的时间早已过去，他们已失去了投标的资格。

他的一时疏忽给公司带来了巨大的损失。后来，他不但没有得到提拔，反而被公司以责任心不够强的理由劝退了。临别时，总经理语重心长地对他说："按能力、学识，我们都信任你，但在这个瞬息万变的时代和竞争日趋激烈的社会，只有能力和学识是远远不够的。假如你多一份责任心，在编标书的中途备份那些失去的资料，结果会完全不一样。我们不得不遗憾地做出这样的决定，希望你以后无论走到哪里都多给自己备份一份责任，这是非常重要的！"

职业特定能力是每种职业自身特有的能力，它只适用于这一职业的工作岗位，适应面很窄，但总量是很大的。行业通用能力是以社会各大类行业为基础，从一般职业活动中抽象出来可通用的基本能力，它的适应面比较宽，总量比职业特定能力小。职业核心能力是从所有职业活动中抽象出来的一种最基本的能力，普遍适用性是它最主要的特点，可适用于所有行业的所有职业。

任务二　职业意识

一、职业意识的含义

职业意识是指人们对职业劳动的认识、评价、情感和态度等心理成分的综合，体现了一个人在职业方面的心理素质和思想素质。在职业生涯中，它是支配和调控全部职业行为与职业活动的调节器。它来自具体的职业实践，贯穿每个人职业发展的全部历程。它是每个人在学习和工作实践中形成的关于职业问题的心理活动，是自我意识在职业选择领域的表现，是每个人从事某一工作岗位最基本的思想指导，是心理素质与思想素质的综合。

职业意识还包括拥有胜任职业的思想品德、文化修养、专业技能等，这些可以作为一个人能否进入职业及能否胜任工作的条件。

总的来说，职业意识是指劳动者在职业定向与职业选择过程中，对自己现状的认识和未来职业的理解，包括对职位角色的认知、对职位功能的诉求及对职业道德的把握等。一般而言，个人经历、家庭背景、校园文化、行业状况及社会潮流等都会对个人的职业意识产生不同程度的影响。对在校大学生来说，职业意识是大学生在校期间对就业所具有的认识和所做准备的程度，它在很大程度上影响着大学生的职业态度与择业方式。

二、职业意识的作用

职业意识作为一个职业人必须具备的素质，对个人的职业发展起着导向和调节作用。

（一）促进大学毕业生顺利就业

在当今社会，激烈的竞争无处不在，要想在职场站稳脚跟，每个职业人都要做好充分的准备，而职业意识能够让大学生意识到要提高职业竞争力，以迎接即将降临的机遇与挑战。

但是，许多大学生职业意识不强，缺乏职业规范和职业素养，从而妨碍了他们的顺利就业。职业意识能够影响大学生的职业目标和为实现职业目标应该培养的职业能力及素质，从而影响着大学生的职业准备。

职业意识决定着职业人的职业素质，而职业素质又决定着职业人的职业道德、工作的效率和效果。职业意识是毕业生质量的重要构成部分，是影响毕业生就业的决定性因素之一。实际上，责任意识、团队意识、目标意识、服务意识、创新意识、诚信意识等职业意识正是用人单位聘用人才的重要标准。

（二）促进大学毕业生职业能力的培养

正确的职业意识是提高职业人职业素质和职业能力的基础。职业意识具有一定的能动作用和导向作用，在职业意识的驱动下，人们会自主、自愿地学习专业知识，积极积累和掌握有关的专业技能及经验，并使之融会贯通，在自己的专业领域内有所见长、有所发展，使自己成为在某一方面具有真才实学和真知灼见的职业人。

具有强烈职业意识的学生拥有坚强的毅力，勇于弥补自己的不足，会利用在校的各种机会努力提高自己的能力。他们在学习中能把当前的学习与将来的工作需要结合起来，打好专业知识的基础。有的学生认为自己缺乏独立生活的能力，就利用各种机会为同学服务，做一些力所能及的工作；有的学生缺乏组织管理能力，就主动要求担任学生干部，锻炼自己的胆识和组织能力。通过持之以恒的实践锻炼，他们的职业能力得到了显著的提高。

（三）对大学毕业生职业道德的培养

如果没有正确的职业意识，就不能形成良好的职业道德。具有高尚职业道德的人都懂得职业的真谛——"社会中只有职业的分工，没有职业的高低贵贱之分"，他们具有"人人为我，我为人人"的道德精神。

职业道德的发展应该成为大学生个人生活的一部分；大学生应通过职业实践加深对职业的实际体验，从而产生职业道德情感，增强自我对职业的荣誉感和责任感，在思想认识中提高明辨是非与善恶美丑的能力。良好的职业道德包括自强自立、吃苦耐劳的道德精神，爱岗敬业、无私奉献的美好情操，对自己将来从事的职业充满的崇敬心理等。良好的职业道德和职业情感能够产生巨大的道德力量，帮助个人排除主观和客观的困扰，调动个人积极的工作态度，增强个人忠于职守的责任心，形成一种终身的职业习惯和自觉行动。

三、大学生职业意识的形成过程

意识的形成不是突然的。意识是知、情、意活动的统一，往往是在个人先天条件的基础上，以及在后天的学习和实践中，随着个体在生理和心理上的成熟而逐步形成的，整个过程是一个发展、稳定和强化的渐进过程。

（一）大学生职业意识的发展

职业意识是伴随着职业人的成长而逐渐发展形成的，它首先表现为一个人的职业意向，即在择业时最喜欢从事的职业的一种倾向。职业意识的发展受诸多因素的影响，主要是在自我发展与他人期望的交互影响下，通过主动选择与理性选择而逐渐形成的。

大学阶段是职业意识的确立期和理想职业的选择期，如果大学生职业意识确立得晚，一方面，会直接导致角色定位转变不及时，使学生不注意学习行为与从事职业的关系，大学几年或虚度光阴，或虽看起来充实而忙碌，但实际上却是盲目地忙碌；另一方面，会妨碍大学生及时更新职业观念、培养创新意识，制约大学生职业方向和职业岗位的选择，容易出现职业选择错误，影响其一生的职业发展。

1. 自我发展与他人期望交互影响

大学生职业意识的发展是一个和社会互动的过程，受到社会、他人等因素的影响和制约，在一定程度上带有社会现状的色彩。大学生在社会和他人的期望中逐渐认识并接受社会的职业要求，了解职业的内容，在选择职业的过程中努力寻求个人与社会的最佳结合点。

（1）家庭对一个人的成长有着至关重要的影响。一个人从他出生开始就处于特定的家庭环境中，家庭的教育、家庭的生活氛围、家庭成员的处事原则无时无刻不在影响着孩子，家庭对孩子的学习、成长和职业意识的发展有着早期性的熏陶作用。随着年龄的增长，父母和亲友的职业价值观、家庭成员所从事的职业与职业范例，以及对职业的看法都会潜移默化地对大学生个人价值观和行为模式的形成产生影响。在职业意识发展过程中，父母、家人的帮助会使他们更有信心。同时，大学生也会不失时机地寻求教师、好友的建议。大学生在选择职业时会重视家人的期望，有些父母期望孩子回到生源地就业，以便照顾父母；而家庭经济贫困的学生则容易把工资待遇作为择业的首要考虑因素，这容易忽视个人长远的职业发展。还有一些家长对市场经济环境下如何实现职业化生存缺乏认识，这也会直接影响孩子正确的职业价值观的形成。

（2）大学生会受到社会发展状况的影响。大学生的职业意识具有明显的社会特征，大学生往往从个人和社会的实际出发，主动去适应社会的需要。一般地，大学生选择职业的范围取决于他所在地区的社会职业的结构和动向，大学生需要结合当地社会的状况，在个体自身需求和潜在能力的基础上发展职业意识。大学生在适应社会的过程中都会形成特定的心理素质，如大学生要学会如何面对就业竞争，在就业中遇到挫折时如何调整消极的情绪，如何保持和修正自己在就业准备中的动机等。由此可见，大学生对社会职业的适应过程也是其职业意识的发展过程。目前，社会上对人才的定位和流行的"就业率"的宣传和评价，一些新闻媒体与舆论对各种职业、岗位表现出不同的态度而形成的不同的社会评价，都影响着大学生良好职业意识的形成与塑造。

（3）现在是信息化的时代，信息化与大学生息息相关，网络所带来的广泛信息较学校和教师的影响作用更为突出。现在学校面向大学毕业生均提供就业指导信息库，方便毕业生的职业选择。在网络信息的交流中，尤其是在大学生职业意识形成的过程中，现代化的网络资源起着前所未有的作用。尤其是就业信息的提供，以及对大学生自己收集的信息的指导，能够帮助他们全面、正确地分析就业形势，指导他们根据自己的专业、能力、特长等条件择业，避免被一些假象所迷惑，提高信息评价和辨别能力，避免盲从、随大流的心态，纠正片面的认识，克服择业的随意性。

2. 主动选择与理性选择并存

年轻的大学生都希望通过个人的努力选择职业，走向社会后在工作中最大限度地发挥自己的才能。他们都抱着强烈的愿望，想要按照自己所追求的价值和理想来决定自己的职业。有许多大学生对国家的就业政策非常关注，学会利用就业政策来帮助自己就业。他们对自己所学专业的认可程度较高，能够积极参与学校举办的各种就业培训，并有意识地培养自己在专业方面的能力，做好就业前的心理准备。他们在择业过程中具有百折不挠的精神，相信自己最终能够找到一份真正适合自己的职业。在遇到困难时，他们会尽量自己想办法解决，当解决不了时也会把目光转向家人和好友，学会获得他人的帮助，为自己撑起一片晴空。大学生就业前的这些行为表现了他们对自己高度负责的态度，也是他们对职业主动选择的体现。

在选择职业时，大学生认为首先要确定自己是一个什么样的自己，自己要成为一个什么样的人，就业不仅仅是为了养家糊口。他们认识到所选择的职业不仅与自身专业有关，还与其他多种因素相关。在选择职业时，个人和社会、现在和未来、主观愿望和客观实际的因素都需要全面考虑，要按照正确的途径去实现人生理想。大学生要学会努力协调职业需求与个人条件（兴趣、特长等）之间的关系，当内心出现矛盾时，懂得如何调整和避免消极情绪的产生；学会处理理想与现实的关系、挫折与成功的关系、暂时利益与长远利益的关系；学会正确地把握自己，克服在择业过程中可能出现的自卑、急躁、焦虑等不良心理，顺应时代潮流，转变就业观念，树立切合实际的择业标准。

在社会变迁中，大学生要学会不偏不倚地、理智地思考问题，接受自己的专业，对就业情况进行综合的权衡，做出现实和理性的估计，排除一些不可能实现的目标，确定更为现实、有可能实现的目标，避免理想主义。一些毕业生择业期望值过高，刻意地追求最满意的结果，导致他们错失了许多好机会。例如，在择业过程中"脚踩两条船""这山望着那山高"，不能及时调整就业期望值，导致后来就业困难，严重影响了他们的顺利就业。而有些大学生在找工作的过程中遇到挫折时，他们的态度仍然能够保持乐观，懂得及时调适自我心理，继续寻找合适的工作，能够认识到择业不可能都是一帆风顺的。当职业选择与职业理想发生冲突时，更多的大学生会选择"先骑驴，再找马"这样一条道路。

（二）大学生职业意识的稳定

1. 开始有目的地实践学习

为了能在社会中成功地实现自我价值，许多大学生在大学期间有明显的学习和实践的目的性，注重学习职业知识、培养职业能力、掌握职业生涯设计的方法，以期能在社会上更好地发展。在经过了一个由浅入深、由稚嫩到成熟的发展过程之后，大学生的职业意识便进入一个较为稳定的阶段。

大学生可以通过参加企业管理人员、技术能手、优秀毕业生的报告会或讲座，有意识地了解一些企业的创业历程、经营理念、生产管理方式，学习别人的求职经验，获取人才市场的需求信息及专业发展的动态；可以通过参加一些知识讲座、技能比赛等活动，结合自身的素质积极进行训练；可以利用学校提供的机会，定期到校外基地实地考察，到相关企业参观调研，了解未来的工作条件及自身的专业特点，明确职业岗位的相关要求，了解未来工作岗位需要具备的职业素质，形成对自身职业较为全面的了解。

2. 具备成熟的思维方式

大学生要提高对职业的认识和理解，培养职业兴趣和职业理想；在完成专业学习的同时，树立正确的人生观、价值观，培养完善的个性和稳定的情绪；将美好的职业理想与职业发展联系起来，将不很清晰的认识、不很明确的志愿变成毕业时自觉而坚定的选择，并使之成为长久的事业，从而形成稳定的职业意识。大学生要能够善于转换行为习惯和思维方式来对待工作中的问题；能够明确职业前景，不轻易放弃工作机会；能够尽快适应由学生到企业员工的角色转换，适应由学习环境到工作环境的转变，在入职前做好充足的心理准备，能够将学科特性、专业特性及职业特性和谐统一起来，将自己的择业与社会的发展、需求和谐统一起来，把实现个人价值与实现社会价值和谐统一起来。

3. 拥有积极自觉的行为表现

具有牢固职业意识的大学生能够自觉地提高适应未来工作环境的综合素质和职业能力，养成良好的职业道德和职业行为习惯，顺利实现从学校到企业的跨越。稳定的职业意识往往能产生一种自觉的行为表现，在行为上表现出有自制力、有创造力、自信、守信等优良品质，拥有健康稳定的职业心理素质，形成健全人共有的社会性格。大学生要塑造自主创业、奋发进取、恪守原则、承受挫折及心胸豁达的健全的职业人格，为日后在求职和就业后适应工作环境、顺利完成工作任务打下重要的健康心理基础。

（三）大学生职业意识的强化

1. 强化对职业内涵的深刻理解

在大学生职业意识强化阶段，大学生要真正理解自己专业的职业内涵，清楚自己将来要从事的是怎样的职业岗位；自觉地关注并参加一些行业专家的报告会，从中了解专业发展的前景和专业所处的社会地位；认识各种相关职业岗位的要求与特点，做到心中有数，使自己尽快找到合适的职业。

对职业内涵的深刻理解包括：有明确的人生目标，能为自己的职业理想及早做好准备，为自己热爱的职业而勤奋学习专业知识和技能;具备较强的学习能力,掌握正确的学习方法,把有用的知识转化为自身素质的提高,不断进行技术创新,适应时代的要求;更新自己的专业知识,掌握新技能,结合各门学科知识来发展和完善自我,培养职业能力;自强不息、奋发图强,注重加强自身修养,提高自身综合素质。

2. 强化对职业的追求

大学生要通过专业学习和实践训练,培养并掌握熟练的职业技巧,养成遵守纪律、一丝不苟的职业习惯;培养永不懈怠、孜孜以求的自强精神,并借助自强不息使自我人格逐渐趋于完善。大学生还要通过多种渠道了解当今社会的职业状况及就业政策,增强自己对专业的热爱,逐步形成职业的自尊心和自信心,使自己对职业的追求有明确的方向和目标。

3. 强化灵活变通的职业心理

大学生应学会摒弃"稳定情结",能够可纵可缩地结合实际情况适当调整职业目标,端正自我的职业动机,懂得"行行出状元"的道理;具有灵活变通的职业心理,形成较强的自主择业意识,积极投入自主择业的行列当中,从容地面对人才市场的各种挑战;懂得因时制宜,凡事会变通。大学生要做到在不同的工作环境中能够入乡随俗,与不同的人相处能够和睦融洽。

由上可见,职业意识的形成经历了职业意识的发展阶段、职业意识的稳定阶段及职业意识的强化阶段。在经过了这几个阶段以后,一个完整的职业意识就基本形成了。

四、当代大学生应有的职业意识

(一)通过职业教育形成初步的职业认识轮廓

当代大学生经过学校规范而系统的职业教育,初步形成了对职业的认识,懂得现实是客观的,是不以人的意愿为转移的,每个大学生都要平等地在人才市场中参与竞争。

(1)改变以往对所学专业的肤浅认识,理解所学专业与未来职业之间的联系,认真学习与职业相关的知识,了解职业发展动态,加深对职业的认识和理解。

(2)能够更新观念,改变原来单纯而理想化的职业意识,在就业中打破传统的"一个职业定终身"的观念;树立远大的就业观念,认识到只有适合自己的职业才是最好的职业。

(3)了解基本国情、区域经济发展和社会动态,正确把握就业形势;懂得如何处理好各种关系,承认"社会需要是择业的首要条件",从而将择业与国家、社会的需要有机地结合起来,把握好自我的社会定位和人生的努力方向,自觉培养职业精神,提高对学习的兴趣。

(4)认真剖析自己,深入分析自己的气质、兴趣、思想品德、知识技能和个性特征,能够准确判断自己的性格类型并扬长避短,为自己选择适合的择业目标;调整不切实际的就业需求,强化就业技能,培养职业情感和责任心,初步对职业生涯进行规划和设计,为就业做好充分的准备。

(二)在适应社会过程中了解更多的职业信息

大学生适应社会的过程就是个人满足自己所处的社会环境和自然环境的需要,与环境相互适应的过程;是将自身的人格特征与职业人格相结合,加强自身职业人格的培养,增强自己对工作压力的适应,促进成熟职业人格形成的过程。

在适应社会的过程中,大学生要了解更多的职业信息,提高专业技能,适应岗位的需求和能力迁移；在了解专业的基础上，确定好自己的职业定位，尽快进入自己的角色，为成功就业树立良好的就业心态。要了解与专业相关的职业，大学生可以向专业教师请教，因为专业教师掌握着比较前沿的知识和信息；也可以利用直接渠道接触社会职业，取得及时、真实的职业信息，如参观自己感兴趣的单位，现场观摩职业的真实情况，利用假期参与职业实践，增加工作经验；还可以利用人才招聘会直接获得招聘信息，了解劳动力市场的真实状况，或者通过参加行业展览会收集职业信息，了解相关行业的信息，对同一行业不同企业之间的状况进行比较，了解企业的规模、产品的特点、企业的文化，尽可能多地掌握用人单位的需求信息。

（三）按照自己的择业标准进入职业选择的准备状态

大学生从进入学校以后就应有主动的求职意识，为自己未来顺利就业做好思想、能力和心理等方面的准备。在思想上，要根据社会的需要，及时转变就业观念，找到发挥自己优势和特长的地方；在能力上，要适应就业形势的变化，适应社会需求的发展，通过了解用人单位的信息，及时修正自己的就业意向。

目前，大学毕业生最薄弱的地方就是缺乏工作经验、专业知识及思想和心理的准备，并且在择业时往往存在许多误区，个人兴趣容易被忽略，很难养成健康的职业兴趣。大学生应利用各种可能的渠道提前了解社会的一些现象，更深入地认识社会，为以后步入社会储备必要的知识和经验。还应利用学校的平台收集有关的政策和社会需求等信息，并按照自己的标准进行一定的筛选和鉴别，获取有用的价值；学会准备求职的资料，通过制作优秀的求职材料给招聘单位留下美好的第一印象，提高自己成功应聘的可能性；掌握一定的面试技巧，了解求职时应注意的穿着打扮、仪容仪表和言谈举止；具备较强的竞争意识，敢于竞争，善于竞争。

（四）借助学校、社会资源完成职业角色所需的各种内在的品质和技能

大学生应清楚了解自己在未来工作中扮演的将是什么样的职业角色，这些角色需要具备哪些内在的品质与技能。某一特定的职业角色必然与一定的技能水平相匹配，为了更加出色地完成职业角色的任务，大学生应注意在学好理论知识的基础上培养自己的技能意识，努力掌握专业技能，强化自身的核心竞争力；根据未来所从事岗位的职业资格标准锤炼技术能力；为自己立下学习的任务与目标，在大学期间考取相关的职业资格证书。

※ 案例导入

大学刚毕业的时候，小张被分配到一个偏远的林区小镇当教师，薪水较低。其实，小张有着不少优点，他教学基本功扎实，还擅长写作。于是，小张一边抱怨命运不公，一边羡慕那些拥有一份体面的工作、拿着优厚薪水的同窗。这样一来，他不但对工作没了热情，而且对写作也不再感兴趣。小张整天琢磨着跳槽，幻想能有机会调换一个好的工作环境，也拿一份优厚的报酬。

就这样，两年时间匆匆过去了，小张的本职工作干得一塌糊涂，写作上也没有什么收获。这期间，小张试着联系了几个自己喜欢的单位，但没有一个单位接纳他。

然而，后来发生的一件微不足道的小事改变了小张。

那天，学校开运动会，这在文化活动极其贫乏的小镇无疑是件大事，因而前来观看的人特别多。小小的操场四周很快围起了一道密不透风的环形人墙。

小张来晚了，站在"人墙"后面，踮起脚也看不到里面热闹的情景。这时，身旁一个很矮的小男孩吸引了小张的注意。只见他一趟趟地从不远处搬来砖头，在那厚厚的"人墙"后面耐心地垒着一个台子，一层又一层，足有半米高。小张不知道他垒这个台子花了多长时间，但从他登上那个自己垒起的台子时冲小张的一笑可知，那是成功的喜悦。

刹那间，小张的心被震了一下——多么简单的事情啊！要想越过密密的"人墙"看到精彩的比赛，只要在脚下多垫些砖头。

从此以后，小张满怀激情地投入工作，踏踏实实，一步一个脚印。很快，小张便成了远近闻名的教学能手。他主编的各类教材接连出版，各种令人羡慕的荣誉也纷纷落到他的头上。在业余时间，小张笔耕不辍，各类文学作品频繁地见诸报刊，成了多家报刊的特约撰稿人。如今，小张已被调至自己中意的中专学校任职。

大学生不论是在学校还是在社会，与他人交往时都需要学会先做人后做事。要让自己的综合素质日臻完善，让人格品德更加丰富厚实，要具有灵活的思维能力和自学能力，在其他多个领域内具有广博的知识和见闻，成为受到他人赞赏的人。

任务三　职业决策

职业决策是个体职业发展过程中的重要环节，决策制订得可行与否，直接影响着个体的职业生涯发展。错误的职业决策会对职业生涯造成不利的影响，甚至会妨碍事业成功。正如作家毕淑敏所写的："一个选择，决定一条道路。一条道路，到达一方土地。一方土地，开始一种生活。一种生活，形成一个命运。"

一、职业决策的含义

决策就是做出决定或选择。决策是人类的核心活动，对个体、群体、组织和社会生活至关重要。一个人在其职业生涯中经常会面临多重选择，这时就需要个人做出决定，即进行职业决策。职业决策的概念是从经济学中发展而来的，有广义和狭义之分。广义上的职业决策是一个由提出问题、收集资料、确定目标、拟订方案、分析评价、最后选定等一系列环节组成的完整过程，而且在方案选定之后，还要检查和监督它的执行情况，以便及时发现偏差并加以纠正。狭义的职业决策仅指行动方案的最后选择，即通常所说的"拍板"。本书所采用的是广义上的职业决策概念。

※ 案例导入

阿利大学毕业后只身来到上海，在一家民营通信公司做研发工作。但只工作了大半年就失去了当初的豪情壮志。阿利感觉到现在的企业做研发工作虽然有一定压力，但还能比较好地发挥自己的进取精神。不过从职业性格来看，他觉得自己更适合做突变性强的工作，所以心里对现在的工作内容感到不满足，总感到工作太过单一，没有前途。在阿利看来，公司基本没有任何培训，岗位技能的掌握完全靠传统的师徒面授方式。由于阿利在团队协作方面做得不够好，性格与师傅不合，岗位技能的提升似乎已经到了瓶颈阶段。有时候情绪一低落就会萌生去意，想转行去做别的又怕一时冲动做了决定将来会后悔。所以，是去是留一直困扰着他。

二、职业决策的影响因素

职业决策的影响因素是多方面的,包括受教育程度、家庭因素、职业因素、个性因素和环境因素等。

(一)受教育程度

一个人的受教育程度与他的职业决策关系密切,因为受教育程度会对劳动者的知识结构、职业能力和职业价值观等产生重要影响,而这些恰恰是职业选择和决策的决定性因素。

(二)家庭因素

在中国,个人的职业决策常常受到家庭的深刻影响。一方面,子女必然会受到家庭职业传统的影响;另一方面,父母的价值观、态度、行为、人际关系等对子女的职业选择也有直接或间接的影响。

(三)职业因素

职业因素包括所选择行业的特点、现状、未来趋势、就业竞争状况等,对个人的职业决策具有重要影响。

(四)个性因素

个性因素是影响职业决策的关键因素,主要包括性格、气质、能力及能力倾向、价值观、态度等。不同性格、气质、能力的人适合不同种类的工作。

(五)环境因素

任何个人的职业选择和职业发展都无法摆脱政治经济形势、产业结构变动和社会环境中流行的工作价值观等因素带来的巨大影响。所以,个体在进行职业决策时,要充分考虑这些因素。

此外,个体还应该对易给职业决策造成障碍的因素多加注意。例如,信息缺乏、信息失当、信息过多易造成职业决策困难;缺乏决策相关知识和经验易造成决策错误;焦虑恐慌、急于求成、随波逐流、虚荣攀比、幻想侥幸、懒散消沉、畏缩怯懦、挑别苛求、依赖他人等易造成决策失误或决策困难等。

三、职业决策理论

(一)生涯决定理论

虽然帕森斯的理论得到了许多学者的肯定和认同,但是该理论对职业决策过程,对个体如何充分地、精确地收集和处理信息的过程描述过少。为了弥补这一不足,泰德曼提出了他的生涯决定理论,即泰德曼模型。他注重描述职业决策历程,并特别强调个人生涯抉择的复杂性与独特性。泰德曼的生涯决定理论包括以下几部分内容。

(1)职业生涯决策是一个完整的过程。泰德曼将其分为两个阶段、七个步骤。

①第一个阶段是预期阶段,该阶段又可分为以下四个步骤。

a. 探索,即对不同的选择方向及可能目标进行认真分析和思考。

b. 具体化,即经过对各种选择方向或可能目标的优缺点进行仔细地分析斟酌,确定几种备选方案。

c. 抉择,即选定一个可以消除眼下所受困扰的方案。

d. 明确化,即对选择的方案进行进一步的检验。

②第二个阶段是履行和调整阶段,该阶段包括以下三个步骤。

a. 定向,即开始执行自己的选择,也是新经验的开始,在新的环境中,争取得到他人的接纳。

b. 转化,即调整步伐与心态,专心致志,肯定在新环境中的角色,全力以赴。

c. 整合,即个人的信念与集体的信念达到平衡与妥协。

其中,第一个阶段的主要任务是做出职业决策,而第二个阶段则是对第一个阶段决策的实践和检验。

(2)职业决策是与个人的心理发展同时进行的,只有通过系统的问题解决,以个体的整体认知能力为基础,把个体的独特性与职业世界的独特性结合在一起,才能做出合理的职业决策。

(3)对决策结果的合理性判断,要突出现实性标准。所谓决策的合理性是指决策结果符合现实的程度。现实可分为个人现实与集体现实。个人现实是一种感觉,使决策者觉得自己所做的决定是对的、恰当的,其过程是朝着符合自己需要的方向发展的。集体现实是指别人认为决策者该怎么做,包括专家的意见和其他重要人物的意见。根据集体现实做出的决定也许别人都会满意,但是当事人却不一定会满意。

(二)认知信息加工过程理论

认知信息加工过程理论是美国学者彼得森(Peterson)、桑普森(Sampson)和里尔登(Reardon)提出的。该理论吸收了认知行为干预、决策制订策略等方法,提出了认知信息加工金字塔和 CASVE 循环这两个核心观点。

1. 认知信息加工金字塔

CIP 理论认为,可以通过教给个体必要的职业与生活规划技能而帮助其成为足智多谋和具有责任心的职业问题解决者和职业决策者。有效的问题解决所必需的知识和技能可以被看作一个按等级排列的"金字塔",两种基本的知识领域——自我知识和职业知识,构成了这个"金字塔"的底部。"金字塔"的第二层是决策技能领域,包括了从问题识别到执行决定的程序性知识,拥有大量有关自己和职业选择方面的信息或知识,并且知道如何在决策情景中使用这些信息是很重要的,但这还不足以有效地解决生涯问题。缺失的部分就是元认知技能,即"金字塔"顶部的内容。"金字塔"的顶部是执行操作领域,执行操作领域是 CIP 理论中最独特的部分。执行操作领域中的高级认知加工过程——元认知,具有选择、发动、调整和对监控信息进行储存与回忆的功能。元认知是指一个人对自身的决策过程和思维方式的认识。元认知技能是指个体对自身思维过程进行认识的能力。在对决策过程和思维方式的认识中,我们要掌握自我对话、自我觉察和控制监督三种技能。其中,自我对话很重要,因为负性的自我陈述严重地限制甚至消减个体决策技能的效能,经常引起慢性的决策犹豫,正性的自我陈述能够激发正性的期望,强化有效的问题解决行为。自我觉察能使个体识别执行加工过程,如是否存在负性的自我对话、是否需要更多信息、决策过程处于哪个阶段和个体的情感状态如何等。它涵盖了帕森斯提出的明智职业选择的三个过程,即自我知识、职业知识和正确推理。"认知信息加工金字塔"的三种成分交互作用,形成一个和谐的系统。

2. CASVE 循环

该理论将生涯决定看作生涯发展的关键,并用沟通(communication)、分析(analysis)、综合(synthesis)、评估(value)和执行(execution)来表述个体做出决策的过程。通过改进这五种认知信息加工技能,个体可以改善其职业生涯决策的能力。在沟通阶段,个体应该意识到需要做出就业决定,并找出目前状态和理想状态之间的差距。一般来讲,个体必须在恰当的时机对线索做出反应,只有这样,才能抓住最佳机会。在分析阶段,个体需要利用已获取的自我知识和就业选择知识,分析和理解现存状态和理想状态之间的差距,思考在做出重要决策时应使用的典型方法。因此,自身积极和消极的想法将影响问题的解决和决策过程。实际上,分析阶段本身就是一个循环,个体思考自己所知道的,获得信息,然后思考自己所学到的。在综合阶段,一般需要先扩大然后缩小在职业决策中考虑的就业决定。扩大就业选择有两个方法:一是将曾经考虑过的行业、职业和职位列在一张表上;二是使用各种信息资源来帮助产生各种选择。所谓缩小是指保留有助于缩小现存状态和理想状态之间差距的职位。在评估阶段,个体需要根据综合阶段缩小后的少数几个就业选择进行顺序排列,逐一判断这些职位能不能满足自己的需要,然后选择接受合适的职位。如果这些选择都无法满足自己的需要,个体可以继续搜索潜在的更合适的就业机会。在执行阶段,个体不得不采取行动落实自己的选择,首先要申请这个职位(写简历、求职信、掌握面试技巧等),接受这个职位,然后回到沟通阶段,这时个体需要检查内部和外部线索,看看最初的就业差距是否已经被成功消除。如果线索表明问题依然存在,就要回到分析阶段,以更好地理解差距,再发展出另一个选择列表。

CASVE 循环是目前职业决策中最常用的方法之一。深入了解 CASVE 循环有助于大学生做出正确的决策。

(三)社会学习理论

克鲁姆伯尔茨吸取经典决策理论和美国学者班杜拉的社会学习理论的精华,提出了职业决策的社会学习理论。他以社会学习的观点来解释人类职业生涯选择的行为,特别强调社会因素和学习经验对职业生涯选择的影响。克鲁姆伯尔茨认为,有四类因素会影响到一个人的职业生涯决定,这就是遗传天赋、环境、学习经验及任务进行技巧。其中,环境包括了社会因素、教育条件和职业条件,而任务进行技巧是通过遗传天赋、环境及不同学习经验的交互影响而形成的,包括目标设定、价值澄清、确认选择方案及职业信息的获得等。按照社会学习理论的观点,上述这四类因素不断地交互作用,交互作用的结果是形成个体对自己的能力、兴趣、价值观的推论,个体对世界的推论。而个体的行为是综合以前所有的学习经验、自我与世界的推论及具备的各种能力的结果。

基于对环境影响作用的重视,社会学习理论把职业决策看作一个终身的过程,不只是发生在一生中的某一阶段,而是由从出生到退休连续不断的各种事件与任务进行技巧所决定的。它把职业决策分为界定问题、设立行动目标、澄清价值、认同替换、发现可能的结果、系统地消除可选项和开始行动 7 个步骤。同时,该理论认为职业生涯的选择是一种相互的历程,这种选择不仅反映个人自主的选择结果,也反映社会所提供的就业机会与要求。因而,必须在教育与职业生涯辅导中重视职业生涯决定技巧的教导。

综上所述,可以发现,克鲁姆伯尔茨模式既是描述性的,也是解释性的,因为它既描述了职业决策的过程,也解释了影响职业决策的因素。

※ 案例导入

在美国，有一则关于成功的寓言一直被职业经理人广泛流传。寓言讲的是：为了和人类一样聪明，森林里的动物开办了一所学校。学校里有小鸡、小鸭、小兔、小鸟、小山羊、小松鼠等。学校为他们开设了唱歌、跳舞、跑步、爬山和游泳五门课程。第一天上跑步课，小兔兴奋地在体育场上跑了一个来回，并自豪地说："我能做好我天生就喜欢做的事！"而其他小动物，有的噘着嘴，有的沉着脸。放学后，小兔回到家里对妈妈说："这个学校真棒，我太喜欢了！"第二天一大早，小兔蹦蹦跳跳来到学校。上课时，老师宣布今天上游泳课。只见小鸭兴奋地一下跳进水里，而天生恐水、不会游泳的小兔傻了眼，其他小动物更没了招。接下来，第三天是唱歌课，第四天是爬山课……学校里每一天的课程，小动物们总有喜欢的和不喜欢的。

这则寓言告诉我们：要成功，小兔就应该跑步，小鸭就应该游泳，小松鼠就应该爬树。知人者智，自知者明。一个人能否成功，最主要的是看他能否最大限度地发挥自己的优势。要最大限度地发挥自己的优势，关键是要能客观地分析自我，知道自己的优势所在，做到扬长避短。

四、职业决策方法

要做出正确的职业决策，个体首先要获取大量有关自身和职业选择的信息与知识。但是，仅仅知道如何在决策情景中使用这些信息和知识仍不能做出正确的决策，还需要了解和掌握职业决策的方法和技巧。在职业决策中，最常用的方法与技巧主要有以下四种。

（一）SWOT 分析法

在充分认识自我，了解职业和环境之后，还应评估各种因素对自己职业生涯的影响，判断自己的兴趣、爱好、特长、性格、气质与能力等是否适合当前的环境。要进行如此复杂的分析和评估，就需要强大的评估工具，SWOT 分析法是最为常用的一种分析、评估方法。

SWOT 分析法是在市场营销管理领域被广泛使用的强大分析工具。它是旧金山大学的管理学教授海因茨·威里克（Heinz Weihrich）于 20 世纪 80 年代初提出来的，主要用来帮助决策者在竞争环境中制订适合企业发展的竞争战略，现在被引入职业生涯决策中。在生涯规划问题上，我们每个人都是自身发展的决策者，SWOT 分析同样可以发挥有效的指导作用。SWOT 分析中的 S 代表 strength（优势），W 代表 weakness（弱势），O 代表 opportunity（机会），T 代表 treat（威胁），其中 S、W 是内部因素，O、T 是外部因素。通过 SWOT 分析，我们就能很容易地知道自己的优点和弱点在哪里，并且可以详细地评估出自己所感兴趣的不同职业道路的机会和威胁所在。在运用 SWOT 分析法对职业生涯机会进行评估时，应遵循以下步骤。

（1）分析自己的优缺点。随着社会分工的进一步细化，职业的分类也越来越细，已没有人能成为"百科全书式"的人才，每个人都会有自己突出的优势和才能，也都会有不足和缺点。例如，有的人喜欢与人交往，不希望从事单调的办公室工作；而有的人则不擅长与人交流，喜欢一个人在实验室里做研究工作。

为了分析自己的优点和缺点，可以制作一个表格，列出喜欢做的事情和优点，同时也列出不喜欢做的事情和缺点。需要注意的是，找出缺点与发现优点同等重要，因为在此基础上可以有针对性地进行弥补和提高，也可以放弃那些自己不擅长的职业领域。

（2）找出外部机会和威胁。社会环境时刻在发生变化，在变化的环境中，有些因素是机遇，有些因素则是威胁。当然，不同的行业、职业和职位面临的机遇和威胁也不同。只有准确地找出这些外部因素，才能做出正确的决策。例如，如果选择的行业最近几年不景气，那么它可以提供的工作职位自然比较少，升迁机会也就较少。因此，在进行职业决策时要予以充分考虑外部因素；同时，充满了许多积极的外部因素的行业将为求职者提供广阔的职业前景。

（3）构造SWOT矩阵。将分析和调查得出的各种因素，包括自己的优缺点和外部的机会与威胁，根据轻重缓急或影响程度等排序方式构造SWOT矩阵。在此过程中，要将那些对职业发展有直接的、重要的、大量的、迫切的、久远的影响的因素优先排列出来，将那些间接的、次要的、少许的、不急的、短暂的影响因素排列在后面。

（4）制订行动计划。在完成影响因素分析和SWOT矩阵的构造后，运用系统分析的方法把各种因素相互匹配起来加以分析，从中得出一系列相应的结论（如对策等），就可以制订行动计划了。制订行动计划的基本思路是：发挥优势因素，克服弱点因素；利用机会因素，化解威胁因素；回顾过去，立足当前，着眼未来。

（二）"5W"法

在职业生涯规划与决策中，"5W"法是一种简单易行的方法。"5W"法是一种归零思考，依托的是归零式的模式，从问自己是谁开始，如果能够成功回答完5个问题，就有最后答案了。5个"W"的含义是："Who am I（我是谁）""What will I do（我想做什么）""What can I do（我会做什么）""What does the situation allow me to do（环境支持或允许我做什么）"和"What is the plan of my career and life（我的职业与生活规划是什么）"。从某种意义上说，回答完这5个问题，也就基本上完成了职业决策和职业规划。

（三）卡茨模式

在面临两个及两个以上职业选择时，卡茨模式是最简单易行的决策方法，它主要使用职业决策方块作为工具。使用卡茨模式进行职业决策一般遵循以下几个步骤。

（1）选择供决策的2~3个职业。

（2）针对每个职业的回报进行优、良、中、差的评价。

（3）要充分考虑价值满足程度、兴趣一致程度、擅长技能的施展空间等因素。

（4）对每个职业的成功机会进行优、良、中、差的衡量，包括工作能力、必需的准备及职业展望等。

将每个职业在"回报"和"机会"两个维度的结果呈现在职业决策方块上，回报与机会乘积最大的职业就具有最大的期望价值。

砥节砺行

> 党的二十大报告指出："我们要善于通过历史看现实、透过现象看本质，把控好全局和局部、当前和长远、宏观和微观、主要矛盾和次要矛盾、特殊和一般的关系，不断提高战略思维、历史思维、辩证思维、系统思维、创新思维、法治思维、底线思维能力，为前瞻性思考、全局性谋划、整体性推进党和国家各项事业提供科学思想方法。"大学生应认真学习二十大报告的内容，努力培养自己的大局观，在进行决策时学会从整体、长远、大势上作出判断，并在实践中不断锤炼自己把握事物发展规律的预见能力，从而敏锐地洞悉前进道路上可能出现的机遇和挑战。

※ 项目实训练习

一、我的平衡轮

请你先画一个圆作为"我的平衡轮",并将其分成8等分,然后列出生活中最重要的8个方面,如健康、家庭、学业、爱情、朋友、财富、篮球、音乐等,将其填入"我的平衡轮"中,再思考下面的问题,并将答案写在横线上。

(1) 这8个方面的优先顺序是什么样的?请你按照重要程度从高到低的顺序将它们进行排列。

_____
_____

(2) 最重要的方面是什么?它为什么重要?

_____
_____

(3) 假如每一方面的满分是10分,那么你会如何给每个方面打分?请你在"我的平衡轮"中标出每一方面的得分。

_____
_____

(4) 你对你在每一方面的表现满意吗?你最想改变哪一方面?

_____
_____

(5) 假如不满意的状况能得到改善,那么你希望将这些方面的评分提升至多少分?

_____
_____

(6) 你准备采取哪些措施改善自己不满意的方面?请你将改善措施写下来。

_____
_____

(7) 在所列的改善措施中,哪一项措施是可以马上付诸行动的?

_____
_____

(8) 改善了不满意的状况之后,你觉得自己的生活会发生哪些变化?

_____

二、六步游戏

以下是国外学者通过反复探讨设计出来的一个寻找人生目标的方法,被称为"六步游戏"。请你通过"六步游戏"来寻找自己的人生目标。

游戏道具:4~5张小纸片。

环境要求:安静舒适。

情绪状态:精神饱满,情绪激昂,思维活跃。

注意事项:探寻目标时应考虑周全,避免仅考虑一个方面(如仅考虑事业)。

游戏步骤:

(1) 寻找终生目标。

请你思考自己的终生目标是什么,然后在一张纸上写出答案,限时2分钟。如果你无法快速确定自己的人生目标,那么你可以回想一下自己童年时期的梦想,或者那些令自己最开心的事,以此作为启发,然后写出自己的答案。

(2) 思考如何度过接下来的3年。

请你思考自己该怎样度过接下来的3年,然后在第2张纸上写出答案,限时2分钟。答案的内容应比第1张纸片上的内容更加具体。这里的"具体"是指所写的目标更明确。例如,第1张纸上你写了"要过幸福的生活",那么在第2张纸上就应将该目标分解为更具体的若干目标。

(3) 说出半年内最重要的事。

请你思考自己在接下来的半年内应该做哪些事,以及哪些工作对你最重要,然后在第3张纸上写出答案,限时2分钟。这张纸片所罗列的内容应该比上一张纸上的内容更具体、细致、全面。

(4) 浏览前3个问题的答案。

请你浏览前3个问题的答案,你会发现,第2个问题的答案就是第1个答案的延伸,第3个问题的答案是前两个答案的进一步延伸。如果你的3个答案之间不具备这种逻辑关系,就需要重新回答这3个问题,务必使其符合事物的发展逻辑。

(5) 目标分类。

请你将写在3张纸上面的目标进行归类,如分为学业目标、事业目标、爱好与特长目标、婚恋目标、人际交往目标、身心素质目标等。

(6) 确立不同时期的目标。

请你以性质或内容为标准对3张纸片上的目标进行连线,将同一性质或同种类别的目标连成一条线,使其形成长期—中期—短期目标。然后,结合自己的实际情况,根据短期目标制定切实可行的月计划、周计划、日计划。在制订计划的过程中,请你确保下一级计划的内容都能够服务于上一级计划的内容。例如,制订日计划是为了完成周计划,制订周计划是为了完成月计划。

三、决策风格类型测试

请你在表3-3-1中选出符合自身实际情况的选项,按规则进行计分。

表 3-3-1 决策风格类型测试

情景陈述	符合	不符合	类型
(1) 我常常仓促地做出草率的判断	□	□	★
(2) 我做事情时不喜欢自己出主意	□	□	●
(3) 碰到难处理的事情时，我会先把它放到一边	□	□	▲
(4) 我会从多个方面搜集做决定所需要的信息	□	□	■
(5) 我常常冲动行事	□	□	★
(6) 做事时，我喜欢有人陪在身边，以便随时商量	□	□	●
(7) 遇到需要做决定的情况时，我会紧张不安	□	□	▲
(8) 我会对搜集的信息进行分析，并列出可选择的方案	□	□	■
(9) 我经常改变自己做出的决定	□	□	★
(10) 发现别人的看法与自己的不同时，我不知道该怎么办	□	□	●
(11) 我做决定时总是瞻前顾后	□	□	▲
(12) 我会权衡各个可选择方案的利弊，以便做出最佳选择	□	□	■
(13) 在做决定之前，我从未做过任何准备，也未预测过可能出现的结果	□	□	★
(14) 我很容易受别人意见的影响	□	□	●
(15) 我觉得做决定是一件痛苦的事情	□	□	▲
(16) 我做决定时会先参考他人的意见，再考虑自己的情况	□	□	■
(17) 我常常不经慎重考虑就作出决定	□	□	★
(18) 在父母、师长或亲友催促之前，我并不打算做任何决定	□	□	●
(19) 为了避免承受做决定的痛苦，我现在并不想做决定	□	□	▲
(20) 经过深思熟虑之后，我会选择一个最佳的方案	□	□	■
(21) 我喜欢凭直觉做事	□	□	★
(22) 我常让父母、师长或亲友为我做决定	□	□	●
(23) 我处理事情时经常犹豫不决	□	□	▲
(24) 选定方案之后，我会做好必要的准备工作，并全力以赴地落实该方案	□	□	■

计分方式：

(1) 选择"符合"得 1 分，选择"不符合"得 0 分。

(2) 将同一类型的得分记入测试结果表（表 3-3-2）。

测试结果：哪种类型的得分最高，你的决策风格就属于哪种类型。

表 3-3-2 测试结果表

题号组	1, 5, 9, 13, 17, 21	2, 6, 10, 14, 18, 22	3, 7, 11, 15, 19, 23	4, 8, 12, 16, 20, 24
得分				
决策类型	直觉型	依赖性	拖延型	理性型

项目四
兴趣探索

※ 学习目标

1. 了解兴趣和职业兴趣的含义，掌握培养职业兴趣的方法。
2. 理解职业兴趣对职业发展的影响和在人的职业活动中的作用。
3. 熟知霍兰德职业兴趣理论的内容，掌握职业兴趣测评的方法。

※ 能力目标

能够运用霍兰德六角模型测评自己的职业兴趣，并进行相应的职业规划。

※ 素养目标

树立职业生涯规划自我认知意识。

※ 案例导入

小何学的是国际贸易专业，但是对网络游戏特别感兴趣，也很有天分。大学毕业后，小何寻找专业对口的工作，最后到了一家很小的外贸公司做外贸业务员。在一年多的外贸职业生涯里，小何不但在业绩上毫无起色，而且性格从开始的乐观变得消沉、烦躁；由于做业务压力大，小何也开始失眠。总之，工作是痛苦的，生活也免不了受工作的情绪带动。由于工作需要，小何每天对着计算机就经常浏览一些帖子，有一段时间关于职业生涯的内容深深地吸引了小何。从此，小何开始积极收集这方面的信息，并进行自我分析和总结。后来经朋友介绍，小何认识了一个从事职业规划的老师，在他的引导和分析下，小何毅然地辞去了那份食之无味的外贸工作，进入自己感兴趣的网络游戏开发及维护行业。

小何在学校玩网络游戏所积累的经验和技术都在这份工作中派上了用场，并从工作中获得乐趣。在开心工作的同时获得了丰厚的劳动报酬，这何尝不是人生的一大乐趣呢？

启示：对自己的工作和前途感到迷茫很正常，但是如果长期迷茫，那就需要调整与改变，正所谓"穷则变，变则通"；职业调整的一个方向就是个人兴趣，毕竟自己感兴趣的职业才会使自己主动、全身心地投入，并体会到其中的乐趣。

任务一　兴趣与职业的关系

一、兴趣

1. 兴趣的含义

兴趣指的是关注、好奇、进而力求经常探究和掌握某些事物的心理倾向。兴趣的产生是由获得某方面的知识而在情绪体验上产生的倾向。例如，你对某种职业感兴趣，就会对该种职业表现出肯定的态度，并积极去了解、思考、探索和追求。

职业兴趣是一个人探究某种职业或者从事某种职业活动所表现出来的特殊个性倾向。在规划自己的职业生涯时，我们不仅需要知道自己有能力从事什么样的工作，更重要的是需要知道自己对哪类工作感兴趣，因为兴趣对职业生涯成功有着重要的意义。

2. 兴趣的发展

兴趣的发展，一般要经过有趣、乐趣和志趣三个阶段。

有趣是兴趣发展的低级水平，它往往是由某些外在的新异现象所吸引而产生的直接兴趣，其特点是：随生随灭，为时短暂。处于这一阶段的兴趣常常与对某一事物的新奇感相联系，随着这种新奇感的消失，兴趣也会自然逝去。例如，走在街上，看到一起普通车祸，有些人会觉得有趣，凑上前去看个究竟，然而随着警察对事情处理结束，大家便逐渐散去，几天之后人们也就逐渐淡忘了这起车祸。

乐趣是兴趣发展的中级水平，它是在有趣的基础上逐步定向形成的，其特点是基本定向，持续时间较长。在这一阶段中，兴趣使人变得专一、深入起来。如某人偶尔上网看小说，然而随着阅读的深入，喜爱上了网络文学，每天乐此不疲，沉溺于网络文学作品中。乐趣对于工作、学习和生活都有巨大的影响，人们对于乐趣之事总是抱有很大的热情。子曰："知之者不如好之者，好之者不如乐之者。"就很好地说明了乐趣对学习的影响。乐趣对工作而言就是享受工作的快乐，德国伟大作家歌德说："如果工作是一种乐趣，人生就是天堂。"可见，一个人如果选择了自己感兴趣的职业，那他的一生就像在天堂度过一样。

志趣则是兴趣发展的高级水平，它与崇高的理想和远大的奋斗目标相结合，是在乐趣的基础上发展起来的，其特点是积极自觉，持续时间长。达尔文就是个很好的例子，由最初对花鸟虫草感到有趣，到沉湎打猎、旅行、采集标本、观察动植物的乐趣之中，直至发展成献身于博物研究的志趣，最终取得了辉煌的成就。

从某种意义上看，志趣是取得成就的根本动力，是成功的重要保证。古今中外的许多学者能够取得成绩和对人类做出重大贡献，就是因为在青年时期对学习和所从事的事业有强烈的兴趣和爱好，最终形成志趣，推动着他们在自己的研究领域里辛勤耕耘，奋斗终生，并取得辉煌的成绩。

※ 请思考：

你认为兴趣和职业有什么关系？

二、兴趣与职业的关系

兴趣是影响人们工作满意度、职业稳定性和职业成就感的重要因素，同时也是对职业进行分类的主要基础。它对职业生涯规划的影响体现在以下三个方面。

1. 兴趣是大学生职业生涯选择的重要依据

兴趣是最好的老师，可以使人集中精力去获得自己所喜欢的职业知识和职业技能，并创造性地开展工作。当一个人对某种职业发生兴趣时，他就会积极地去感知和关注该职业领域的知识和发展动态，并且积极思考、大胆探索、增强克服困难的意志等。反之，就不会取得良好效果的，当然也很难在该职业领域中发挥个人的优势，作出巨大贡献。正像一个人在日常生活中喜欢从事自己感兴趣的活动一样，具有一定兴趣类型的人更倾向于寻找与此有关的职业，特别是在外界环境限制较小时，个体更倾向于选择自己感兴趣的职业。

2. 兴趣是提高工作效率、充分发挥个体才能的助推器

当个体对某一方面的工作产生兴趣时，枯燥的工作也会变得丰富多彩、趣味无穷。兴趣使工作不再是一种负担，而是一种享受，它可以调动人的全部精力，使人以敏锐的观察、高度的注意力、深刻的思维和丰富的想象投入工作之中，促使个体能力超水平发挥。兴趣和能力的结合，更会大大提高个人的工作效率。曾有人进行过研究：如果一个人从事自己感兴趣的职业，则能发挥其全部才能的 80%~90%，而且能长时间保持高效率而不感到疲劳；如果一个人对所从事的工作没有兴趣，则只能发挥其全部才能的 20%~30%。

3. 兴趣是保证职业稳定、职场成功的重要因素

一般来说，兴趣是个人职业生涯稳定发展的一个基本因素，它可以用于预测个人的工作满意度和工作稳定性。工作满意度是影响职业生涯稳定的重要因素，在其他条件相似的情况下，从事自己感兴趣的职业，不但能让个体自己感到满意，而且能让周围的领导和同事感到满意，从而实现工作的长期性和稳定性。

因此，在规划自己的职业生涯时，个体不仅需要知道自己有能力从事什么样的工作，更重要的是需要知道自己对哪类工作感兴趣。只有将能力和兴趣结合起来，才可能规划好职业生涯并取得职业生涯的成功。

※ 案例导入

伊科诺姆的故事

1964 年，随着一声哇哇啼哭，他出生在希腊风光旖旎的克里特岛。小小年纪的他，总喜欢拎个竹篮，在离家不远的海滩捡贝壳玩耍。

一次，几位女游客沐浴着夏日阳光，眺望着远方美景，一时又齐声哈哈大笑。好奇心促使他走上前去，想搞明白她们在说啥。

"小家伙，能送几只贝壳吗？"虽然一个字也没听懂，但他思忖了一会儿，乐呵呵地递上两枚漂亮的贝壳。游客们向他竖起了大拇指，给了一美元作为酬金。他手舞足蹈，因为从内心理解了晦涩的外文。自此，去海滩成了他每天的期待，慢慢地，他也能听懂一些复杂的

外国话。

这天，他随手从家里拿了本书，如约去了海滩。他完全沉浸在书里一待就是一整天。他回到家时，母亲心急如火，厉声呵斥地问他。"去哪儿了"，"在海滩看德语教科书。"他回答道，于是将信将疑的母亲决定考考他。让母亲又惊又喜的是，他嘴里竟迸出了几句拗口的德语。他还信誓旦旦地说："从明天起，我要天天去跟游客学语言。"

谁料，晚上他躺在床上无法入睡，痛得嗷嗷大叫，因为整天的曝晒，让皮肤严重受伤了。母亲耐心地给儿子擦药，儿子却一直喋喋不休，冒出一句："学语言这么苦，明天不去海滩了。"

母亲眉头一皱，郑重其事地说："你不想去海滩，妈妈不反对……但如果你想学更多语言，去很多地方游玩，就需坚持兴趣。"

他似懂非懂。但幸运的是，他似乎被母亲描绘的未来吸引住了。第二天，天刚蒙蒙亮，他便起床了，又来到那片熟悉的海滩……

自此，他的兴趣一发不可收拾。读高中时，他已熟练掌握了英语、意大利语。慢慢地，他理解了学习语言的真谛：深入语言背后的文化，就能更快地掌握一门外语。

他俨然一个修行者，全身心地沉浸在与语言相关的事情中。20世纪80年代，为了能更深刻地理解土耳其语，打破人们眼中的语言藩篱，他来到伊斯坦布尔最大的清真寺参观，在那里傻傻地观看祈祷仪式。看别人怎么做，再笨手笨脚地……两个月后，他就能说上一口流利的土耳其语了。

1994年，他被欧盟三大机构之一的欧洲议会聘为翻译。接下来的几年，大多数来欧洲议会演讲的国家元首，都由他担任翻译。他就是欧洲议会里名副其实的明星翻译家伊科诺姆。值得一提的是，如今的他是欧盟唯一可以准确翻译重要中文文件的翻译家。

他成了传奇人物，总被记者追问："是什么秘诀，让您精通42种语言？"他总会提及儿时捡贝壳的往事，然后微笑着说："我始终坚持语言兴趣，也就一路走到了今天。"是的，在生活的道路上，你能取得多大成就、理想能走多远，往往取决于你兴趣的长度。

（资料来源：百度文库）

※ **请思考：**

阅读完上面的故事，请问我们应该如何理解"兴趣和职业"之间的关系。

任务二 霍兰德职业兴趣理论

每个人的性格类型、学习兴趣和他将来从事的职业密切相关。人们总是在不断寻求能够获得技能、发展兴趣的职业。

一、霍兰德兴趣类型分类

约翰·霍兰德（John Holland）是美国约翰·霍普金斯大学心理学教授，美国著名的职业指导专家。他于1959年提出了具有广泛社会影响的职业兴趣理论，即世界上的大多数人的职业兴趣可以归为六种类型，人们可以用自己最感兴趣的三个类型描述自己的职业兴趣。

他认为，人的兴趣与职业密切相关，兴趣是人们活动的巨大动力，凡是从事有兴趣的职业，都可以提高人们的积极性，促使人们积极、愉快地从事该职业，职业兴趣与人格之间存在很高的相关性。

以下是霍兰德六个兴趣类型。

（1）实用型（Realistic，R）。

（2）研究型（Investigative，I）。

（3）艺术型（Artistic，A）。

（4）社会型（Social，S）。

（5）企业型（Enterprising，E）。

（6）事务型（Conventional，C）。

同一类型的人与同一类型的职业互相结合，才能达到适应状态。而人的一生面临着许多职业、职位，甚至具体项目的选择，这些选择能否与其类型相匹配，自然也是影响成功的重要因素。

※ 拓展练习

用兴趣岛探索自己的职业兴趣

恭喜你！获得了一次免费度假的机会，有机会去下列六个岛屿中的一个。唯一的要求是你必须在这个岛上至少居住半年。请不要考虑其他因素，仅凭自己的兴趣爱好进行选择。

●岛屿R：自然原始的岛屿。岛上保留着原始森林，自然生态保持得很好，有各种各样的野生动物。岛上居民生活状态还相当原始，他们以手工见长，自己种植花果蔬菜、修缮房屋、打造器物、制作工具，喜欢户外运动。

●岛屿I：深思冥想的岛屿。岛上人迹较少，建筑物较少，适合夜观星象。岛上有多处天文馆、科技博览馆以及科学图书馆等。

●岛屿A：美丽浪漫的岛屿。岛上充满了美术馆、音乐厅、街头雕塑和街边艺人，弥漫着浓厚的艺术文化气息。当地的居民很有艺术、创新和直觉能力，他们保留了传统的舞蹈、音乐与绘画，许多文艺界的朋友都喜欢来这里寻找灵感。

●岛屿S：友善亲切的岛屿。岛上居民个性温和、十分友善、乐于助人，社区之间构成了一个密切互动的服务网络，人们重视互助合作，重视教育，关怀他人，充满人文气息。

●岛屿E：显赫富饶的岛屿。岛上居民善于企业经营和贸易，能言善道，以口才见长。岛上的经济高度发展，处处是高级饭店、俱乐部、高尔夫球场。来往者多是企业家、经理人、政治家、律师等，这里曾数次召开财富论坛和其他行业巅峰会议。

●岛屿C：现代、秩序井然的岛屿。岛上建筑十分现代化，是进步的都市形态，以完善的户政管理、地政管理、金融管理见长。岛民个性冷静保守，处事有条不紊、善于组织规划、细心高效。

※ 请思考：

我最想前往的三个岛屿的名称：_____ _____ _____

岛屿的标志物及其含义：_____
岛屿的关键词：_____

请结合实际分析：

（1）我为什么会选择这三个岛屿？
_____
_____
_____
_____

（2）什么样的行为可以切实地认清自己的兴趣？
_____
_____
_____
_____

二、霍兰德职业兴趣六角形模型

霍兰德职业兴趣六角形模型如图4-2-1所示。

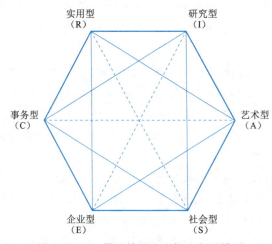

图4-2-1　霍兰德职业兴趣六角形模型

　　霍兰德职业兴趣六角形模型明确地告诉人们，六种兴趣类型相互之间的关系是固定的。六角形中有三类关系：一类是相邻关系，如RI、IA、AS、SE、EC、CR、IR、AI、SA、ES、CE、RC，属于这种相邻关系的两种类型之间共同点比较多，如实用型R和研究型I的人，都不太偏好人际交往；一类是相隔关系如IS、IC、AE、AR、SC、ER、SI、CI、EA、RA、CS、RE，属于这种相隔关系的两种类型之间共同点比相邻关系的共同点少；一类是相对关系，即对角线，如RS、IE、AC、SR、EI、CA，相对关系之间共同点更少。

三、霍兰德职业兴趣类型与职业倾向

霍兰德职业兴趣类型与职业倾向如表4-2-1所示。

表 4-2-1　霍兰德职业兴趣类型与职业倾向

类型	喜欢的活动	重视	执业环境要求	典型职业
实用型 R	用手、工具、机器制造修理东西，愿意从事事务性工作、体力活动，喜欢户外活动或操作机器，而不喜欢在办公室工作	具体实际的事务，诚实，有常识	使用手工或机械技能对物体、工具、机器、动物等进行操作，与"事务"工作的能力比与"人"打交道的能力更为重要	园艺师、木匠、汽车修理工、工程师、军官、兽医、足球教练员
研究型 I	喜欢探索和理解事物，喜欢学习研究那些需要分析、思考的抽象问题，喜欢阅读和讨论有关科学性的论题，喜欢独立工作，对未知问题的挑战充满兴趣	知识，学习，成就，独立	分析研究问题、运用复杂和抽象的思考创造性地解决问题的能力，谨慎缜密，能运用智慧独立地工作，有一定的写作能力	实验室工作人员、生物学家、化学家、心理学家、工程设计师、大学教授
艺术型 A	喜欢自我表达，喜欢文学、音乐、艺术和表演等具有创造性、变化性的工作，重视作品的原创性和创意	有创意的想法，自我表达，自由，美	创造力，对情感的表现能力，以非传统的方式来表现自己；相当自由、开放	作家、编辑、音乐家、摄影师、厨师、漫画家、导演、室内装潢设计师
社会型 S	喜欢与人合作，热情关心他人的幸福，愿意帮助别人成长或解决困难、为他人提供服务	服务社会与他人，公正，理解，平等，理想	人际交往能力，教导、医治、帮助他人等方面的技能，对他人表现出精神上的关爱，愿意担负社会责任	教师、社会工作者、牧师、心理咨询师、护士
企业型 E	喜欢领导和支配别人，通过领导、劝说他人推销自己的观念、产品而达到个人或组织的目标，希望成就一番事业	经济和社会地位上的成功，忠诚，冒险精神，责任	说服他人或支配他人的能力，敢于承担风险，目标导向	律师、政治运动领袖、营销商、市场部经理、电视制片人、保险代理
事务型 C	喜欢固定的、有秩序的工作或活动，希望确切地知道工作的要求和标准，愿意在一个大的机构中处于从属地位，对文字、数据和事物进行细致有序的系统处理以达到特定的标准	准确、有条理、节俭、盈利	文书技巧，组织能力，听取并遵从指示能力，能够按时完成工作并达到严格的标准，有组织有计划	文字编辑、会计师、银行家、审计员、办事员、税务员和计算机操作员

任务三　探索自己感兴趣的职业

一、职业兴趣的培养

大学生可以通过主动培养自己的职业兴趣来改善求职择业的情况。想要培养自己的职业兴趣，大学生应做到以下几点：

（1）重点培养某一方面的兴趣。大学生应着重培养自己在某一方面的兴趣，并将自己的兴趣与所学专业结合在一起，最大可能地满足自己的愿望。例如，一个学生喜欢幼教工作，却选择了护理专业，那么他可以考虑将来做一名儿科护士，或者到幼儿园当一名保健员。

（2）保持兴趣稳定。大学生在培养兴趣时，不能"朝三暮四""见异思迁"，而应注重培养持久、稳定的兴趣，这样才能投入更多的精力深入钻研相关内容。另外，在培养兴趣时，大学生还应客观地评价自己的能力，只有在自身能力基础上形成的兴趣才是持久的、稳定的。

（3）积极参加职业实践活动。职业实践活动包括生产实习、社会调查、参观访问等。每一个大学生都可以根据社会和自我需要，通过参加各种职业实践活动有意识地培养和发展自己的兴趣，为事业成功创造有利条件。

需要注意的是，在现实中，兴趣与职业完全匹配的情况只是一种理想状态。大学生即使不得不从事与自己的兴趣爱好不匹配的工作，也没有必要沮丧，因为人的兴趣是可以培养的。社会的需要是职业兴趣产生的基础。大学生可以通过深入了解工作内容，努力钻研并不断取得成绩来鼓励自己，培养自己对职业的兴趣。

※ **案例导入**

职业兴趣的妙用

小王所在的公司最近总是收到顾客对一线员工的投诉。总经理要求小王所在的人力资源部门介入调查，并在一个月内找出答案——是员工的素质问题、领导的方法问题，还是管理制度的问题。

刚来公司3个月就遇到这么难处理的问题，对小王来说确实是一个不小的挑战。小王的公司实行的是主管考评的绩效管理制度。但对直接服务顾客的一线员工，公司也会同时进行顾客满意度的跟踪调查。针对每个员工，公司每个月会联系25位顾客，请他们就所接受服务的质量打分，调查持续12个月，每个员工会得到300位顾客的评分。小王经过初步调查，有一个奇怪的发现：在公司销售部、售后服务部、咨询部共300多名一线员工中，很多能得到上级主管好评的一线员工，其顾客评分较低；相反，很多能得到顾客好评的一线员工，其上级主管评分较低。通过认真分析数据，小王和人力资源部门的同事发现，上级主管考评与顾客评分之间实际上并无明显联系。

正当小王感到茫然无措时，他突然想到了自己在上学时学的"霍兰德职业兴趣理论"。小王决定把这个理论应用到这次的调查中。在同事们的帮助下，他采用职业兴趣测试工具和性格测试工具对每个员工进行测试，再一对一面谈，以掌握每个人的霍兰德代码和性格特点。调查结果显示,在得到顾客较高评分的152名员工中,社会型的员工占96%;在得到上级主管较高评分的150名员工中,事务型的员工占98%。这个结果说明,社会型的员工容易受到顾客的好评,而事务型的员工则容易受到上级主管的好评。同时,小王还发现另一个有趣的现象:参加调查的300多名员工分别是由李经理和张经理招聘录用的,在李经理挑选的员工中,事务型的占大多数;在张经理挑选的员工中,社会型的占大多数。而李经理本人是事务型的,张经理本人是社会型的。很明显,负责招聘的主管人员倾向于聘用与自己同类型的人。有了调查数据,小王和同事胸有成竹地向领导提交了调查报告,并建议公司调整招聘制度和绩效管理制度,其主要内容如下。

(1) 摒弃主管考评制度,代之以比较客观的业绩评估,即顾客满意度评分的绩效管理制度。

(2) 把社会型职业兴趣类型作为招聘一线服务岗位员工的参考标准之一。在招聘一线员工时,先通过相关的测评工具挑选出社会型的候选人,然后由人力资源部门对其进行面试,最后由部门经理确定最终的人选。

公司采纳了小王和同事们的建议。进行以上改革半年后,该公司社会型的一线员工比例增长了26%,顾客对员工的评分大大提高。

(资料来源:搜狐网,有改动)

※ 项目实训练习

实训一　职业兴趣代码

霍兰德还有一个研究结果,即每个人测评获得的职业兴趣代码可以进行排列组合,排列组合后的职业兴趣代码仍然是自己的职业兴趣代码。

(1) 在附录《霍兰德职业索引》中找出自己感兴趣的至少十种职业。

职业　　　　　　　　　　霍兰德代码(3个字母)

① _____　_____
② _____　_____
③ _____　_____
④ _____　_____
⑤ _____　_____
⑥ _____　_____
⑦ _____　_____
⑧ _____　_____
⑨ _____　_____
⑩ _____　_____

(2) 请写出说说选择这十种职业的理由。

_____
_____
_____
_____
_____

实训二　从日常行为中探索自己的职业兴趣

请具体、详细地回答下列问题，如有可能，请与一位同伴互相讲述自己对这些问题的思考和回答。同伴可以提问、帮助讲述人发掘细节和原因。这练习的目的是帮助你回忆并梳理日常生活中有关个人兴趣的代表性事件，提高自我觉察能力。

（1）请列举出三种你非常感兴趣的职业（摒除所有现实的考虑），并列举出这些工作吸引你的特征。

（2）请回忆三个令你感到快乐（满足）的经历。请仔细地描述这三个画面，并写下令你感到如此快乐（满足）的原因。

（3）从小到大你担任过哪些学生干部职务？你喜欢的是哪些职务，不喜欢的是哪些职务？请具体说明原因。

（4）你最崇拜（敬佩）的人是谁？他对你产生了什么影响？你最像他的是什么地方，最不像他的是什么地方？

（5）你最喜欢看哪种杂志？这些杂志中的哪些部分吸引着你？如果你到书店看书，在不仅仅因为学习需要的情况下，你会停留在哪类书的书架前？

（6）除了单纯的娱乐放松以外，你最喜欢看哪些类型的电视节目？请写出吸引你的原因。

（7）你喜欢浏览哪种类型的网站？你喜欢看网站的哪部分内容？它们属于哪个专业？

(8)休闲的时候,如果只是出于兴趣的考虑,你最想做什么或学什么?请写出吸引你的原因。

_____
_____
_____

(9)你最喜欢的科目是什么?为什么?

_____
_____
_____

(10)你在生活中会因为做哪些事情全神贯注而忘了时间?

_____
_____
_____

项目五 目标制订

※ 学习目标

1. 了解职业生涯目标的类型。
2. 正确认识内职业生涯目标和外职业生涯目标及其相互间的关系。
3. 熟知职业生涯目标选择的依据和流程,并据此来制订自我职业生涯目标。
4. 学会制订职业生涯规划方案,树立评估和修正职业生涯目标的观念。

※ 能力目标

1. 能正确有效地全面评估自己的职业生涯,并做出相应的调整。
2. 能运用所学知识积极探索自己的目标职业领域。

※ 素养目标

1. 积极参加社会实践,提高综合素质。
2. 树立职业理想,努力将个人理想融入国家发展的宏伟目标之中。

※ 案例导入

哈佛大学有一个关于理想目标的故事被很多人不断提起。某年,一群意气风发的天之骄子从哈佛大学毕业了,他们的智力、学历和环境条件都差不多,哈佛大学对他们进行了一次关于人生理想的调查,结果有27%的人没有理想目标,60%的人理想目标模糊,10%的人有着清晰但比较短期的理想目标,其余3%的人有清晰而长远的理想目标。在以后的岁月里,他们行进在各自的人生旅途中。25年后,哈佛大学再次对这群学生进行了跟踪调查。结果是这样的:3%的人,他们在25年里朝着一个方向不懈努力,几乎都成为社会各界的成功人士,其中不乏行业领袖、社会精英;10%的人,他们的短期目标不断实现,成为各个领域的专业人士,大多数人生活在社会的中上层;60%的人,他们安稳地生活与工作着,但没有特别的成绩,几乎都生活在社会的中下层;剩下27%的人,他们的生活没有目标,过得很不如意，并且常常抱怨他人，抱怨社会，抱怨这个"不肯给他们机会"的世界，当然也抱怨自己。其实，他们之间的差别仅仅在于：25年前，他们中的一些人已经知道自己最想要的是什么，而另一些人不清楚或不是很清楚自己想要什么。

启示：从哈佛学子的这个故事，我们所得的体会与感想非常清楚。如果没有向上的理想和切实可行的人生目标，我们就没有前进的方向。同样，没有付诸行动的方案和计划，即使再远大、再宏伟的理想抱负也没有实现的可能，因此我们必须在进入大学后马上给自己制订一份适合自己的职业生涯规划，树立自己短期、中期、长期的职业发展目标，并将几十年后的目标与今天的行动联系起来。

任务一　制订职业生涯规划的影响因素

每个人一生的职业历程有种种不同的可能。有的人从事这种职业，有的人从事那种职业；有的人一生变换过多种职业，有的人终身在一个岗位上；有的人事业有成，有的人则碌碌无为。这是因为影响职业发展的因素是多方面的，有个人素质、心理等主观方面的原因，也有社会环境等客观方面的原因。对大学生来说，影响职业生涯规划的因素主要有以下几个方面。

一、个人因素

制订职业生涯规划要求每个人真正了解自己，对过去的阅历做个总结，依据个人背景材料，对自己的能力、潜力进行自省和测评，并明确自己的发展预期目标。将自己本身的条件、发展潜能、发展方向与社会环境和行业环境给予的机遇与制约条件相比较，最终达到"觉醒"，也就是知道自己已经做了什么、自己想要做什么、自己能做什么。自身条件主要包括以下几方面因素。

1. 健康

健康包括身体健康和心理健康。健康的身体是职业生涯成功的首要条件，没有一个好的身体，就不可能坚持工作，也不可能有好的职位和成就。随着生活节奏的加快和社会压力的增大，现代人特别是现代年轻人的心理健康日益突出，越来越受到人们的重视。人没有一个健康的心理，根本无法适应社会，更谈不上正常工作。

2. 教育

教育是赋予一个人才能、塑造其人格，从而促进其全面发展的活动。教育奠定了个人的基本素质，一个人通过接受教育与培训，形成了自己特有的知识结构、能力结构和职业素质结构，这些对一个人的职业生涯会产生巨大的影响。对大学生来说，每个人都已经掌握了一门专业技能。但在实际工作中可能是用非所学，或是用非全学。在这种情况下，大学生绝不能因为专业不对口而不接受新的工作，要根据职业需要补学或重新学习新的知识，做好专业理论的迁移和提高。因此，大学生要重视职业技能和综合素质的培养，在校期间珍惜专业学习机会，把专业技能学懂、学实、学透，同时还要注意一专多能的培养，以求得更多的职业发展机会，更为重要的是要学会如何做人，争取在职业生涯发展中获得主动权，因为在当今时代，绝大部分的用人单位看中人才最重要的因素就是职业道德素质。

3. 性格爱好

一个人的性格类型、兴趣爱好与所从事职业的类型密切相关。毕竟兴趣是人们行动的巨大动力，符合自己兴趣的职业，可以增强工作的积极性，使职业本身化为人生的乐趣。对一个性格开朗、活泼的人来说，他更喜欢从事开放的、与外界接触更多的工作，而性格较沉稳、内敛的人则更喜欢做研究性的、稳定的工作。因此，怎样选择自己喜欢的专业及怎样才能将自己的兴趣爱好变成自己的工作，便成了职业生涯规划中必须解决的一个重要问题。

4. 价值观

价值观是指个人对周围客观事物（包括人、事、物）意义、重要性的总的看法和评价。在同一客观条件下，对于不同事物，由于人们的价值观不同，会产生不同的行为。在职业生涯规划中，价值观是职业定位最关键的因素，只有所从事的职业与自我价值相符合时，才不会有心理冲突，才能充分调动积极性，最大限度地发挥能力，满足高层次自我实现的需要，产生成就感。

当然，除了上面几个最主要的因素外，年龄和性别也是影响个人发展的重要因素，我们在制订职业生涯规划时，也要结合自己的年龄和性别，如哪些职业对年龄有限制、哪些职业对性别有要求，只有知己知彼才能更好地规划自己，实现自己的人生理想。

二、环境因素

1. 家庭环境

有的教育专家认为："家长是孩子做人的第一任教师，家庭是孩子生活的第一所学校。"事实也是如此，家庭作为个人成长的第一所学校，是造就个人素质，影响人生发展的重要因素之一。首先，父母教育方式的不同使每个孩子认知世界的方法不同；其次，父母的职业是孩子最早观察模仿的角色，所以孩子必然会受到父母职业技能的熏陶；最后，父母的价值观、态度、行为、人际关系等会对孩子的职业选择产生直接或间接的影响。

值得注意的是，有些父母按照自己的意愿强制、包办孩子选择专业，这会令孩子一开始就厌烦被迫选择的专业，再好的专业也提不起他们的兴趣，这势必会影响孩子的学习和就业。还有的孩子会为了家庭放弃自己喜欢的职业而选择收入较高、较为稳定的职业，这是对家人、对社会承担的义务，却限制了个人兴趣和自我能力的发展。

2. 社会环境

社会环境中流行的工作价值观、政治经济形势、产业结构的变动等因素，无疑都在个人职业选择上留下深深的烙印。当今社会流传这么一段话：20世纪50年代的兵，70年代的工人，90年代的个体户，21世纪的IT业商人。每年的职业地位排序都对高考志愿的选择和就业选择产生不可忽视的影响。不同的社会环境给予个人的职业信息都是不同的。不可否认，个人的职业生涯决策的决定因素也有称为机遇的成分，但完全让命运顺其自然的人毕竟是少数，多数人对自己未来的发展能够从内外因素进行理性分析，从而有效地进行职业生涯的选择。社会环境分析包括对社会政治环境、经济发展水平、社会文化环境、社会价值观等宏观因素的分析。社会环境对每个人的职业生涯乃至人生发展都有重大影响。

※ 案例导入

小马,自幼父母双亡,在乡亲们的照料下长大,好不容易考上了大学。为了报答乡亲们的恩情,他在大学选择学蔬菜种植专业,常扎在学校的实验菜地里流连忘返,休息日常在图书馆、阅览室度过,很受老师赏识。他为了实现当个现代农民,用"现代"改变家乡面貌的愿望,还选修了几门经营管理方面的课程。

毕业后,两手空空的他跟着一位在城里打工多年的乡亲进了城,在一家大型超市蔬菜部打工。除了想存点钱,他更想认真思索一下怎样搞现代农业。小陈发现环保蔬菜很受都市人欢迎,就有了环保蔬菜规模经营的想法。自家的土地十分有限,小陈就想到了村南水塘,这水塘面积不小,四周的残枝败叶、人畜粪尿被雨水冲到水塘里,发出阵阵恶臭,他凭借在学校学到的知识,知道这水塘虽然看着肮脏,其实里面蕴藏着丰富的农家肥料,他把水塘里的水样带到城里,经过老师介绍,送到水环境研究所请老师的朋友帮忙检测。检测结果证明小马的想法是正确的:水中磷、氮含量丰富,重金属含量符合栽培无公害蔬菜标准。于是他带着省吃俭用存下的钱回到家乡,承包了人见人烦的池塘,开始了创业之路。水上蔬菜生产过程分两步,在陆地大棚里育秧,在水塘竹排上催长。小马在乡亲们的帮助下,在自家地里搭上大棚,在水塘里铺上竹排,放上码着秧苗的竹篮。秧苗的根透过竹篮、竹排缝隙扎进水里。生产周期短的菠菜、空心菜、芹菜之类的叶菜,15天左右就可以采收。小马把水塘划分成几片,错开时间催长,做到每天都能有鲜菜上市。第一批水上蔬菜送到城里,由于颜色稍浅,几乎无人问津。小陈想起帮人搞推销送试用品的经历,就把菜赠送给多家高档餐馆,宣传水上蔬菜的特点,留下自己的联系方式。第二天,打来了十几个电话,说他的蔬菜口味纯正、清香,要进货。他又邀请批发市场的菜贩参观自己的池塘,让他们大开眼界。通过他们口口相传,无公害蔬菜在市里打开了市场。正值筹办北京奥运会时,学生时代就爱关注动态的他,得知"奥运"蔬菜不能含兴奋剂成分,对农药残留有严格要求……有经营意识的小马想:我的水上蔬菜应该可以进入奥运会!经过努力,他的水上蔬菜被北京奥组委指定为奥运会备选食品,使他的蔬菜在更大范围里扬了名。随着生产规模的扩大,小马成了名副其实的百万富翁。他为村里修路、建标准化小学,回报了乡亲。

每个人的成长和发展都与环境息息相关,环境是个人职业生涯发展的外部约束条件,虽然有时候我们无法改变,但可以结合自身情况,联系自己所处的周围环境,寻找发展的机遇。

3. 行业环境

对择业者来说,职业生涯是在特定的行业中进行的,选对了行业,对事业发展事半功倍,选错了行业则事倍功半。行业环境分析是对将来想从事的目标行业的环境进行分析,分析的内容包括行业发展现状、国际国内重大事件对该行业的影响、目前行业优势与问题所在、行业发展前景预测等。行业是有生命周期的,主要包括四个发展阶段:幼稚期、成长期、成熟期、衰退期。科学技术的飞速发展会使某些行业如同夕阳坠落,逐渐萎缩、消亡,更会使许多极具发展前途的朝阳行业不断出现、发展起来。对行业进行选择时,要尽量选择有前景、发展空间较大的行业。

砥节砺行

党的二十大报告指出："建设现代化产业体系。要坚持把发展经济的着力点放在实体经济上，推进新型工业化，加快建设制造强国、质量强国、航天强国、交通强国、网络强国、数字中国。"实体经济是现代化产业体系的建设重点。报告提出把发展经济的着力点放在实体经济上，意味着我国发展经济、实现产业升级主要发力的抓手，要落在实体经济上。

大力发展实体经济首先要建立强大的工业体系与制造业竞争优势，推进新型工业化，构建强大的制造业竞争力。党的二十大报告提出的加快建设制造强国、质量强国的目标，给了企业推动制造业高端化、智能化发展的信心。此外，中国银行、中国工商银行、中国建设银行、中国农业银行、中国交通银行，以及中国人寿在2022年10月齐发公告，表示将加大资源配置和信贷投放力度，高效、精准地服务实体经济，助力稳住经济大盘。这也意味着国家将引导各地方、各部门把工作重心放在实体经济上，实体经济将会得到更多的政策惠顾。

任务二　制订职业生涯规划的依据、原则和步骤

职业生涯规划是实施就业、创业教育的一个重要载体，对大学生而言，能否了解自己、规划自己，进一步发掘自身特长对职业发展极其重要，可以说，职业生涯规划就是职业成功的起点。由于每个人的个性特征、文化背景、价值观、能力、知识等均不相同，所以不同的人的职业生涯规划也必然不同，但是，这并不意味着大学生职业生涯规划没有规则。相反，职业生涯规划必须结合目标分类，遵循一定的原则和步骤设计、制订及实施。

一、制订职业生涯规划的基本依据

每个人的经历不同，成长的家庭背景与社会背景不同，个人性格差异等造就了形形色色的个性个体，量体裁衣寻找适合自己条件的社会工作就是职业生涯设计的依据。

职业生涯设计是为了解决自身要求、能力在未来与环境匹配的问题。因此，要做好职业生涯设计，需要做到以下几方面。

1. 了解自己，科学评价自我

对职业自我进行充分的认识分析，从而保证在进行职业生涯设计时能够择己所爱、择己所长，在自己喜欢又擅长的方面进行职业发展。评价过高、不切合实际、过低都会造成遗憾。根据社会需要，结合自己所学专业、学习成绩和特长来实事求是地选择职业，不要一味地选择那些经济效益好、社会竞争激烈的热门单位。关键是看自己能干什么，单位需要什么样的人才，找到最能发挥自己特长、实现自我价值的位置。

2. 了解职业，科学探索职业

科学探索职业，把个人追求与社会发展有机结合，了解个人比较喜欢又擅长的方向有哪些职业可以选择，有哪些职业具有优势和竞争力，或者具有良好的发展潜力。在有竞争优势或有较大把握形成竞争优势的方向发展职业。

3. 了解社会的发展趋势，科学定位职业发展前景

科学定位职业发展，就是定期将个人的职业发展放在社会发展的大环境中评估分析，确

保职业不断处在良好的状态中。个人和职业都是在社会大环境中生存、发展、不断变化着的。保证做好眼前的事是应该的，但却是不够的。必须根据社会发展的大趋势，不断充实自己、调整自己，不断对职业的新变化、新要求有所了解、有所准备、有所适应。职业生涯设计的过程就是个体探索自我、科学决策、统筹规划的过程。正确的职业生涯设计能使一个人走向成功，不正确的职业生涯设计也可能使一个人误入歧途。为了正确进行职业生涯设计，还必须遵循一些原则和方法，选择恰当的策略。

二、制订职业生涯规划的原则

一份好的大学生职业生涯规划，既要考虑到自身因素，又要考虑到外部环境因素，既要目标远大，又不能好高骛远；既要具备职业规划的基本要求，又要充分体现大学生阶段的特征。所以，要制订出科学的职业生涯规划方案，就应遵循一定的原则，体现出职业生涯本身的特点。

砥节砺行

> 个人职业的发展尤其是大学生的发展，与国家、民族的繁荣富强密切相关。党的二十大报告指出，当代青年"要坚定不移听党话、跟党走，怀抱梦想又脚踏实地，敢想敢为又善作善成，立志做有理想、敢担当、能吃苦、肯奋斗的新时代好青年，让青春在全面建设社会主义现代化国家的火热实践中绽放绚丽之花"。
>
> 大学生在职业生涯规划时应立足长远，将自己的职业理想融入国家发展的时代浪潮中，将自己的职业发展与社会需求、国家命运联系起来，以青春之我、奋斗之我，为祖国建设添砖加瓦，为民族复兴铺路架桥，为全面建设社会主义现代化国家、全面推进中华民族伟大复兴贡献青春力量。

1. 独特性——应针对自身实际情况量身定制

犹如世界上没有两片完全相同的叶子，世界上也没有两个完全相同的人，每个人高矮胖瘦各不同，内在的性格特征、知识结构、兴趣爱好、能力倾向等都有自己的特点，其家庭条件、处所的社会环境也都不相同，因而在制订职业生涯规划时不可能找到普适的路径，必须综合考虑个人各个方面的实际情况而量身定制；条件相同或类似的人在一定条件下可以借鉴，但绝不能抄袭，否则就是抄袭了别人的人生，生活在别人的影子里。

2. 可行性——应以实际可操作为前提，实现理想和现实的统一

每个人都有自己的职业理想，但理想是否能够实现，则有赖于用以实现生涯理想的规划方案是否可行。可行性体现在两个方面：首先是生涯目标的可行性，即目标的设定是否建立在现实条件的基础上；其次是职业行动计划的可行性，即行动计划是否是自己可以做到并根据一定标准可以进行考核监督的。

3. 阶段性——生涯规划应体现个人发展的阶段性

根据舒伯的生涯彩虹图，个人的职业发展具有阶段性，每个人在自己人生发展的不同阶段所承担的重点角色是不同的，并有着不同的发展任务。职业生涯规划也应该根据自己的年龄和所处的阶段设计不同的内容，以适应每个发展阶段的特点，使每个阶段都能充实度过，并逐步达成阶段性目标，确保人生发展目标的顺利实现。

4. 发展性——生涯规划书的内容不是一成不变的

职业生涯规划要求具有一定的超前性和预测性，而事物是不断发展变化的，职业生涯规

划并不总能适应新情况的出现，所以应根据自我发展、社会变迁及其他不可预测的因素，主动适应各种变化，及时评估，灵活调整，不断修正、优化自己的职业生涯规划方案。

在调整职业生涯规划方案的过程中，短期目标有可能需要调整，但短期目标的重新选择应和长远人生目标保持一致，这样才能使整个规划始终围绕自己的人生目标展开，确保过去、现在和未来发展目标的内在一致性与延续性。

二、制订职业生涯规划的步骤

在制订职业生涯规划时，我们要从社会现实和自己的实际情况出发，主动地把现实与理想结合起来，既不盲目地好高骛远，又不轻易地妄自菲薄，要脚踏实地、充满自信地面向未来，制订出人生最可行、最有价值的职业生涯规划。

制订职业生涯规划的基本步骤有不同的划分方式，在此我们归纳为以下六个主要的步骤。

1. 客观认识自我，寻找职业方向

认识自我是进行职业生涯设计的第一步。认识自己，既要考虑职业需求，又要考虑自己的个性特长，还要认识到职业岗位与自己的关系。

要充分了解自己的职业兴趣、能力结构、职业价值观、行为风格、自己的优势与劣势等，只有正确地认识自己，才能进行准确的职业定位，并对自己的职业发展目标做出正确的选择，才能选定适合自己发展的职业生涯路线，才能对自己的职业生涯目标做出最佳选择。

在客观认识自我方面，我们至少需要解决以下几个问题。

（1）我喜欢什么？我的职业兴趣是什么？

（2）我能够做什么？我有什么职业技能？

（3）我适合做什么？我的个人特质是什么？

（4）我最看重什么？我的职业价值观如何？

正确自我认识越来越受到社会各界的关注，如今很多用人单位在招聘员工时，都要求应聘者进行简单的自我剖析，说明自己的优缺点，列举个人的兴趣爱好等。

另外，在现有的认识基础上，还要对自己通过努力而产生变化的趋势进行分析和预测。预计可能发生什么变化，以及变化可能达到的程度，这是确定职业生涯目标的重要依据，也是制订实现目标的具体措施和安排的基础。要相信自己，知识不足可以通过勤奋学习来补充；技能较差，可以通过刻苦训练来提高；个性有弱点，可以通过努力来调适。

客观认识自我的目的是找准优势、找出差距，这样才能在以后的职业生涯中更好地扬长避短，走好每一步。在自我评估中，要充分利用各种科学测评手段，如价值观量表、职业兴趣量表、人格量表等，同时结合在校学习、考试情况，老师、同学、亲朋好友的评价，以及自我判断。需要注意的是，自我分析要客观、冷静，不能以点带面，既要看到自己的优点，又要直面自己的缺点。只有这样，才能避免职业生涯目标选择的盲目性，达到人职高度匹配。

2. 评估环境

职业生涯环境的评估，主要是评估各种环境因素。每个人都处在一定的环境之中，离开这个环境，便无法生存与成长。所以，在制订个人的职业生涯规划时，要充分认识与了解相

关的环境、评估环境因素对自己职业生涯发展的影响，分析环境条件的特点、发展变化情况，自己与环境的关系、自己在这个环境中的地位、环境对自己提出的要求及对自己有利的与不利的条件。对环境因素有了充分的了解，才能做到在复杂的环境中避害趋利，使职业生涯规划具有实际意义。

此外，家庭环境是每个人在进行职业规划时都不得不考虑的一个重要因素。家庭的经济条件、社会关系、成员的健康状况及以后的发展趋势等，均与职业生涯发展有关。例如，经济条件差的，可优先考虑就业，而不是再深造，而且所选职业最好是风险小、较稳定的职业。另外，家庭状况不是一成不变的，在进行职业生涯规划时应考虑变化的因素。

3. 进行目标定位

目标定位就是指在对个人及环境进行分析的基础上确定自己的发展目标。目标定位实际上就是人们所说的职业决策。现代人每天都在为自己的生活和发展做出决策，是应该专注学习多一些还是应该参加社会实践多一些？毕业后是进修（如专续本）还是直接就业？专续本考哪所学校？直接就业是去企业还是去事业单位，或是考公务员？去企业，是去国企还是外企？就业是选择将来发展好的单位还是去薪酬高的单位？在面临这些抉择的过程中，我们通常会有一些困惑，该如何做决定呢？回答是我们应根据自身特点和所处环境做出适合自己的决策。

什么样的选择决定什么样的生活，一个人要想拥有成功快乐的一生，就需要有明确的目标、清晰的方向，然后做出有效的行动。一个没有目标指向的人就像断了线的风筝，只会在空中东摇西摆，找不到自己的方向，最后跌落下来。所以，在制订职业生涯规划时确定职业目标非常关键，也是职业生涯规划中最重要的一点。

值得注意的是，大学生在设定职业生涯目标的时候不能仅凭个人的美好愿望和想象，而应根据现实环境和自身的条件来确定切实可行的职业生涯目标，然后以此为动力，积极排除各种干扰，努力保证职业生涯规划的实现，大学生在进入社会时所选职业的正确与否直接关系到下阶段的长期发展问题。大学生满怀憧憬，希望一出校门就能找到适合自己的理想工作。这就要求大学生了解社会的大环境，遵循社会发展的客观规律，在对自己有了全面认知的同时也要根据社会对人才的基本要求塑造自己。这样才能使自己在人才市场中有的放矢，在竞争中处于不败之地。

4. 选择职业生涯路线

每个人的现实状况与理想目标之间都存在多种可供选择的路径，可以选择不同的行业，选定了行业还可以选择不同的企业，选定了企业还能选择不同的职位起点等。在选择好了职业生涯路线之后，还需要在路线上设置一些节点——阶段性的子目标。这些子目标的设立既是对自己前期工作成绩的肯定，也是对自己下一阶段工作的督促。

事实证明，每个人都有适合其发展的路径，但每个人都不同，谁也不能完全复制别人的成功之道。职业生涯必须靠个体不断地尝试和探索，而在这个过程中，职业生涯路线选择的作用是提供可行性意见和建议，引导个体进行职业探索，以缩短探索时间。

5. 确定行动方案并实施

在确定大学生职业生涯目标后，行动便成了关键的环节。没有达成目标的行动，目标就难以实现，也就谈不上事业的成功。这里所指的行动，是指落实目标的具体措施，主要包括学习、见习、实习、社会实践、培训等方面的措施。例如，为达成目标，在社会工作方面，计划采取什么措施提高工作效率？在专业学习方面计划学习哪些知识，掌握哪些技能提高专业能力？在潜能开发方面，采取什么措施开发潜能等，都要有具体的计划与明确的措施，并且这些计划要特别具体，以便于定时检查。所以，制订实现职业生涯目标的行动方案后，要有具体的行为措施来保证。没有行动，职业生涯目标只能是一种梦想。要制订周详的行动方案，更要注意去落实这一行动方案。

6. 评估反馈与调整

俗话说："计划赶不上变化。"影响职业生涯规划的因素有很多，有的变化因素是可以预测的，而有的变化因素则难以预测。因此，要使自己的职业生涯规划行之有效，就需要对职业生涯规划进行评估和反馈，从而进行调整与修改。实际上，评估与反馈的过程既是个人对自我与社会的认识不断深化的过程，也是职业生涯规划真正发挥作用的有效方式。对职业生涯规划的评估与反馈主要包括对职业的重新选择，对职业生涯路线的重新选择，对职业目标的修正，对实施措施与计划的变更等。

那么，对职业生涯的规划进行评估，认定职业生涯成功的标准就非常重要，我们对职业生涯成功与否要进行全面评价，从而确定如何修改自己的职业生涯规划，使职业生涯规划得以真正实现。

职业生涯成功评价体系如表5-2-1所示。

表5-2-1 职业生涯成功评价体系

评价方式	评价者	评价内容	评价标准
自我评价	本人	自己的才能是否充分施展； 对自己在企业发展、社会进步中所做的贡献是否满意； 对自己的职称、职务、工资待遇等方面的变化是否满意； 对处理职业生涯发展与其他生活的关系结果是否满意	个人的价值观念、知识水平、能力
家庭评价	父母、配偶、子女等家庭成员	是否能够理解和肯定； 是否能够给予支持和帮助	家庭文化
企业评价	上级、平级、下级	是否有下级、平级同事的赞赏； 是否有上级的肯定和表彰； 是否有职称、职务的晋升或职务权利范围的扩大； 是否有薪资待遇的提高	企业文化及其总体经营结果
社会评价	社会舆论、社会组织	是否有社会舆论的支持和好评； 是否有社会组织的承认和奖励	社会文明程度、社会历史进程

三、职业生涯规划实施过程中常见的问题

1. 规划理想化，可操作性不强

有很多大学生相信"不想当将军的士兵就不是好士兵"，他们为自己制订了一些不太切合实际的目标。他们虽然制订了职业生涯规划，但过于理想化、好高骛远、可操作性经不起推敲。在他们真正到单位工作后，过高估计自己的能力，对现实的残酷性缺乏足够认识，没有从基层做起的心理准备，会产生怀才不遇的失落感、挫败感，从此一蹶不振，变得消极颓废。大学生在制订职业生涯规划的时候，不能凭空想象，而应多方思考，多查阅相关资料，并多请教有经验的人士，真正做到知己知彼，进行抉择，制订出切实适合自己的职业生涯规划。

2. 重理论学习，轻实践经验

大多数大学生特别注重理论学习，依赖文凭，认为只要自己学习好，升职就是必然的，忽视了与职业相关的社会实践和经验的积累。事实上，社会经验对职场人生非常重要，文凭只是工作的基本要求，一个人要想在社会上成功，还要通过在实践中积累的经验增加自己的工作能力。当前，很多企业在招聘的时候，不是看应聘者有多少证书，而是看应聘者是否具有所应聘职位的工作经验。

3. 重视职业短期目标，忽视职业长期目标

很多年轻人在制订职业生涯目标的时候，没有按照短期目标、中期目标和长期目标的顺序，确定不同的努力方向。很多年轻人对自己的期望值过高，总想短期利益最大化。他们常常会因为高的薪水、更好的条件或者其他原因，频频产生跳槽的想法，认为自己要趁年轻多闯一闯，做出一番大事业来。很多年轻人的这种想法，是由于急功近利、急于求成的心态造成的。他们总是希望能够立竿见影，最好马上就达到自己事业的终极目标，但常常事与愿违，最后与最初制订的职业生涯目标南辕北辙。

※ 案例导入 1

跳槽的误区

误区一：薪金至上的追求。在跳槽时必须走出金钱至上的误区，要明白更需要关注的是跳槽后原先的工作经验是否得到了延续和增加，是否有利于整体职业生涯的发展。

误区二：热门行业的诱惑。一些人跳槽时只认准热门行业，却忽视了自己的兴趣和专业背景，往往会失败，最终将得不偿失。加入一个热门行业并不是成功的关键，适合自己的行业才是最好的选择。

误区三：不了解新公司环境是否有利于发展。跳槽者在跳槽之前应充分认识到个体与环境之间的互动关系。个人与公司环境产生不适应很正常，出现了这样的情况首先自身应努力适应公司的环境，但是如果是公司的环境有问题，那么跳槽者就应该重新考虑公司是否适合自己整体职业生涯的发展了。

这些问题充分反映出一些年轻人在跳槽时的盲目性。跳槽前的职业规划是必不可少的，只有明白自己以往的职业特点、目前的职业定位和未来的职业方向，才能确定适合跳槽的时机，并把握好跳槽带来的最大价值，更好地促进职业发展的进程。

4. 对职业生涯的几个不同阶段认识不明确

有些人虽然制定了职业生涯规划，但不了解自己所处的职业生涯阶段，在工作了一段时间以后，不知道自己现在想做什么、能做什么、应该做什么，结果在工作时很迷茫。一般来说，职业生涯可以分为四个发展阶段，即职业预备期、职业初期、职业中期和职业后期。只有在明确自己职业生涯的阶段及在每个阶段的不同任务和目标以后，才能避免失去对现有工作的兴趣，才能有的放矢地去有所作为。一个人的职业生涯贯穿一生，是一个漫长的过程，科学地将其划分为不同的阶段，明确每个阶段的特征和任务，做好规划，对更好地从事自己的职业、实现确立的人生目标非常重要。

※ 案例导入 2

郝先生毕业于某大学电子类专业，从大学毕业到现在已经有 8 个年头了。在过去 8 年时间里，他从事过多种工作，从最初的电子制造操作工、车间维修、电路设计到后来的产品设计工程师、公司白领，可是公司白领没做多久，他就厌倦了目前的生活，他时常问自己现在的工作是自己向往的职业吗？郝先生坐在办公室电脑显示屏前，觉得阴暗的办公室与阳光灿烂的窗外形成鲜明的反差，他觉得这不是他想要的生活，他心中的职业应该是充满挑战和希望的，而不是如此的枯燥乏味。有朋友说郝先生善于与人交际，亲和力比较好，做销售才是应有的发展路线，而且他自己也觉得不应该这样"混"下去，白白地浪费自己的青春。于是，郝先生毅然辞职，就近找了一份销售的工作干了起来。但由于这是一家刚刚创建的公司，公司老板没有自己的发展战略，加上销售人员都没有实战经验，很快这家公司就宣布倒闭了，郝先生只好另谋出路。几经周折，郝先生来到了自己理想中的城市——杭州，在这座美丽的城市重新开始他的职业生涯。初来乍到的郝先生因为不熟悉杭州的行业状况，对自己的职业状况也没有一个深刻的认识，所以前后做过好几份工作都不尽如人意，最长的一份工作也只是做了不到半年时间。随着时间的推移，郝先生渐渐地开始怀疑自己这么多年来是否真的走错了路，要不然为什么到现在自己的职业发展还是一团糟。

任务三　职业生涯目标的确立

大学生要设定自己的职业生涯目标。

一、职业生涯目标的分类

1. 按时间长短不同可以划分为短期目标、中期目标和长期目标

（1）短期目标。通常是指时间在 1～2 年内的目标，它是中期目标和长期目标的具体化，是操作性比较强的行动目标。短期目标可能是自己制定的，也可能是上级领导分配安排的，有较为具体的截止日期。短期目标应该是实现中长期目标的必经之路，是中长期目标的组成部分。

（2）中期目标。一般是指 3～5 年内的目标，它既是制定和实施短期目标的依据，又是长期目标的重要组成部分。它具有指标量化的特点，并有一定的弹性，在整个目标体系中起着承前启后的作用，也是职业生涯能否有效实施和实现的重点。

(3) 长期目标。一般指 5 年以上的目标，通常比较粗略、欠具体，有可能随着各种主客观情况的变化而发生变化，具有战略性、挑战性和动态性等特点。

2. 按目的的性质可以划分为内职业生涯目标和外职业生涯目标

(1) 内职业生涯目标。内职业生涯是指从事一项职业时提升自身素质与职业技能而获取的个人综合能力、社会地位、价值观念及荣誉的总和。内职业生涯目标主要靠个体努力争取得来，它不随着外职业生涯的获得而自动具备，也不会由于外职业生涯的失去而自动丧失。内职业生涯目标侧重于个体自身因素，主要包括工作能力目标、心理素质目标、观念目标、内心感受目标等因素，如表 5-3-1 所示。

表 5-3-1 某记者的内职业生涯

内容	示例
工作能力目标	争取达到可以采访名人的能力
心理素质目标	提高处理突发事件、危机的能力。采访中遇到突发情况的时候能够沉着、理智地应对，尽快找出使损失最小地解决问题的方法
观念目标	注重才能的积累远比注重薪水的多少更重要，因为它是每个人最厚重的生存资本
内心感受目标	提高自己对所从事职业和工作的认可度，在此基础上更努力工作

①工作能力目标。工作能力是对处理职业中各种问题的能力的统称，如能够和上级领导以及公司同事无障碍沟通的能力，组织大型活动的规划和组织能力，对自己所负责事务的分析能力等。工作能力目标指定阶段内在现有的职务上能将工作做得更好。工作能力的提高，可以使个体以更新的观念、更充足的知识进行工作，进而得到更令人满意的工作结果。

②心理素质目标。心理素质指的是在职业生涯发展过程中遇到障碍时，能够积极应对困难的心理态度、能够经受困难的心理承受力和坚信能够克服困难的信心。心理素质目标指的是经过训练、学习和调整，在职业生涯中能够经受住挫折，正确看待成功，能够做到临危不惧、宠辱不惊。心理素质目标非常重要，最终能够实现职业生涯目标的人和最终没能实现目标的人，区别往往并不在于是否在实现的过程当中遇到困难，而是在于心理素质的不同。前者认真寻找真正的不足所在，并努力学习、掌握克服这些困难的方法；而后者，或者根本没有找到不能实现职业生涯目标的阻力，或者虽然发现了一些困难，却没有找到合适的方法解决这些困难。

③观念目标。观念主要是指对人对事的态度和价值观。观念目标指个体在工作学习中要求自己逐步形成一种什么样的观念或态度。工作是人生命的投影，一个人的工作态度折射着人生态度，而人生态度决定一个人一生的成就。一个天性乐观、对工作充满热忱的人，无论他眼下从事低微的工作还是从事受人尊敬的工作，都会认为自己的工作是一份神圣的职业，并怀着浓厚的兴趣，不论遇到多少艰难险阻，都会有所成就。

④内心感受目标。内心感受是指工作中由于发现和应用新的管理方法、创造新的业绩等而带来的内心收获和成就感。内心感受目标指的是在工作中朝有利于事业成功的方向积极努力，并用工作成绩收获新的、正向的心理感受。内心感受目标的正向强化会使个人在工作中的兴趣、成就感和努力程度不断提高。工作成果本身属于外职业生涯目标，但取得工作成果的内心收获和成就感则属于内职业生涯目标。

（2）外职业生涯目标。外职业生涯指从事职业活动时的外在因素的组合及其变化过程，是在职业生涯过程中所经历的职业角色（职位）及获取的物质财富的总和，它是依赖于内职业生涯的发展而增长的。外职业生涯目标一般是具体的，主要包括工作职务目标、工作成果目标、经济收入目标、工作环境目标等因素，如表5-3-2所示。

表5-3-2　某职员的外职业生涯

内容	示例
工作职务目标	2年内成为公司负责销售的地区经理
工作成果目标	创造A类产品年销售1 000万元的销售量
经济收入目标	2年内年薪增加到10万元
工作环境目标	2年内进入行政办公楼

①工作职务目标。工作职务目标是指在自己所从事的职业上，在某个阶段内通过努力，使自己在职务上达到更高的标准。主要包括两方面：第一，现有职务的职责、权力是否能进一步扩大；第二，职务晋升，一个人只有具备日常工作的能力，才能为其职务的晋升打下基础。因此，在制订职业生涯规划时，内职业生涯目标中的工作能力目标应优于职务晋升目标。

②工作成果目标。工作成果目标是指在自己从事的工作岗位上，某阶段内要达到的具体工作目标，要完成的工作计划。例如，工作产品在数量和质量上的提高、销售量在总金额上的进步、学者在研究成果上的成绩等。工作成果在一定程度上是直接衡量一个人职业成功与否的外在指标，工作成果目标的实现会增加人的成就感，对人的内职业生涯目标的实现有积极的正面作用。

③经济收入目标。经济收入目标是指在某阶段内，个人在工作岗位中薪酬上的增长和个人经济储蓄上的总收入目标。大学毕业生要敢于制订职业生涯的经济目标，但必须结合自身情况。例如，某保险公司职员根据保险行业的特点和个人目前的发展状况，为自己制订的经济收入目标为30岁之前赚取20万元，40岁之前赚取100万元。

④工作环境目标。工作环境目标是指在某阶段内，工作硬件环境的改善状况。在更好的环境中，人们带着更好的心情工作，对职业生涯目标的完成也有积极的作用。

※ 案例导入

李瑞的目标

在年轻时，李瑞就定下了一系列明确的目标，并一步一步地实施。18～21岁在校期间，他就打好了专业基础，学习了关于酒类方面的知识；毕业后，他就到酒吧当学徒。在21～30岁这段时间，他有针对性地潜心学习调酒技艺，到了30岁，他的技术已经基本达到了调酒师的水平。但是他并不满足，他希望自己能成为更专业的调酒师，而且要开一间自己的酒吧，向更专业的水平迈进。于是，他又花了将近10年的时间，努力成了具有国际水平的高级调酒师，并且在40岁时开了一间属于自己的酒吧。然后，他准备在50岁之前，把他的酒吧规模扩展为全国连锁店，并扩展到国外。经过近10年的努力，50岁时，他的目标已经基本实现。这时，他不再满足于只开酒吧，而准备涉足其他娱乐项目。经过不懈努力，60岁时，他在成功经营酒吧的同时，又建成了全国最大的综合娱乐中心。

（3）内职业生涯目标与外职业生涯目标的关系。

内职业生涯目标与外职业生涯目标关系密切，但对个人职业生涯实现的作用有所不同。

①联系。内职业生涯目标的发展带动外职业生涯目标发展，内职业生涯的发展程度决定了外职业生涯的发展程度。内职业生涯丰富的人会抓住每一次发展机会，甚至能主动为自己、为别人创造发展机会。内职业生涯是真正的人力资本所在，提高内职业生涯而取得的工作成绩会转化为外职业生涯。

外职业生涯目标的实现可以促进内职业生涯目标实现。内、外职业生涯目标相互促进、相互折射。外职业生涯目标是具体的、实际的，其实现可以成为激发人继续努力的动力，给人良好的心理预期，并获得由各项成绩带来的内心成就感，有利于内职业生涯目标的实现。人的内职业生涯目标往往随着外职业生涯目标的实现而实现。内职业生涯在人的职业生涯成功乃至人生成功中具有关键性作用，因而在职业生涯的各个阶段，尤其在职业生涯早期和中期，我们都应该重视内职业生涯的发展。对尚未毕业的大学生，或者是刚刚参加工作的新员工，一定要把对内职业生涯各个因素的追求看得比外职业生涯更重要。

②区别。内职业生涯目标可以通过别人的帮助而实现，但并不是靠别人强加或赐予的，而主要是通过自身主观努力追求、不断探索而获得。外职业生涯关注客观条件因素，侧重于职业过程的、外在的、可以看得见的、可明确衡量的标记。例如，某同学应聘家企业的人力资源职员，他的薪酬不是由他自己决定的，在今后的工作中如果不能给企业带来好的业绩，随时有被降薪或辞退的可能。

若职业生涯目标一旦取得，便会内化成自己的基本财富，很难被他人收回。外职业生涯目标通常是由别人认可和给予的，也容易被别人否认和收回。

※ 案例导入

职业目标的实现

无论是没有工作经验的大学毕业生，还是经验丰富的职场中人，大家都应该意识到一点，没有人能够保证自己能够被同一家企业终身雇佣。因此，员工应该意识到自己不仅要为公司完成任务，还要在工作中打造个人的核心能力。

这就是人力资源管理中说的外职业生涯和内职业生涯。

外职业生涯中，员工的职位升迁按照公司的梯阶进行，例如，从科长、处长一直向上晋升。但公司一旦发生变化，这条晋升道路也随之消失。内职业生涯中，员工实现自我能力提高包括沟通能力、分析能力、规划能力、成长能力。公司发生变化时只会剥夺员工的外职业生涯，不会影响内职业生涯。在职业生涯早期，对自己锻炼最大的工作是最好的工作，也就是使自己的内职业生涯收获最大的工作；在职业生涯中期，挣钱最多的工作是最好的工作，也就是外职业生涯的资本积累过程；在职业生涯后期，实现人生价值最大的工作是最好的工作，也就是职业生涯最高目标的实现，也是个人最高目标的实现。

随着市场经济的发展，人才竞争日益激烈，文凭、曾经的成绩、实习经历等，这些都是外职业生涯的内容，内职业生涯才是衡量人才的根本依据。一个更关注自身内职业生涯目标实现的人更受公司管理人员青睐，因为这样的员工更具有发展潜力和培养价值。

个体只有更加关注内职业生涯目标才能实现个人的可持续发展，才能找到更好的工作，也才能保持事业的长青。当一个人意识到为自己打工并不是自己要开公司或者自己独立运作一件事情，而是自己的工作热情和努力程度不为工资待遇不高、上级评价不公而减少时，就真正开始为自己打工了，这也是职业生涯的最高境界。

二、职业生涯目标设定的原则

职业生涯目标设定的原则主要有以下内容。

（1）明确性：明确、具体地表达目标及其行动方案。

（2）可测量性：目标应该是可以衡量的，如数量、质量、时间等。

（3）可实现性：它包含两方面的含义，首先必须是在合理的、可控制的范围之内；其次，必须有一定的挑战性，要经过一定的努力才可以实现。

（4）相关性：个人的职业发展目标要与企业目标、部门目标乃至社会需求、市场经济发展趋势相联系。

（5）时限性：要在特定的时间内完成。

（6）重点集中性：目标不可定得太多，太多了就意味着没有重点，一般3~5条即可。

（7）客观限制性：有的工作个人可以完全做主，有的则需要考虑环境和组织的限制，要考虑环境现状和组织的制度制约。

（8）重要等级性：个人在目标设定时，要依据重要性的不同把全部的权重分配给不同的关键任务。区别不同工作的轻重缓急，而且在评估中也会有不同的重要性的体现。

三、职业生涯目标选择的依据

个体选择职业生涯目标时，应该通过科学的方法，综合考虑自身和职场、社会环境等因素，选择适合自己的职业生涯目标。我国人事科学研究者罗双平用一个精辟的公式总结出职业生涯规划的三大要素，即"职业生涯规划＝知己＋知彼＋抉择"。选择职业生涯目标时不仅要对个人特质进行分析，还要结合社会环境和职业环境，综合考虑多种因素。

1. 个人因素

个人因素主要内容包括与个人相关的所有能力因素和非能力因素，如兴趣、性格、能力、特长、价值观等。个人因素的评估是个人职业生涯的基础，也是获得可行的规划方案的前提，个人因素的评估是职业生涯规划要素中的知己。只有对自己有一个全面、客观的认识，才能做出最正确的职业选择，才能选定最适合自己的职业生涯路线。

清楚地知道自己未来想干什么是选择职业的前提条件，俗话说"兴趣是人最初的动力"；但仅凭兴趣选择是不全面的，感兴趣的事情并不代表有能力去做，从事任何一项职业的能力需求决定了并不是只要有兴趣就能干好。职业选择是个人性格的反映和延伸，择业者的人格特点应与职业类型相适应；价值观支配着生活中的每一件事，是决定我们如何做出选择和行动的关键因素。

2. 社会环境因素

社会环境因素是指社会的政治、经济体制，人才市场的管理体制，社会文化习俗，职业的社会评价等状况。社会环境因素决定了社会职业岗位的数量、结构、层次，同时也决定了人们的职业观念，从而决定了就业的方式、职业观和个人职业生涯的历程。

3. 职业因素

每个职业的行业环境都有各自的发展规律，行业的特点、现状、未来趋势、就业竞争状况等因素，往往影响着个人的职业行为和未来的职业发展道路。对这些职业因素进行认真、谨慎地斟酌，将有利于个体做出正确的职业选择和职业发展规划。职业因素包括就业需求、行业声望、行业发展状况与发展前景。所以，有人形象地说："社会需要比办100所大学更重要。"

四、职业生涯目标设定中的误区

个人职业生涯目标的设定并不是一件容易的事，职业目标的设定关键在于知己又知彼，一方面，对自己要有一个清楚的认识和了解；另一方面，对就业环境和职业岗位的要求也要心中有数。因此，职业目标的质量主要在于你要达成的职业目标是否与自己相匹配，以及你所设定的目标是否切实可行。下面是个体在设置职业目标时常见的几个误区。

1. 设置了一个并不属于自己的目标

如果设定的职业目标不能满足自己的需要，不是自己真正感兴趣的，也是不太适合自己的，或是自己不能胜任，而且与自己的价值观也是有所违背的，那么这个职业目标就不是你的。有些人在做职业决策时，常常是为了取悦他人，比如自己的父母、老师或是朋友等，他们让别人来判断什么适合自己，而不是从自己的兴趣、能力、个性以及价值观等方面来设置自己的职业目标。从长远来看，即使一个人实现了这样的职业目标，它所带来的常常是挫折而不是内心的成长。

2. 职业目标与人生的其他目标并不相关

一个人在生涯中扮演的角色是多种多样的，如学生、公民、职业者、子女、配偶、父母、休闲者等角色，各种角色之间是相互影响的，一个角色的成功可能会带来其他角色的成功，一个角色的失败也可能会导致其他角色的失败。同样，如果在一个角色中投入太多的时间和精力，也可能会影响到其他角色的质量。因此，个人职业生涯目标的设定，往往要考虑到它对生活其他方面的影响。你所设定的生涯目标与你想过的生活应该是基本一致的，有些人在生涯目标的设定上，只注重工作的挑战、奖赏和声誉，而忽略了家庭、休闲者等角色。要注意职业目标与家庭目标、个人生活和健康目标的相协调和结合，因为家庭的幸福和身体的健康是事业成功的基础和保障。

3. 长期目标和短期目标相脱节

要注意长期目标和短期目标的结合。长期目标指明了发展方向，短期目标是实现长期目标的保证，长短结合更有利于职业生涯目标的实现。如果只有长期目标，那么目标显得太宽泛、欠具体，缺乏行动的动力；同样，如果过分关注具体的目标会导致目光短浅，可能会变得只有行动而不会思考。

4. 目标实现太容易或太难

职业生涯目标的设定要有一定的挑战性，只有这样才能给自己以激励和动力，实现目标时才能带来应有的成就感。目标实现太难，会因为失败而造成挫败感，对人的积极性产生负强化，丧失继续努力的勇气；目标实现太容易，则会失去挑战性和激励作用，对人没有鼓励和促进，成就感和满足感也会差很多。合理的目标是基于自己的能力和周围环境的、既有挑战性又有实现的可能性的目标。因此，合理目标的设定需要个体具有深刻的洞察力和判断能力，既要充分分析自己又要了解环境中的机会和障碍。

5. 职业生涯目标缺乏弹性

职业生涯目标的设定常常要强调灵活性，灵活性的目标对有效的职业生涯管理必不可少。由于工作环境和人的能力状态都不可避免地会随各项事务的变化而变化，当过去适合自己的职业生涯目标随着时间和环境的变化不再适合自己时，工作和职业生涯的目标就要随之进行灵活的调整和改变，甚至完全放弃。进行职业生涯规划要把握变与不变的尺度，不能走极端。职业生涯目标的改变应在原有目标的基础上，结合新的形势进行适当调整，只有当职业生涯目标与现实情况存在严重的冲突时才考虑废除原有目标，确立新目标。

6. 缺乏核心目标

所谓核心目标就是在一段时间内行动围绕的中心。在一段时间内，我们的行动要有一个核心目标，否则纵使有明确、现实、合理的目标也未必能成功。如果有多个目标，可以对每个目标进行评估，确定一到两个最重要、最有价值的、对事业发展最有推动力的目标作为核心目标。

职业生涯目标是职业生涯规划的核心，因此，在职业生涯目标制定的过程中，一定要尽量注意避免以上误区，提高职业生涯规划的有效性。

※ 案例导入

确定职业生涯目标与实现职业生涯目标

一个很有成就的经理人在给大学生做毕业辅导讲座时说："经常有人说，要设定自己的职业生涯目标。仔细回顾自己的经历，我领悟到一个道理，最重要的不是设定的职业生涯目标是否正确，而是有没有去设定职业生涯目标，并且有没有为之努力。"

并不是每个人都对自己的天赋和特长了如指掌，很多人可能在经历了很多事情和尝试之后，才真正明白自己到底擅长什么。你有可能永远无法设定一个正确的职业生涯目标。所以，对进行职业生涯规划的人来说，如果设定了一个职业生涯目标，不管这个目标将来是否会更改，也不管它是不是正确，只要为之努力了，就没有浪费时间，肯定会有所收获。因为不管是什么样的职业生涯目标，对能力的要求有很大一部分是相同的，如管理能力、沟通能力、判断能力、影响能力、创新能力、执行力、正面思考问题的能力等。即使你最终并不能达到预期的职业生涯目标，但你却具有了胜任很多其他工作的能力，很容易转换到另一个职业中继续发展。虽然这并不是你预先设定的职业生涯目标，但你很可能非常容易地胜任此工作。这也是为什么很多人升到管理岗位后，可以比较容易地转向其他岗位、并迅速上手的原因。

所以，与其花费很多时间和精力去设定并追求一个所谓的正确的职业生涯目标，不如根据目前对自己天赋和特长及可能机会的了解，迅速设定一个适合自己的职业生涯目标，为之努力奋斗。对刚步入社会的大学毕业生来说，要随着对自己的从业天赋、才能和特长的日益深入了解，结合实际机会，合理调整职业生涯目标。

五、职业发展路径

设定职业生涯发展路径需要明确个人现在所处位置与总体目标的距离，运用目标分解方法分解总体目标，形成职业发展路径。不同的总体目标会形成不同的职业发展路径。由于发展路径不同，对职业发展采用的步骤也不同。因此，在生涯规则中，必须设计路径和选择路径。

1. 职业发展路径的类型

职业发展路径一般分为以下五种类型：学术路径、行政路径、技术路径、管理路径和创业路径。不同的路径适合不同类型的人，也会影响职业目标的分解。例如，学术路线，如助教—讲师—副教授—教授；行政路线，如科员、副科、正科、副处、正处；技术路线，如助理工程师—工程师—高级工程师；管理路线，如助理—主管—经理—总监—副总经理—总经理等；创业路线，如打工—学习—创业。

2. 大学生典型职业发展路径

对大学生而言，典型的职业发展路径图是一个 V 形图，如图 5-3-1 所示。

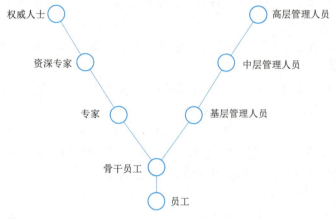

图 5-3-1　典型职业发展路径 V 形图

以一名 24 岁大学毕业参加工作的大学生为例，即 V 形图的起点是 24 岁，如图 5-3-2 所示。以起点向上发展，V 形图的左侧是行政管理路径，右侧是专业技术路径。将职业发展路径分成若干等份，每等份表示一个年龄段，并将专业技术的等级、行政职务的等级分别标在 V 形图上，作为自己的职业生涯目标。

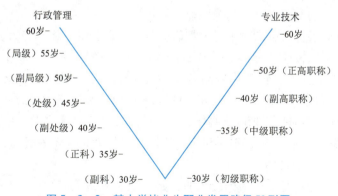

图 5-3-2　某大学毕业生职业发展路径 V 形图

选择了职业生涯发展路径后，就可以具体细化路径，细化职业阶段性目标；充分认识自我，分析环境，并且明确目标完成时间。

任务四　撰写职业生涯规划书

职业理想是大学生心中的宏伟蓝图，蓝图的实现需要合理的职业生涯规划来支撑。一份优秀的职业生涯规划书可以为大学生顺利地实现职业理想奠定良好的基础。

一、职业生涯规划书的内容

职业生涯规划书是职业生涯规划的书面呈现，它包括个人简介、自我评估、职业生涯外部环境分析、职业发展方向和目标、生涯策略、评估与调整等内容。

（一）个人简介

个人简介包括姓名、基本情况介绍（如专业、年级等）、规划的年限和起止时间等内容。

其中，规划年限视个人具体情况而定，短则半年，长则5～10年，一般以3～5年为宜。

（二）自我评估

自我评估就是对自己进行全面而客观的分析，包括个人经历简述、个人性格评估、个人能力判断、个人职业倾向分析、个人职业价值观判断和总结等内容。

在自我评估的过程中，大学生应采用科学的方法对自己的性格、职业兴趣、职业能力、职业价值观等进行全面分析，弄清楚自己的优势与长处、劣势与不足。需要注意的是，大学生应当全面、客观地评估自己，不能以点带面、主观臆断。

（三）职业生涯外部环境分析

职业生涯外部环境分析包括社会环境分析、学校环境分析、家庭环境分析、组织环境分析、职业分析、岗位分析等内容。全面、客观地分析职业外部环境，有利于大学生做出科学、合理的职业生涯决策，使大学生的职业生涯规划更具有可操作性。

（四）职业发展方向和目标

大学生应把个人的职业性格、职业兴趣、特长、优缺点、专业技能、工作经验等内容与职业环境、岗位工作内容、职业发展前景、行业发展前景分析等内容相结合，进行综合性的分析，然后确定自身的职业发展方向及职业发展目标。

在确定职业发展目标时，大学生可以把职业目标进行分解，将其分为长期目标、中期目标及短期目标，还可以按照"SMART"模式来确定职业发展目标。"SMART"模式由5个英文单词的首字母组合而成，分别代表目标的5个特性，即具体的（specific）、可衡量的（measurable）、可达到的（attainable）、相关的（relevant）和基于时间的（time-based）。

＊具体的：目标必须是清晰的、具体的，并且可以产生行为导向作用。例如，"我要在今年考取教师资格证""我必须在本周和客户签订合同"就是具体的目标，而"我要成为一个优秀的人"则不是一个具体的目标。

＊可衡量的：目标是可以用指标量化的，如"我必须每天背10个单词""我要在本月完成1 000万元的销售量"等。

＊可达到的：即设定的目标既要有一定的难度，又要能够通过努力实现。例如，"每天工作24个小时""每天跑100千米"都是无法完成的目标，而"如果今天没有写完实验报告，则必须在晚上下课后补完""我今天要跑3千米"则是可以实现的目标。

＊相关的：目标必须与现实生活紧密联系，也就是说，任何目标都应该与现实环境相适应。

＊基于时间的：目标的实现必须有确切的期限。

（五）生涯策略

生涯策略包括长期、中期、短期的职业生涯计划，各阶段计划的分目标，计划内容（如专业学习、职业技能及职业素养培养等），计划实施策略等内容。大学生应根据职业目标，结合自身实际情况，制订职业生涯发展路线并实施计划。

（六）评估与调整

评估与调整包括评估的事项、可能存在的风险及其应对方案、职业生涯路径的重新规划、阶段性目标的修正、实施措施与计划的变更等内容。大学生应针对职业生涯发展中可能会遇见的问题，制订改善和应对策略。

同时，由于人、事、物都是在不断发展和变化的，原来所做的职业生涯规划可能不再适合新的发展形势。大学生应定期对自己的职业生涯规划进行评估和调整，使其能够适应新的环境和职业发展趋势。

二、撰写职业生涯规划书的基本要求

（一）全面性

全面性要求职业生涯规划书的步骤完整、内容齐全、论证有据、分析到位。为实现这一要求，大学生在职业生涯规划书中应对照自己的职业测评结果，分析并明确自己的职业兴趣，再结合职业环境、社会科学技术的发展、政策法规的影响等来确定自己的职业发展方向，从而使自己的职业生涯规划书能够合理而全面。

（二）逻辑性

逻辑性要求职业生涯规划书结构严谨、逻辑清晰、用词精练、准确，行文流畅。职业生涯规划书中一般会表述自己对职业生涯规划的认识、对自我的剖析、对所学专业的认识、对专业方向的探索，并确定目标和制订计划。大学生在对这些内容进行阐述时，必须紧紧围绕职业目标这条主线展开，从而体现规划的逻辑性和连贯性。

（三）可操作性

可操作性要求职业生涯规划书中的目标明确且合理。职业生涯规划书撰写得是否成功，在很大程度上取决于有无切实可行的目标。职业生涯目标不能过于理想化，应择己所爱、择己所长、择己所需、择己所利。

任务五　职业生涯规划的评估与调整

一、职业生涯规划的评估

（一）评估的内容

1. 职业生涯目标评估

大学生如果一直无法找到所希望的学习机会和工作，那么将根据现实情况重新选择职业生涯目标；如果一直无法适应或胜任设计的职业生涯目标，在学习与工作中得不到应有的发展，导致自身长期压抑、不开心，将考虑修正和调整职业生涯规划；如果结婚后，失业给家庭带来诸多的不便，或者家人反对所从事的职业，将考虑修正和调整职业生涯规划。

2. 职业生涯路径评估

当出现适合自身发展和职业生涯发展的机会或选择，而原定发展方向缺少发展前景时，应尝试调整发展方向。

3. 实施策略评估

如果在其他地方可以找到一份让自己和家人十分满意的工作，就前往该地；如果家人无法在自己工作的地方定居、工作，在征询家人意见后，将考虑改变已定计划，前往他地；如果在已定区域和职业选择上得不到发展，将考虑改变行动策略。

4. 其他因素评估

如果家庭需要更多的照顾，自己将把更多的精力放在家庭，甚至暂时放下工作；如果身体条件不允许，将放低对自己的职业要求；如果还有其他意外，就必须调整职业生涯规划。

（二）评估的方法

1. 反思法

对职业生涯规划实践的回顾，职业生涯规划中计划的学习时间是否充足？学习有什么收获？还存在哪些问题？方法上有何体会？

2. 调查法

大学生要在职业生涯规划的每个近期目标实现后，对下一步的主客观环境、条件做些调查、分析，看看条件是否变化？哪些条件变好？哪些条件变坏？总体情况如何？要心中有数，然后根据变化了的情况，恰如其分地修改下一步拟订的计划。

3. 对比法

每个人有自己的方法，所以在修改、制订职业生涯规划时应多比、多思、多学，吸收别人科学的方法。对别人职业生涯规划的分析，往往有助于自己对职业生涯规划进行修改。

4. 求教法

大学生应把职业生涯规划、追求告诉他人，让他们监督自己。自我反思往往十分困难，但别人能从旁观者角度清楚地看到自己的弱点。虚心、主动、积极、经常地征求别人对自己计划的看法及修改意见，往往会受益匪浅。

（三）评估的要点

评估可以参照各类短期、中期预定目标和实际结果比照而行。一般来说，任何形式的评估都可以归结为自我素质和行为对现实环境的适应性判断，分析自己现值，特别是针对变化的环境，找出偏差所在，并作出修正。

1. 抓住最重要的内容

猎人如果同时瞄准几只兔子，那他可能一只兔子也打不到。同样，在我们的评估过程中也不必面面俱到，而是抓住一两个关键的目标和最主要的策略方案进行追踪。在职业生涯的某一阶段（一两年内或者三五年内）总有一个最重要的目标，重点评估那些可能达到这个核心目标的主要策略执行的效果。

2. 分离出最新的需求

针对变化了的内外环境，要善于发掘最新的趋势和影响。俗话说跟上形势，对新的变化和需求，重点是什么样的策略才是最有效而且最有新意的。

3. 找到突破方向

有时候，在某一点上取得突破性的进展将使整个局面发生意想不到的改变。想一想，先前职业生涯规划中的策略方案，哪一条对目标的达成有突破性的影响？达成目标了吗？为什么没达成目标？如何寻求新的突破？

4. 关注最弱点

管理学中有个著名的"木桶理论"，即一只沿口不齐的木桶，其容量的大小不取决于最长的那块木板，而取决于最短的那块木板。在反馈评估过程中，当然要肯定自己取得的成绩与长处，但更重要的是切合变化的环境，发现自己的素质与策略的短板，然后想办法修正。或者把这块木板换掉，或者按倍增长，唯有如此，你的职业生涯规划这只桶才能有更大的容量。

你可以回过头来看看你在制订实施策略前，通过SWOT分析发现的劣势点。如今是否通过阶段行动的努力而有所改观？如果没有改观，为什么会行而无效或行不通？差距又在哪里？一般来说，你的短板可能存在于下列方面。

（1）观念差距。观念陈旧往往会造成策略的失误，导致行动失效。

（2）知识差距。按照实施策略所积累的知识仍然不够或是学错方向。

（3）能力差距。环境在变化，对人的能力的要求也是在不断变化的。彼时你通过努力提高了某些能力，但此时可能又会出现新的差距。另外，前一阶段是否坚持按计划措施提高能力了？能力提高了多少？遇到了什么困难？这些对以后的职业发展都是一个重要的启发。

（4）心理素质差距。很多时候，我们没有取得预期的进步，并不是规划得不够好，或者措施不够得当，而是心理素质不够强。一个人职业生涯的发展，首先是心理素质的成长过程。

※ 案例导入

小张想毕业后成为一名旅行社英语导游，于是她大一就给自己制定了学习路线：学习好英语，增强自己的语言表达能力和交际能力。大三暑假期间，小张想参加社会实践一试锋芒。第一家旅行社问她是不是取得了导游资格证，第二家旅行社又让小张介绍自己家乡的风土人情，小张无言以对，因为小张平时并不关注这方面的事情。回家后，小张重新制定了可行的学习路线和学习目标：学好导游基础知识、导游业务等课程，考取英语导游资格证。

我们在目标执行的过程中发现自己与社会需要存在差距，要及时对自己的学习目标进行评估调整，让自己的学习目标更加有针对性。因此，一个人的职业生涯并非一帆风顺，在职业目标执行过程中如果没有收到实际的成效，就要对职业目标重新评估，考虑改变行动策略，以真正实现自己的人生理想。

二、职业生涯规划的调整与修正

大学生的职业生涯规划一次性成功的并不多，主要原因是受个体的年龄、经历、人格成熟程度等因素的制约，对职业的判断缺乏全面客观的分析和预测。在生涯规划执行过程中，我们对社会、组织环境和自己都有了更清晰的认识与了解，回过头来审视当初所选择的职业、设计的路径、采取的措施，或许会存在各种问题。发现问题是生涯调整的基础，调整并非放弃，而是与时俱进。

（一）调整的目标与原则

1. 调整的目标

我们的职业生涯发展规划总是在行动中调整，在调整中完善。调整，让我们更好地把握职业发展的机会，促进个人素质提升和潜能挖掘，体现个人价值，为社会作出应有的贡献。有了这样长远而又宏观的视野，在职业发展的各个阶段或每过一段时间，我们都要审视内在环境和外在环境的变化，并且对自己的职业生涯发展及规划作出相应的调整。

职业生涯规划不是将职业目标定得越高越好，而应切合实际，是可行的。可以按计划一步步完成的规划才是最好的职业生涯规划。

2. 调整的原则

（1）清晰性原则。调整后的目标、措施应清晰明确；实现目标的路径及各阶段的时间安排应具体可行；实施的步骤应直截了当。

（2）变动性原则。做调整时必须考虑到自己的特质、社会环境、组织环境及其他相关的因素，清楚哪些因素可能带来变化，目标或措施是否有弹性或缓冲性及是否能依据社会、环境的变化而调整。

（3）一致性原则。应考虑主要目标与部分目标是否一致，目标与措施是否一致，个人目标与组织发展目标是否一致，生涯目标与行业发展是否一致。

（4）激励性原则。应考虑目标与措施是否具有挑战性，是否符合自己的性格、兴趣和特长，是否对自己产生内在激励作用。

（5）可评量原则。调整方案的设计应有明确的时间限制或标准，易评估、检查，使自己随时掌握执行状况，并为下一次调整提供参考依据。

（二）调整的方法

1. 重新剖析自我

加深对自己的认识，检验自己的职业素质是否适合所选择的职业，弄清楚"我能做什么"，在此基础上选择更适合自己的方向。

2. 重新进行职业选择

人的一生充满了选择，就职业选择而言，往往不是一次选择就能完成的。大学生职业生涯目标的设定要结合自身因素、环境因素和职业因素，要基于个人兴趣、价值观和专业技能来确定将来所从事的职业。在职业生涯目标的设定过程中，会出现各种原因使得对主、客观的评估不够恰当，导致职业选择错误的情况。个体从事某一种职业一段时间后，可能会发现所从事的工作难以发挥自己的特长，难以培养起职业兴趣，或者感到工作非常吃力，难以胜任。这时候，个体就要根据自身的能力和周围的环境，对职业生涯机会进行重新评估，并根据新评估结果来选择职业，避免做更多的无用功。

重新选择职业，要慎之又慎，因为重新选择职业意味着自己原来的努力大多白白浪费了。因此，大学毕业生在重新选择职业时要做到以下几点：首先，在重新选择职业时要客观、全面地考虑自己的处境，不可以感情用事；其次，要重新审视自己，审视自己所从事的工作与自身的能力、兴趣、个性、价值观念等是否存在不可调和的矛盾；最后，要选新职业生涯目标，做好重新选择的善后工作。

3. 修正职业生涯目标

从某种意义上讲，职业生涯规划的实施过程就是缩短现有能力水平与预期目标差距的过程。职业生涯目标设定后，有时会因为个人自身能力的改变和周围环境的变化而无法达到预期的效果。当职业生涯目标或者个人自身因素发生变化时，要根据变化了的形势调整个人的目标。

进行职业生涯目标修正时，应该注意以下几个方面：

第一，修正职业生涯目标不宜过于频繁，应以实际需求为基础，根据外部环境和自身情况决定是否需要修正。

第二，具体操作时，应在前期方案实施效果评估的基础上，充分考虑影响职业发展的各种因素，制订符合自身实际的修正方案。

第三，职业生涯目标的修正可以作为下一轮职业生涯设计的参考依据。

4. 修订措施与计划

任何职业生涯目标的完成都是逐步优化、完善的过程。在方案实施的过程中，当工作的实际成效不理想或者与预定目标存在较大的差距时，应重新审视自己的实施措施是否恰当，改变目标实现方式。有时候则是后续阶段的计划要根据前期阶段的工作成果才能进一步安排，难以把一段时期以后的计划做得非常具体。所以，在制订实施措施和计划时，经常会在总体里程碑计划的框架下，分阶段地具体计划。这样，在整个职业生涯规划的过程中，每一阶段计划的细化，其实也是对整个计划所做的变更。通过变更手段，既能避免在职业规划初期信息不充分的情况下制订无谓的远期详细计划，又能在职业生涯目标实现过程中根据个人实际的进展情况及时制订出可行的详细计划。

※ 案例导入

小黄毕业于某财经学院工商财务管理专业。早在大学期间，他就自学了很多有关职业生涯规划的理论知识，并给自己制订了详细的职业生涯规划，也一直在努力地朝着自己的职业生涯目标——财务总监——前进。大学毕业后，小黄的第一份工作是在一家中外合资企业从事财务工作，可是面对财务工作的枯燥乏味，小黄越来越觉得这份工作并不是自己真正想做的职业。经过一段时间的迷惘后，小黄走进了一家专业的职业咨询机构，希望能够从职业规划师那里得到帮助。职业规划师仔细分析后发现，小黄性格开朗外向，喜欢与人交流沟通，于是建议小黄把职业方向放在既需要账务专业知识又需要经常外出与客户沟通的会计事务审计师工作上。小黄采纳了职业规划师的意见，重新调整了自己的职业生涯规划。经过一段时间的充电后，小黄顺利成为一名大型会计师事务所的审计师。目前，小黄精神焕发，对工作充满信心。

（三）调整的策略

1. 尽量不动目标

成功的人可以无数次修改方法，但绝不放弃目标，不成功的人总是改变目标，却从不改变方法。职业生涯调整首先考虑的是修正计划，而不是修正目标。如果修正计划还无法达成目标，可以修正目标达成的时间，如果修正目标的时限还不行，可以修正目标的量。万不得已时再放弃原来的目标另起炉灶。但面对新的目标，切勿重复原来的行动，一定要修正调整行动计划，寻求新的路径，采取新的措施。

2. 随变化及时调整

变化无时不在，调整也无时不在。对主攻方向进行调整，在原定目标基础上进行调整，在获得信息反馈之中调整，从预测未来中进行调整，对具体阶段目标视情况进行调整。调整要讲究时效性，一旦发现职业生涯旅途有了问题，不管问题是大还是小，都应该及时进行调整和修订，或做出新选择，或拿出新方案，走出新的一步。绝不拖延调整的时间，以避免错过调整的最佳时机；绝不能把问题留到下一个环节，以避免出现更大的失误。

3. 选择好调整时机

对于初次走上社会的大学生职业生涯调整的最佳时期有两个：一是毕业前夕，有了求职的实践，根据新的就职信息和供需实际，在求职过程中进行调整；二是工作3年左右时，有了从业的实践，根据从业过程对自身条件的检验，根据周围环境和自身素质的变化，及时予以调整。两次调整，既可以是近期目标即具体目标岗位的调整，也可以是远期目标或职业生涯发展路线的调整。

目标的存在只是为我们的前进指示一个方向，而我们才是它的创造者，可以在不同时间、不同环境下更改它，让它更符合自己的理想。只要我们能灵活地对自己的职业生涯设计与规划进行驾驭，无论如何变化也难以阻挡其前进的步伐。

※ 案例导入

著名的美籍华裔音乐家谭盾刚到美国时以在街头拉小提琴卖艺来糊口。事实上，在街头卖艺跟摆地摊没什么两样，都必须占个好位置才会有人潮，才能赚到钱；而地段差的地方，当然生意就较差。很幸运，谭盾和一位认识的黑人琴手一起争到了一个好位置——一家商业银行的门口，那里人流比较多！

过了一段时日，谭盾生活有了好转，他便和黑人琴手道别，因为他想进入大学进修。

10年后，谭盾有一次路过曾经卖艺的商业银行门口，发现昔日老友黑人琴手仍在那"最赚钱的位置"拉琴，而他的表情一如往昔，脸上露着得意、满足的陶醉。当黑人琴手看见谭盾突然出现时，很高兴地停下拉琴的手，热情地说："兄弟啊，好久没见了，你现在在哪里拉琴啊？"谭盾回答了一个很有名的音乐厅的名字，但黑人琴手反问道："那家音乐厅的门前也是个好地盘，也很好赚钱吗？""还好了，生意还不错！"谭盾没有解释，只淡淡地说。那黑人哪里知道，10年后的谭盾，已经是一位国际知名的音乐家，他经常应邀在著名的音乐厅中登台献艺，而不是只在门口拉琴卖艺啦！

（四）调整方案的执行

调整固然重要，调整方案的执行才是生涯管理的终极目标。没有执行何来目标的实现呢？所以，职业生涯规划一旦调整，就应形成新的行动方案。那么，我们怎样执行新的方案呢？

（1）保持积极的心态。不要以为调整生涯是宣告生涯失败。调整是为了更好地前进。避免消极思想对行动的影响，让自己充满信心重新上路。你要相信，当问题与环境有关时，你可能无力改变环境，但是你一定能把握自己！遇到问题抱怨于事无补，不如想出一些补救的办法来得有意义。相信自己的智慧和力量，只要你坚定地执行，一定会梦想成真！

（2）使用科学方法继续评估反馈。让自己时刻保持最佳状态，不断地总结经验教训，跨越障碍，走得直、走得快、走得稳。

（3）树立创新意识发现问题及时调整。没有一成不变的计划，在执行的过程中我们可能又发现问题，你只需要继续调整，使职业生涯发展规划始终可持续发展。

（4）树立终身学习的理念，以不变应万变。职业演变更新速度正在加快，21世纪的职业每15年更新20%，50年后现在的大部分职业将寿终正寝。要知道经济社会发展、科技进步对职业演变的影响，不学习就要落后。我们应养成自学的好习惯，做学习型人才，用知识奠定职业行为的底气，有了底气才能在变化的职业发展中体现出智慧和机智，才能以不变应万变。

总之，大学生的职业生涯规划是一项复杂而持续的工程，要用发展的眼光随动态环境的变化随时进行评估反馈、调整修正，让职业生涯规划更能适合自身和社会需要的发展，真正成为人生的赢家。

※ 项目实训练习

实践1 　　　　　　　　**案例：假如给你三天时间**

实施目的：学会如何制定短期目标，了解自己的价值趋向，进一步认识自我。

步骤1　写一写。如果你拥有三天完美的日子，那么你想怎样度过这三天呢？请描述下你认为最完美的日子。需要注意的是，这三天应与家庭生活有关，与休闲生活有关。思考下列问题：你想在什么地方做什么事？如果有人相伴，你想和谁在一起？

请试着尽可能地具体化，用两三个或更多的词、短句概括这三天的亮点。

与家庭有关：＿＿＿＿＿＿＿＿＿＿＿＿＿＿＿＿＿＿＿＿＿＿＿＿＿＿＿＿

与工作有关：＿＿＿＿＿＿＿＿＿＿＿＿＿＿＿＿＿＿＿＿＿＿＿＿＿＿＿＿

与休闲有关：＿＿＿＿＿＿＿＿＿＿＿＿＿＿＿＿＿＿＿＿＿＿＿＿＿＿＿＿

步骤2　探索与思考。

（1）如何才能制定出科学的短期目标？

（2）制定短期目标的过程中，需要对自己进行全面分析吗？

（3）如果将这完美三天付诸实践，你会顺利实现这一愿望吗？为什么？

实践2 活动：我的人生我做主——制订职业生涯规划书。

实施目的：了解职业生涯规划书的写作规范和要求，学会撰写职业生涯规划书。

实施步骤：阅读教材"职业生涯规划书"部分的相关内容，撰写个人职业生涯规划书。

实践2 　　　　　　　　　**学期行动计划书**

实训目的：掌握制订目标计划的方法，分析现实与目标的差距。

实训步骤：

步骤1　参考表5-5-1制订学期行动计划书。评估现实与目标的差距，制订、完善实施方案，逐步完成目标。

表5-5-1　学期行动计划书

起止时间	阶段目标	评估差距	实施方案	完成情况

步骤 2　探究与思考。

（1）查看自己制订的学期行动计划书，你觉得可行吗？
_____
_____

（2）你是否能够完成这一学期行动计划书？你打算怎么做？
_____
_____

实践 3　　　　　　　　　调整职业生涯

实训目的：了解和掌握职业生涯规划调整的方法，学会撰写调整方案。

实训步骤：

步骤 1　阅读下面案例，请你为方丽设计一份职业生涯调整方案（表 5-5-2）。帮她调整职业生涯目标，并为她设计新的实施方案；如果你觉得外部环境的变化不影响职业生涯目标的执行，请你为她设计适合现状的实施方案。

大部分人往往第一次选择职业的成功概率不是很高，一般会在执行一段时间后进行调整，如果偏差大我们还会选择转专业或转行，使之更加符合自己的发展条件。来自农村的大学生方丽一直希望自己成为一名出色的会计师，她为自己绘制好了美好的蓝图，也正在努力地朝那个方向奋斗。还有 1 年就要毕业了，方丽对未来充满了憧憬。可家庭突降横祸，导致方丽可能辍学，她的职业生涯目标也将面临搁浅。面对这样的情况，方丽应该怎么办呢？

职业生涯的调整一是应对外部条件的变化，二是适应自身素质变化的需要。面对方丽的这种情况，应该怎样调整职业生涯呢？

表 5-5-2　职业生涯调整方案

姓名：方丽
调整主要原因：家庭变故
原职业生涯目标：会计师
现职业生涯目标：
实施方案：
撰写人：
撰写时间：

步骤 2　请将你设计的调整方案与老师、同学分享，并请老师和同学评估该方案的可行性。请将老师和同学评价意见总结如下。

（1）_____
（2）_____
（3）_____
（4）_____

项目六
职业能力提升

※ **学习目标**

1. 了解专业能力和通用能力的内涵。
2. 熟悉提升专业能力及通用能力的途径。

※ **能力目标**

1. 能够在日常生活与学习中通过各种途径提升自己的职业能力。
2. 能明确自己还需要发展和培养的能力,并有针对性地提升这些能力。

※ **素质目标**

1. 积极参加与所学专业相关的实践活动,培养工匠精神。
2. 增强自信,明白每个人都具有独特的潜在能力,每个人都是可以被雕琢的。

※ **案例导入**

小刘是某高校机械制造专业的学生。在校期间,他参加了省级专业技能竞赛并获得了不错的成绩。还没毕业,小刘就已经与某大型企业签订了就业协议。可是小刘最近也有一些苦恼,他觉得自己性格内向,人际交往能力和口头表达能力也很弱,他害怕自己内向的性格和较弱的人际交往能力会影响以后的职业发展。

与小刘同一专业的小易则十分羡慕小刘。小易的人际交往能力很强,他在大学期间,多次做过市场推广方面的兼职工作。但是小易不喜欢自己的专业,他的专业能力和动手能力都不如小刘。小易觉得自己差强人意的专业能力会阻碍自己找到好的工作,为此他非常烦恼。像小刘和小易一样的大学生有很多,他们在即将步入社会时,或多或少地存在一些困惑。他们既不清楚自己有哪些能力和长处,也不清楚应该提升哪些能力,更不知道如何才能提升必备的技能。那么,大学生如何正确地评估和认识自己的能力?为提升自己的就业竞争力,大学期间应培养自己哪些方面的能力?

在职业生涯中，专业能力和通用能力是每个人必须具备的。无论一个人的能力倾向如何，将来选择什么样的职业，都不能忽视这两种能力的提升。大学生只有努力学习专业知识，熟练掌握专业技能，主动提升自己的综合素质，才能获得更好的职业发展。

任务一　能力与职业的关系

一、冰山模型

冰山模型是麦克利兰于1973年提出来的一个著名的模型，如图6-1-1所示。冰山模型将人员个体素质的不同表现形式划分为表象的冰山以上部分和潜在的冰山以下部分。其中，冰山以上部分包括基本知识、经验和技能，是外在表现，是容易了解与测量的部分，相对而言也比较容易通过培训来改变和发展。而冰山以下部分包括价值观、态度、自我形象、个性、品质、内驱力和社会动机等，是内在的、难以测量的部分。它们不太容易通过外界的影响而得到改变，但却对人员的行为和表现起关键作用。

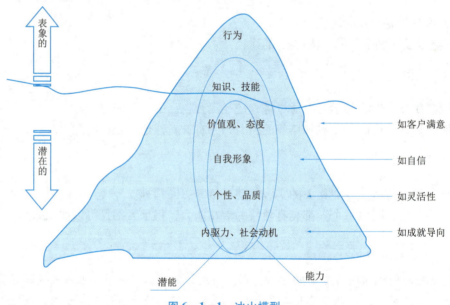

图6-1-1　冰山模型

冰山表象部分与工作所要求的直接资质有关，我们能够在比较短的时间使用一定的手段进行测量，可以通过考察资质证书、考试、面谈等具体形式来测量。

冰山潜在部分往往很难度量和准确表述，又少与工作内容直接关联。只有个体的主观能动性变化影响到工作时，其对工作的影响才会体现出来。考察这些方面的东西，每个管理者都有自己独特的思维方式和理念，但往往因其偏好而有所局限。管理学和心理学有一些测量手段，但往往因复杂不易操作或测量效果不够准确而没有被采用。

二、能力的分类

人的能力按照其获得方式的不同，可分为能力倾向和技能两种类型。

能力倾向是指天生具有的特殊才能，即天赋，如音乐、运动能力等。不过也有可能因为未被开发而荒废，它是一种潜能。

技能是指经过后天学习和培养而形成的能力，如阅读、人际交往、表达等能力。

能力倾向需要通过技能表现出来被人认知、认可，人们常说某人能力强，实际说的是某人的技能强。

个人的能力水平往往是由能力倾向和技能两个方面共同构成的。例如，要成为一名伟大的画家，除了具有艺术天分以外，还需要不断地练习获得绘画技能。

1. 能力倾向的分类及含义

关于人的天赋，传统的智力理论通常以语言能力和数理逻辑能力为整体评判的标准，也就是人们常说的 IQ。1983 年，美国哈佛大学教授、发展心理学家加德纳（Gardner）提出了多元智力论。他认为，智力是多元的，即智力是由同样重要的多种能力而不是一种或两种核心能力构成的，而且各种能力不是以整合的形式存在，而是以相对独立的形式表现出来的。

加德纳的研究表明，人类至少有七种不同的智力，分别是言语——语言智力、逻辑——数理智力、视觉——空间智力、音乐——节奏智力、身体——动觉智力、交往——交流智力、自知——自省智力。

加德纳的多元智能理论告诉我们：对世界上的每一个人来说，不存在谁更聪明的问题，只存在不同个体在哪个方面聪明的问题。每个人都是独特的。正如中国古人所言："天生我材必有用"，如果一个人能将自己独特的天赋充分发挥出来，那么每个人都是出色的。

2. 技能的分类及含义

辛迪·梵（Sideny Fine）和查理德·鲍尔斯（Richard Bolies）将技能分为三种类型：专业知识技能、可迁移技能和自我管理技能。

（1）**专业知识技能**是指那些需要通过教育或者培训才能获得的特殊能力，也就是个人所学习的科目、所懂得的知识，常常与自己所学的专业或工作内容直接相关，具有不可迁移性，必须经过专门的、有意识的培训才能掌握。它们常常与我们的专业学习或工作内容直接相关。例如，英语专业毕业的学生去做医生，有人敢去看病吗？显然不敢，因为知识的不可迁移性，没有学过医学的学生并不具备医学专业知识，专业知识技能是不可迁移的。

对大学生而言，掌握更多的专业知识技能，学会技能组合，在进行职业选择时会更具有竞争力，也更有可能高质量地完成好工作。

（2）**可迁移技能（也称通用性技能）**是指一个人会做的事，一般用动词来表述，如教学、组织、说服、设计、安装、帮助、计算、考察、分析、搜索、决策、维修等。它们可以从生活中的方方面面得到发展，还可以迁移应用于不同的工作之中。专业知识技能的运用都是在可迁移技能基础之上的，是用人单位考察你能否胜任工作的最重要的内容。

（3）**自我管理技能（也称适应性技能）**是指受教育者依靠主观能动性按照社会目标，

有意识、有目的地对自己的思想、行为进行转化控制的能力，它反映一个人为人处世的态度和个性品质，用副词或形容词来表述。良好的自我管理技能可以帮助我们很快适应新的环境，因此也被称为适应性技能。自我管理技能可以从非职业领域转换到职业领域，良好的自我管理技能是职业生涯发展、成功所需要的品质。

三、能力与职业的关系

当个人的能力与工作需求的能力相近时，人最容易发挥自己的潜能，并且获得职业的满足，职业的发展也会比较持久。

当个人的能力比工作需求的能力小时，可能不会按时高质量地完成工作任务，人就会感到焦虑，甚至产生挫败感，职业的发展可能受挫。

当个人的能力比工作需求的能力大时，人就会感到工作缺乏挑战，比较乏味、职业的稳定性可能比较差。

如果探索到了自己擅长的能力，就可以去寻找相对应的工作，例如，擅长与物打交道者，就可以选择如制图、建筑、机械制造等工作；擅长与人打交道者，就可以选择如记者、教师、推销员等工作；喜欢从事助人的事，就可以选择如医生、律师、咨询、学生辅导员等工作；擅长抽象创造性的事，就可以选择如经济分析、社会调查等工作；擅长用脑进行科学研究，就可以选择如数学研究、物理研究、材料研究、海洋研究、医药研究等工作。

由此可见，在进行职业生涯规划时，找到自己喜欢的、擅长的、又有可能在工作中使用的技能是人生幸福的重要因素。

※ 拓展阅读

聚科教人才合力　　筑国家强盛之基

党的二十大报告第一次把科教兴国、人才强国、创新驱动发展三大战略放在一起集中论述，系统部署。广大青年学生应凝聚智慧和力量，为以中国式现代化全面推进中华民族伟大复兴提供源源不竭的人才支持和智力支撑。

伟大成就鼓舞人心

科技是第一生产力，人才是第一资源，创新是第一动力。回望非凡十年，伟大成就离不开教育、科技、人才的一体发展。

深秋微凉，位于上海张江的中国商飞设计研发中心内热火朝天。带着C919大型客机获颁型号合格证的喜悦，项目团队正全力以赴冲锋首架机交付工作。

C919第一架机团队负责人严子焜说："党的二十大召开前，习近平总书记会见了C919大型客机项目团队代表，在作报告时又提到大飞机制造，我和团队成员更加深切地感受到创新之重大、使命之光荣。"

厚积薄发，展翅翱翔。10年来，我国全社会研发经费支出从1.03万亿元增长到2.79万亿元，其中基础研究经费从499亿元增加到1 817亿元。

"研究条件越来越好，同学、老师成果越来越多。"中国科学技术大学物理化学专业博士研究生赵路远说。他还亮出自己正在参与研究的机器化学家项目，说："我们为我国进入创新型国家行列贡献了自己的力量，我们很自豪！"

创新驱动擘画未来

立足新时代新征程党的历史使命，党的二十大报告突出创新在我国现代化建设全局中的核心地位，对教育、科技、人才统筹部署。

首批全国高校黄大年式教师团队负责人、中国工程院院士张远航对党的二十大报告集中部署科教兴国、人才强国、创新驱动发展三大战略印象深刻，他说："作为全面建设社会主义现代化国家的基础性、战略性支撑，这三大战略愈发体现出我们党在推进中国式现代化进程中日臻成熟的全局视野与系统观念。"

厚植沃土，蓬勃而出。从党的十八大到二十大，党中央关于教育、科技、人才的深刻思考和战略部署一脉相承，对培养创新型人才影响深远。

作为"两弹一星"元勋钱学森的母校，北京师范大学附属中学近年来通过一系列课程改革，求解"钱学森之问"的时代课题。校长王莉萍说："民族复兴的伟大事业呼唤创新人才的涌现。在基础教育阶段，要以教育改革为创新人才培养开路，注重实践、锻炼创造性思维、培养创造性人格，加强全人格教育，让学生的思考力、判断力、表达力、观察力等得到全面发展。"

"新的部署是一项伟大工程。"三大战略的有序贯通令中国工程院院士、哈尔滨工业大学超精密光电仪器工程研究所教授谭久彬倍感振奋，"高校教师和科技工作者要始终以国家重大需求为导向，深入理解教育、科技、人才三者之间的逻辑内涵，以学科交叉、技术融合为创新途径，提高人才自主培养质量，为中国式现代化打下更加坚实的基础。"

梦想感召砥砺奋进

磁子在反应瓶中高速旋转，通风橱传来阵阵嗡鸣……时至深夜，南开大学元素有机化学国家重点实验室依然灯火通明，一群身着白衣的科研人员还在加速攻关。

"科技创新没有终点。"实验室主任崔春明说，"当今时代，实现高水平科技自立自强的重要性不言而喻。我们要以党的二十大精神为指引，以国家战略需求为导向，积聚力量进行原创性引领性科技攻关，力争在原始创新和自主创新上推出更多成果。"

广州市技师学院的国家级技能大师工作室内，几名学生正在高级实习指导教师黄枫杰的带领下进行操作。"二十大报告强调要实施更加积极、更加开放、更加有效的人才政策"，我们普通工人也要成为国家栋梁、实现人生出彩。"这位曾代表中国首次出战世界技能大赛原型制作项目的全国青联委员说，"我要在今后的工作中传承弘扬劳模精神、劳动精神、工匠精神，继续培养和带动勤学苦练、深入钻研的技能人才，不断为中国制造、中国创造贡献智慧力量。"

坚持尊重劳动、尊重知识、尊重人才、尊重创造，党的二十大报告对人才强国战略的表述，令中国文联理论研究室副主任胡一峰倍感鼓舞："我们要继续深入基层、扎根人民，聚焦时代前沿，感知社会脉动，用丰富生动的艺术形式记录奔涌向前的时代、日新月异的创造，用昂扬自信的文化气象为创新营造良好氛围和广阔舞台。"

"国家的希望在青年，民族的未来在青年。"人大附中航天城学校校长周建华深感责任重大，"教育是科技、人才、创新的起点。我们要牢记总书记的嘱托，坚持把立德树人作为中心环节，不断创新教育理念和方式，加快建设十二年一贯制的高质量教育体系，努力培养堪当民族复兴重任的时代新人。"

志存高远，脚踏实地。今天活跃在菁菁校园中的青年一代，正是中华民族为实现伟大复兴接续奋斗的关键一棒。"在实现中华民族伟大复兴的时代洪流中踔厉奋发、勇毅前行，是我们这一代人的机遇与使命。"兰州大学管理学院博士研究生郭娟梅对未来信心满怀，"我们一定要坚定不移听党话、跟党走，更加认真地钻研科学知识，提高专业能力，扎根西部、建功基层，让青春之花在全面建设社会主义现代化国家的壮阔征程上绚丽绽放。"

（资料来源：中国政府网，有改动）

任务二　探索能力的思路和方法

有些事我们可以在极短的时间里轻松地做完，而有些事无论我们怎么努力，其结果都令人很不满意。有人希望自己能像刘翔一样，可是无论怎么刻苦训练也没有机会参加体育赛事。这究竟是怎么回事？这是由于每个人的天赋不同，社会背景不同，特别是受教育的机会不同，所以每个人各方面能力的发展和表现就会有所差别。如果我们能早点了解自己各方面已经具有的能力和能力发展的状况，在规划自己未来职业时考虑到这些因素，就可以扬长避短，发挥潜能，提高成功的概率。

一、知识技能自我探索

1. 了解自己已经具有的知识技能

对下面的经历进行分析，尽可能全面地列出你所掌握的知识技能，再从中挑选出你自己感觉比较精通的和你在工作中已经在应用或希望应用的知识技能，最后列出对你来说最重要的五项知识技能。

（1）从学校课堂系统地学习中获得的知识技能有哪些？
_____
_____

（2）在工作（包括兼职和暑期工作）中学到的知识技能有哪些？
_____
_____

（3）参加课外培训、辅导班、研讨班时学到的知识技能有哪些？
_____
_____

（4）自学获得的知识技能有哪些？
_____
_____

（5）资格认证过程中参加培训时获得的知识技能有哪些？
_____
_____

（6）在业余爱好、社团活动中获得的知识技能有哪些？
_____
_____

2. 盘点自己的知识技能

（1）从前面的探索中汇总自已已经具有哪些知识技能？

_____

_____

（2）从已具有的知识技能中列出自己最擅长的五项知识技能，并说明你是如何应用的。

_____

_____

3. 学习不具备的知识技能

你希望具备但目前还没有熟练掌握或者不具备的知识技能有哪些？你准备通过何种途径、在何时获得？

_____

_____

_____

二、可迁移技能探索

1. 了解自己已经具有的可迁移技能

（1）自己会做什么？

_____

_____

（2）请用 5～10 个行为动词概括自己的工作能力。

_____

_____

（3）参加过哪些社会实践活动或实习，从中学会了什么？

_____

_____

_____

（4）从表 6-2-1 中寻找自己已具备的可迁移技能，并列写在下面横线上。

表 6-2-1　可迁移技能（通用技能）词汇表

| 照顾 指导 执行 运送 建设 适应 制图 联系 管理 控制 分类 烹调 展示 劝告 打扫 协调 攀登 草拟 分析 训练 绘制 预测 收集 联络 发现 着色 咨询 驾驶 计数 编辑 创造 授予 装配 培养 鼓励 申请 领会 加强 协助 代表 审核 计算 证明 建立 权衡 集中 设计 详述 评估 美化 探测 预算 教学 组织 说服 帮助 计算 考察 搜索 决策 维修 拆除 纠正 安排 装载 调和 概念化 讨价还价…… |

2. 盘点自己的可迁移技能

（1）从前面的探索中汇总自己已经具有的可迁移技能有哪些？

（2）从已经具有的可迁移技能中找出自己最擅长的五项，并说明自己是如何应用的。

3. 了解自己不熟悉或不具备的可迁移技能

你希望具备但目前还没有熟练或者不具备的可迁移技能有哪些？你准备通过何种途径、在何时获得？

三、自我管理技能探索

1. 了解自己已经具有的自我管理技能

（1）请用五个词描述自己的优点，并说明选择这些词的原因。

（2）在父母、老师眼里，你是一个什么样的人？请举例说明。

（3）你的同学、朋友通常怎么评价你？请举例说明。

（4）通常，你给周围人留下的深刻印象是什么？为什么是这样的印象？

（5）表6-2-2中寻找自己已有的自我管理技能，并写在下面横线上。

表6-2-2　自我管理技能（适应性）词汇表

诚实　正直　自信　开朗　合作　耐心　细致　慎重　认真　负责　灵活　幽默　友好　真诚　热情　投入　高效　冷静　严谨　踏实　主动　豪爽　勇敢　忠诚　直爽　执着　机灵　感性　善良　大度　随和　聪明　稳重　热心　感恩　朴实　机智　敏捷　活泼　伶俐　公正　宽容　勤奋　镇定　坦率　慷慨　清晰　明智　坚定　乐观　果断　独立　成熟　谦虚　理性　周详　客观　平和　积极　坚强　敏锐　亲切　有创意　有激情　有条理　想象力丰富　坚韧不拔　足智多谋　精力旺盛……

_____

_____

_____

2. 盘点自己的自我管理技能

（1）从前面的探索中汇总自己已经具有的自我管理技能，并写在下面横线上。

_____

_____

（2）从已经具有的自我管理技能中找出自己最擅长的五项自我管理技能，并说明自己是如何应用的。

_____

_____

3. 了解自己未熟练掌握或不具备的自我管理技能

你希望具备但目前还没有熟练掌握或者不具备的自我管理技能有哪些？你准备通过何种途径、在何时获得？

_____

_____

4. 了解自己需改进的自我管理技能

找出你自己需要改进的自我管理技能（如自卑、缺乏主见、懒散、被动等），并说明准备通过什么途径改变、何时见效。

_____

_____

_____

※ 项目实训练习

撰写成就故事

成就故事是自己在工作、生活、人际交往和矛盾处理等经历中的感受，或者是对做某件事获得的结果感到自豪的体验。

用 STAR（Situation，Task，Action，Result）法则撰写成就故事。

Situation：事情是在什么情况下发生的；Task：你是如何明确自己的任务的，自己的任务是什么；Action：针对自己任务中的困难、问题、障碍、困惑等，你使用了什么技能去解决；Result：任务完成的效果如何，自己收获了什么等。

STAR 法则，是一个在简历制作和面试中被广泛使用的法则，一种讲述自己故事的方式。招聘者用此法则可以收集面试者与工作相关的具体信息和能力，可以更精确地预测面试者未来的工作表现；求职者用此法则写简历或向面试官讲故事，可以突出自己的核心竞争力。

（1）请写出三则你自己的成就故事，并进行分析。

①成就故事一：
_____
_____
_____

请分析出这个故事中包含的知识技能、可迁移技能和自我管理技能词语。
_____
_____

②成就故事二：
_____
_____
_____

请分析出这个故事中包含的知识技能、可迁移技能和自我管理技能词语。
_____
_____

③成就故事三：
_____
_____
_____

请分析出这个故事中包含的知识技能、可迁移技能和自我管理技能词语。
_____
_____

（2）列写出三个故事中重复出现的技能词语。
_____
_____

项目七
职业能力与技能提升

※ 学习目标

1. 了解专业技能分类。
2. 熟悉提升专利技能及途径。
3. 了解职业能力与技能测评的四个方面。

※ 能力目标

1. 能够在日常生活和学习中通过各种途径提升自己的专业技能。
2. 通过技能测评找到自身不足之处,以及如何提高自己的技能。

※ 素养目标

1. 积极参加社会实践,提高综合技能。
2. 树立目标,努力将个人理想融入国家发展的宏伟目标之中。

※ 案例导入

小媛在学校的时候就喜欢写作,担任院刊的主编,出了多期有质量的刊物,也在大大小小的出版物上发表了不少文章。小媛希望自己毕业后能从事与文字有关的工作。在毕业前,她在某厅局下属的内部报刊编辑部实习,因为内部报刊没有市场竞争压力,小媛认为自己的文字功底无法发挥。后来,在电视台招聘记者的时候,她前往报名,过关斩将地通过了三试,可最后的复试却失败了。毕业在即,受挫的她只好再次以自己的市场营销专业来找工作,并很快和一家条件不错的企业签约,走进了该企业的采购部门。部门分配给她的是和各种原料的账目打交道的会计工作,幸好小媛在校学习时有一些会计基础,加上她认真负责、细致耐心,工作很快就上手了。领导觉得小媛做得不错,无意让她换岗位。但小媛自己觉得这份工作做得太累,有了严重的倦怠感。

分析:小媛在语言和内省上有能力优势,而与财务报表打交道需要具备的逻辑和数学能力并不是她的优势。尽管由于个性上的认真细致,小媛能做好目前的工作,但长期从事并非优势也不感兴趣的工作会产生职业倦怠感。

任务一　专业能力提升

一、专业能力的内涵

专业能力是指个体从事职业活动和创业活动所需要的知识和技能，以及运用已经掌握的知识和技能解决职业工作中的实际问题的能力。它是人们从事某一特定职业所必须具备的能力。

能力不是天生的。任何一种能力都是知识和智力（注意力、观察力、思维力、想象力等）应用于实践中的结果。因此，专业能力离不开知识、智力和实践。

二、提升专业能力的途径

要想提升专业能力，大学生必须将理论与实践结合起来，在实践活动中逐步提高专业技能水平和解决实际问题的能力。提升专业能力的具体途径有以下几种。

（一）学会学习，积累专业知识

知识是能力的基础，离开了知识的积累，能力就成了无源之水。历史上有所建树的人，一般都掌握了丰富的知识，具有较高的专业知识水平，且通常十分注重弥补自身知识的不足。在现代社会，知识更新速度不断加快，一个人通过学校常规教育所获得的知识相当有限。因此，大学生，以便更加深刻地认识专业领域中的各种事物及其发展现状，为自己的职业生涯发展打下坚实的基础。

常见的学习方法有以下几种：

1. 目的性学习

目的性学习是指个体带着明确的目标，主动规划学习进程，安排学习内容。这种学习方法要求个体学习目标明确，并清应该掌握科学的学习方法，充分利用学校的教学资源，通过自我教育不断更新自己的知识楚自己所要获得的学习效果。

2. 选择性学习

选择性学习是指个体根据自身需求有选择地学习相关知识。这种学习方法要求个体明确自身需求，并能根据自己的需要对专业知识进行分类、整理。

3. 研究性学习

研究性学习是指个体根据某专业、某学科的学习要求，对相关领域的专业知识进行探索研究。这种学习方法要求个体善于发现问题、提出问题，并愿意通过钻研来寻求这些问题的答案，进而获得新知识。

4. 实践性学习

实践性学习是指个体通过专业实践、社会实践等活动获得专业知识和经验。

5. 创造性学习

创造性学习是指个体创造性地运用所学知识去适应新的情况，探索新的问题，不断拓宽自己的视野。这种学习方法要求个体不满足现成的答案和结果，能对所学内容进行独立地思考。

（二）积极实践，提升专业技能

对大学生来说，将理论知识转化为实践技能是十分重要的，而实践技能的转化与提升需要在实践活动中进行。因此，大学生应该通过反复操练来提升技能的熟练度，进而获得更高的技能水平，形成自己的技能经验。

大学生还应善于利用学校安排的各种实践活动（如社团活动、实训课、顶岗实习等），并在活动中运用相关理论知识解决实际问题，提升自己的专业技能水平。

※ 案例导入

邱宝珠——机械行业的"拼命三娘"

邱宝珠，党的二十大代表，湖南三特机械制造有限公司的中级工程师。她在男性占据主导地位的机械世界里打拼了14年，从一个普通操作工成长为数控编程、模具设计专家，被工友们亲切地称为"拼命三娘""铿锵玫瑰"。

2007年，18岁的福建姑娘邱宝珠中学毕业，获得了一次参加数控技术培训的机会。培训期间，邱宝珠第一次接触到CAD图纸设计、CNC程序编写和CAM加工中心操作。虽然没有任何专业基础，一开始也摸不着头脑，但是邱宝珠积极上进，遇到不懂的问题时就主动向老师请教。同级学员需要帮助时，她也十分乐于帮助同级学员。当时班里有40个人，只有3名女生。邱宝珠说："老师对我们说过，做机械设计行业的女孩子特别少，工作也不轻松。因此，很多人不太看好我。"难道女孩子就做不好机械行业的工作吗？不服输的邱宝珠，凭借坚持不懈的学习干劲和超强的毅力，快速掌握了相关的理论基础和基本工作流程，从同级学员中脱颖而出，并成功进入湖南三特机械制造有限公司。

邱宝珠这一干就是14年。在公司，只要工作有需要，她总是随叫随到，毫无怨言。在公司成立之初，作为公司唯一的设计人员，她身兼产品设计、模具设计、现场加工、学徒培训等多项工作。曾经有一段时间，她白天设计产品图，晚上加工模具，凌晨两三点才休息，后来干脆住到了车间。

多年来，邱宝珠敢于向高难技术不断发起挑战。邱宝珠曾改良出一款"二合一粗精加工体"模具，使得模具出模合格率高达99%，为公司节约了一大笔成本；她设计的先镗后钻工装，保证了产品加工精度，延长了产品使用寿命；主导设计的高耐磨性易拆卸工业油链，填补了国内相关技术的空白。凭着强烈的求知欲望、脚踏实地的工作态度和出色的工作成果，邱宝珠被公司评为"最有价值的员工"。

"做机械行业，累是肯定的，特别是遇到技术攻关的时候，连续加班一个星期都是家常便饭，但是当成果出来的那一刻，我觉得所有的累和苦都是值得的。"邱宝珠说。她用爱岗敬业的实际行动诠释着专注创新、精益求精、踏踏实实的工匠精神。"干一行爱一行，有付出就会有收获"，这是邱宝珠扎根于机械行业14年的工作感悟。

截至2022年10月，她与团队共申报专利27项，获得发明专利9项，实用新型专利8项，她还获得了"全国劳动模范""全国五一劳动奖章""湖南省优秀共产党员"等荣誉称号。

（资料来源：湖南日报，有改动）

(三)学以致用,提升应用能力

应用能力是指运用所学的知识原理和知识技能解决问题的能力,应用能力较强的毕业生往往会受到用人单位青睐。一般来说,大学生要想提升应用能力,应积极培养以下几项能力。

1. 发现问题

问题是客观存在的,有的问题较为明显,容易被发现;有的问题比较隐蔽,不容易被发现。能否发现问题,主要取决于3个因素:一是个体探索问题的主动性,主动性越强,发现问题的可能性就越大;二是个体的学识,个体的知识越广博,经验越丰富,视野就越开阔,就越容易发现问题;三是个体的求知欲望,求知欲望越强的人,越不满足于现有认知,对新知识的渴求会促使他们发现新问题。

2. 提出问题

提出问题最基本的是敢于质疑。在日常生活和学习中,个体发现问题容易,敢于质疑权威、提出问题,或者说出自己的想法却相对较难。大学生要想锻炼自己提出问题的能力,首先应当克服思想上的惰性,其次应敢于质疑权威并表达自己的看法。

3. 分析问题

分析问题是解决问题的关键环节。分析问题就是要分析在某种情况下解决某个问题的有利条件和不利条件,以及该问题的核心,找出现有条件与问题核心之间的内在联系,把握住问题的主要矛盾,进而找到解决问题的方法。大学生要想提升分析问题的能力,就应加强分析问题的思维锻炼,学会准确把握问题的核心,结合现有条件权衡利弊,以便找到解决方案。

4. 解决问题

一旦明确了问题的根源,个体就可以制订各种解决问题的方案。在分析问题的过程中,对同一个问题,人们往往会提出多种假设,以确定最佳解决方案。这里的假设就是寻求解决方案的关键。大学生要想提升解决问题的能力,必须加强创新思维的锻炼,善于通过假设来寻求突破口。

任务二 通用能力提升

一、通用能力的内涵

通用能力是相对于专业能力而言的,顾名思义,就是具有通用性、可迁移性的能力,如情绪管理能力、时间管理能力、人际交往能力、团队合作能力、行动力等。从事任何职业的人都必须具备通用能力。通用能力对人的职业发展有重要作用,这种能力可以提高人们工作的灵活性、适应性和机动性,是人们获得就业机会、促进职业发展的重要保障。

二、提升通用能力的途径

(一)提升情绪管理能力

情绪是复杂多样的,通常分为正面情绪和负面情绪。大学生应善于管理自己的负面情绪，及时调整心理状态，消除负面情绪对自己的影响，不断提升自己的身心健康水平，提升驾驭情绪的能力，以便更好地开展职业活动。

提升情绪管理能力的方法有以下几种。

1. 改变对事件的认知与评价

心理学家认为，情绪并不是事件本身引起的，而是经历这一事件的个体对事件的认知和评价引起的，这就是著名的情绪理论（即 ABC 理论）。例如，有的人因为做错了事便认为自己无能，进而感到伤心难过，在这里，"做错了事"就是事件"A"；"认为自己无能"就是个体对事件的认知和评价"B"；"伤心难过"就是个体因为认为自己无能而产生的情绪体验"C"。该理论认为，改变个体对该事件的认知和评价，就可以改变个体的情绪体验。因此，大学生应经常体察自己的情绪状态，增强自己觉察情绪的敏锐性，有意识地改变自己对情绪诱发事件的负面认知和负面评价，以提升自己的情绪管理能力。

2. 妥善控制自己的负面情绪

某心理学家经研究发现，一个人在一生中平均有 20% 的时间处于情绪不佳的状态。由此可知，情绪不好是很常见的现象。当产生负面情绪时，大学生应当学会管理自己的情绪，不要让自己的情绪像一匹脱缰的野马一样无法控制。管理自己的负面情绪并不意味着一味地压抑情绪，那样可能会适得其反，甚至损害自己的身心健康。妥善的做法是用恰当的方式表达情绪或用合理的方法宣泄情绪。例如，当产生某种负面情绪时，大学生可以通过唱歌、散步、游玩等方式有意识地转移注意力，从而缓解自己的不良情绪。

3. 直面自己内心的想法

情绪归根结底源于个体对事物的认知和评价。如果大学生能够直面自己内心的想法，改变不理性的认知和观念，那么管理好自己的情绪就不是一件难事。当情绪不佳的时候，大学生应积极地看待此事，激励自己，使自己保持乐观豁达的心态。

（二）提升时间管理能力

时间是最宝贵、最稀缺的资源，它无法再生、无法储存。一切活动的开展都需要时间。现代管理大师彼得·德鲁克说："不能管理时间，便什么都不能管理。"可见，科学合理地管理和利用时间是现代人必须掌握的一项技能。

时间管理是指为提高时间的利用率，而合理计划与控制时间、有效安排与利用时间的过程。对大学生来说，学会把握时间，树立强烈的时间观念，养成良好的学习和生活习惯，对管理自己的大学生活、规划自己的未来有至关重要的作用。

提升管理时间的能力，可以从以下几方面做起。

1. 培养时间管理意识

人的行为是由意识支配的，要想提升时间管理能力，首先应培养时间管理意识。大学生只有树立了时间管理意识，才会主动考虑如何合理分配时间、如何有效利用时间，从而提高学习效率，提升职业能力。

2. 设定事情的优先处理顺序

时间是公平的，每个人每天只拥有 24 小时。合理地分配与利用时间是一个人获得成功的关键。每天都会有很多事情要做，大学生要想提高时间利用率，就应学会在分配时间之前，按轻重缓急的顺序对事情进行排序，以便利用最少的时间获得最大的效益。

※ 案例导入

"挤时间"实验

一天,一位时间管理专家为一群大学生上课。专家站在这些天之骄子们面前,拿出一个广口玻璃瓶放在桌上,然后又取出一堆拳头大小的石块,将其一块一块地放进玻璃瓶里。直到石块高出瓶口,再也放不下了,专家才停下,并问学生:"瓶子满了吗?"学生回答:"满了。"时间管理专家反问:"真的吗?"然后他伸手从底下拿出一桶碎石,倒了一些进去,并敲击玻璃瓶壁,以使碎石填满石块的间隙。

"现在瓶子满了吗?"专家第二次问道。这一次,学生仿佛明白了什么,于是一位学生回答:"可能还没有满。"专家满意地点点头,又伸手从桌下拿出一桶沙,开始慢慢倒进玻璃瓶。沙子填满了石块和碎石的所有间隙。专家又一次问学生:"瓶子满了吗?"这一次,学生们不再犹豫,大声回答:"没满!"专家点点头,笑着拿出一壶水倒进了玻璃瓶中。当瓶内的水与瓶口持平时,专家终于停下来,看着学生们,问道:"这个实验让我们学到了什么?"一个学生举手发言,说:"它告诉我们,无论你的时间表多么紧凑,如果你挤出时间,就可以做更多的事情。"专家听了,说:"你说得有道理,但是并不全对。这个实验还告诉我们,如果我们把顺序倒过来,先往瓶子里面倒满水,那么,沙子、小石块和大石块都无法放进这个瓶子里了。也就是说,先放大石块就是时间管理的奥妙所在。"

这个实验告诉我们:事分轻重缓急,先做最重要的事情,合理分配时间,才能帮助人们更有效地安排工作和学习。

3. 排除干扰,适时说"不"

一些大学生在学习和生活中不懂得拒绝他人,往往不假思索地接受他人的临时委托,这样容易将自己的日常安排打乱,并浪费宝贵的时间。大学生应该学会量力而行,适当拒绝。当他人委托自己帮忙时,大学生不要毫不犹豫地接受,而要考试实际情况和自己的能力,再决定是否接受。如果不能接受他人的委托,则要坚决地说"不"。

(三)提升人际交往能力

人际交往能力在现代职场上越来越重要。某大学就业指导小组曾对几千名离职人员开展过一项综合调查。调查结果显示:因人际关系问题而离职的人,比因不称职而离职的人多两倍;在所有不能发挥自身优势而获得成功的人中,因人际关系不和谐而无法施展自身才华的人占90%以上;在所有主动离职的人中,因无法与他人和谐相处而离职的人占80%。可见,人际交往能力在职场中十分重要。因此,大学生应努力提升人际交往能力,学会理解和包容他人,学会妥善处理人际冲突,做到与他人和谐相处。

提升人际交往能力的常用技巧如下。

1. 学会尊重他人

尊重他人是建立良好人际关系的前提。在人际交往中,如果大学生能够尊重他人、将心比心、以情换情,就能更好地与他人建立和谐的关系,并获得他人的尊重。

2. 学会赞美他人

赞美他人有助于增进彼此之间的友谊,促进人际关系健康发展。真诚的赞美能给他人带来快乐,能让人与人之间的关系变得融洽。

3. 学会谅解他人

每个人都有优点和缺点。在人际交往中，大学生不能苛求他人，也不能只看到他人的不足之处，而要学会发现他人的长处；与他人发生摩擦时，应学会谅解他人。如果大学生凡事斤斤计较，必然会导致自己的人际关系越来越紧张，对人对己都没有任何益处。

4. 学会换位思考

和谐的人际关系是建立在彼此相互理解和包容的基础上的。因此，大学生应当学会换位思考，做到"己所不欲，勿施于人"。

5. 关心帮助他人

每个人都有可能遇到困难，都需要他人的帮助。当他人遇到困难、挫折，需要帮助的时候，大学生应懂得伸出援助之手，给予他人关心、帮助和支持。

6. 待人谦逊有礼

在与人交往时，大学生应谦逊有礼，不能骄傲自满、目空一切。否则，将不利于良好人际关系的建立和维持。

7. 善于倾听他人

倾听能更好地表达对他人的尊重、理解和接纳。大学生在与人交谈时要专注，认真倾听，并适时地给予适当的反馈；同时，不要随意打断他人的话，在表达自己的不同看法时，应顾及交谈对象的感受，尽量避免发生冲突。

（四）提高团队合作能力

在现代社会，团队合作能力越来越重要，许多企业都把团队合作精神作为企业文化的重要组成部分。一些用人单位在招聘员工时，也会把团队合作能力作为人员录用的重要标准之一。

要想提升团队合作能力，大学生需要做到以下几点。

1. 信任

信任是合作的基础，更是一种团队力量。团队是一个相互协作的群体，只有团队成员相互信任，才能促使成员为团队的奋斗目标不懈努力。

2. 宽容

宽容是团队的润滑剂，能消除分歧和争端，能使团队成员互敬互重、和谐相处，并体会到合作的快乐。

3. 负责

团队成员在合作过程中难免会遇到各种问题，有时还会犯错。如果每次出现问题时大家都相互推卸责任，这个团队就不可能获得强大的战斗力，久而久之还会导致人心涣散。因此，大学生要勇于担当、善于作为，对自己和整个团队负责。

4. 互助

当团队出现"短板"时，团队成员要学会互助，相互补台，而不能"各人自扫门前雪"。只有团队成员懂得互助，才能充分发挥团队的作用。

※ 案例导入

一人不成众，一木不成林

小李是一家大型软件公司的技术员，他学历高、能力强。可奇怪的是，小李在公司两年了，那些能力比他差的人都升职了，而他却一直停留在原位。小李觉得自己受到了老板的冷落，于是在深思熟虑后，向老板提出了辞职。他本以为，老板会出于对他能力的认可而挽留他，可没想到的是，老板竟然很快就批准了他的辞职请求。

离开公司的那天，小李终于忍不住了，他跑到老板办公室，不解地问："老板，如果我离开公司，您难道一点都不会觉得遗憾吗？"老板看着他，回答说："我当然会遗憾，因为我将失去一位有能力的员工。"小李更疑惑了，接着问："那您为什么不用升职挽留我呢？"老板听了，笑着说："小伙子，你在公司这么长时间，都没有融入你所在的团队。每次团队的重要任务，你都不能很好地与其他成员配合。很多次你们团队的任务，都因为你的一意孤行而出现问题。这样的员工就算个人能力再突出，也很难给整个公司的发展带来更好的效益。而那些能够全身心融入团队的员工，才是公司最想要的啊！"

现在的企业越来越重视团队的力量，越来越多的企业把是否具有团队精神作为招聘员工的重要标准。一个缺乏团队意识，不懂得互助和协作的人，即使拥有超强的能力，也难以在工作中更好地发挥自己的优势，甚至难以在职场中立足。

（五）提升行动力

思考是一种能力，行动也是一种能力，大学生应做到先思考、再行动。思考能够帮助人们分析问题、确立目标，行动则是解决问题、实现目标的必要条件。成功往往取决于人们采取了多少行动，而不是想了多少。如果一个人总是找借口不行动，那么不但会浪费其宝贵的时间，还会致使其职业发展受到严重影响。因此，大学生必须提升行动力，避免陷入恶性循环之中。

（六）提升创新能力

创新能力是指个体运用知识和理论，在科学、艺术、技术和各种实践活动领域不断提供具有经济价值、社会价值、生态价值的新思想、新理论、新方法和新发明的能力。创新能力包括创新意识、创新思维、创新技能和创新精神等方面的内容。其中，创新意识是指个体善于提出新观点、新方法来解决新问题和创造新事物的意识，它是创新思维和创新活动的基本前提；创新思维是逻辑思维、形象思维、直觉思维和灵感思维等多种思维形式的有机结合，它是创新能力的核心；创新技能是创新能力的直接体现，是创新主体在开展创新活动时所需要的实践技能，包括信息加工技能、动手操作技能、运用创新技术的技能和物化创新成果的技能等；创新精神是培养创新意识、锻炼创新思维、提高创新技能的保证，主要包括高度的责任感和敬业精神、勇于开拓的精神，以及对新事物的强烈好奇心和敢于冒险、勇于进取的品质。

大学生可以通过以下方法提升自己的创新能力。

1. 增强创新意识

创新是真正意义上的超越，是一种敢为人先的胆识。很多大学生的创新意识和创新思维会被传统思维严重束缚。因此，大学生要提高创新能力就应该从增强创新意识开始，应善于发现问题、提出问题，不拘泥于条条框框的束缚，勇于超越常规，在超越中求发展。

2. 健全知识体系

创新能力的提高是一个日积月累、循序渐进的过程。创新需要基础，如果没有基础，创新就没有可能。大学生应为提升创新能力做好基础的准备工作，其中必不可少的一项准备工作就是脚踏实地地学好专业知识，并掌握通用知识，在此基础上融会贯通，构建健全合理的知识体系。

3. 提升综合能力

创新不是一种简单的"包装"现象，它体现的是一种更高层次的能力，需要以各种基础能力作为保障。大学生要想提升自己的创新能力，就必须先提升自己的专业能力和综合素质，尤其是观察能力、分析问题和解决问题的能力、独立思考的能力和学习的能力。

4. 积极参加社会实践

创新的灵感大部分来源于现实生活，现实生活是创新的最好材料。因此，积极参加社会实践对提升大学生创新能力非常重要。

任务三 技能的探索

做任何事情一定会涉及做什么（what）、为什么做（why）和如何做（how）三个方面，这就是技能问题。正确认识技能，对于个人摆脱对能力的狭隘认识、树立自信心、在求职和工作中胜出具有重要的意义。

一、技能的概述

技能是通过练习获得的能够完成一定任务的动作系统。技能根据其熟练程度可分为水平较低的初级技能和水平较高的技巧性技能。初级技能的形成需要借助于有关的知识和过往的经验。初学写字的儿童，只有当他清楚地意识到所学的书法知识，并对写字的动作有意识地进行调节和控制时，才能完成书写的动作。初级技能只表示"能够"完成某种工作，"会做"某件事，而未达到熟练的程度。初级技能经过有目的、有组织的反复练习，动作就会趋向自动化，而达到技巧性技能阶段。在技巧性技能中，一系列个别的动作联合成为统一的动作系统，意识对动作的调节集中在活动的整体上。多余动作和不必要的紧张消失，动作速度加快，动作变得稳定、连贯而协调。

在技能形成过程中，还会出现各种技能动作之间相互影响的情形。这种影响可以是积极的，也可以是消极的。已形成的技能若促进新技能的形成，叫作技能的正迁移。会骑自行车的人学习驾驶摩托车就比较容易，这是因为新旧两种技能彼此有某些共同的因素。如果已形成的技能阻碍了新技能的形成，就叫技能的干扰，或技能的负迁移。刚学过汉语拼音，紧接着又去学习英语，由于汉语拼音的干扰，英语发音、拼音的学习会受到影响。这是由于学习者对同音不同意的两种语言的字母未加区分。因此，在掌握两种相互干扰的技能时，应对新旧两种技能进行分析比较，找出其相同或相异的因素，以便利用技能迁移规律，避免干扰，促进技能的形成。

技能按其性质和表现特点，可分为动作技能和智力技能两种。动作技能如书写、骑自行车及操作车床等，智力技能如演算、写作等。动作技能主要是借助骨骼肌肉和相应的神经机构实现的，智力技能是借助内部言语在头脑里进行的。动作技能是智力技能形成的基础，而智力技能常是动作技能的调节者。

二、技能的分类

辛迪·梵（Sidney Fine）和理查德·鲍尔斯（Richard Bolles）将技能分为三种类型：专业知识技能、自我管理技能和可迁移技能。

（一）专业知识技能

专业知识技能是指那些需要通过教育或者培训才能获得的特别的知识或能力，也就是个人所学习的科目、所懂得的知识，信息在头脑中的储存，如英语、心理学、管理学、摄影等。

专业知识技能不仅要全面，还要系统，常常与我们的专业学习或工作内容直接相关。所以，需要经过有意识、专门的学习和记忆。

专业知识技能多用名词来表示。需要注意以下几点。

（1）知识技能并非只有通过正式的专业教育才能获得。除了学校课程，课外培训、专业会议、讲座、研讨会、自学等方式也可以帮助个人获得知识技能。很多学生在简历上注明的学习成绩、奖学金等，都是知识技能的体现。

（2）知识技能并不是招聘单位看重的唯一技能。事实上，自我管理技能和可迁移技能往往使求职者获得工作机会。因此，大学生在校期间不能只重视专业知识的学习，而忽视自我管理技能和可迁移技能的培养。

（3）技能的组合更为重要。通常我们说的复合型人才，正是指具有不同技能的人。技能的组合使我们在人才市场上更具有竞争力，也更有可能将工作做好。如建筑学专业，既懂建筑学，又懂英语；英语专业，既懂英语，又懂教育学等。

（二）自我管理技能

自我管理技能又被称为职业素养（career quotient），是一个人在工作中所表现出来的，被用来表述或说明人具有的某些特征，如勇于创新还是循规蹈矩，在压力状态下是否保持镇定，是否对工作充满热情，是否自信等。所以，自我管理技能经常被看作个性品质而非技能。

良好的自我管理技能能够帮助个体更好地适应周围的环境、应对工作中出现的问题，是个人最有价值的"资产"，是职业生涯成功的关键，因此它被称为"适应性技能"。

事实上，很多大学生被解雇或频繁离职，多是因为缺乏自我管理技能，而不是缺乏专业能力，如人际关系的处理能力。用人单位对刚毕业的大学生的意见中，经常听到的就是"缺乏脚踏实地的精神，眼高手低、自负，缺乏为人处世的基本能力等"。因此，可以说，大学生从校园走向社会前，培养良好的自我管理技能，学会如何为人处世，是至关重要的。自我管理技能是通过认同、模仿、领悟等途径获得的。自我管理技能多用形容词或副词来表示，如积极的、乐观的、虚心的、和善的等。自我管理技能并不是通过专业的课程学习得来的，而是在日常生活中随时随地地培养的。如一个有着积极乐观向上品格的人，在工作中也会积极主动，不容易被困难击倒。

（三）可迁移技能

可迁移技能也称为通用技能，是指一个人能做的事、个体所能胜任的活动，如教学、组织、计算、分析、决策等。可迁移技能主要依靠个体在日常生活和活动中获得并且不断得到提升，且可以在不同的多个领域内得到进一步的完善和增强。

与知识技能相比较，可迁移技能可通过正式培训、参与社会实践、归纳总结、平时观察学习和模仿体会、实习见习等多种途径得到发展。无论个人需求和工作环境有什么样的变化，它们都可以得到应用。可迁移技能是用人单位最看重的部分，很多用人单位在招聘时，会优先选择那些可迁移技能与组织文化和价值观最为契合的人才，如华为强调的动手能力、新东方强调的沟通能力等。

三、技能的表达

（一）专业知识技能的运用是在可迁移技能基础之上的

我们可以将可迁移技能与专业知识技能结合在一起，来说明你是怎样运用自己的知识技能的。但仅仅如此还不足以显示出个人技能的特点，因为以什么样的态度来从事工作，往往是将我们和其他从事同样职业的人区别开来的关键因素。因此，我们还可以在可迁移技能与知识技能前加上用来描绘自我管理的词汇，比如"耐心""活泼""深入浅出""有创意"等。当然，你还可以将这些词汇展开，例如，"有创意"可以更具体地描述为"使用多媒体教学手段""组织小组实地考察等丰富多彩的课外活动"等。这样一来，你对自己的技能就提供了相当具体、确切的描述和说明。

（二）在个人技能与职业技能要求之间搭起桥梁

技能是在简历和面试中使用的语言。也就是说，在简历上和面试中，你都需要以技能为中心来展现自己、推销自己。但需要注意的是，这里所说的技能，既要是你所擅长的，又必须是职业所要求的。

在求职中不乏这样的现象：一些大学生以为简历就是要拼命地表现自己，因此无论自己有一些什么样的能力、取得过什么样的成绩都一股脑地写在简历上。但实际上，这样没有重点和针对性的技能表达只能给人杂乱无章的感觉，并且淹没了真正相关的重要技能。恰当的做法是：在盘点个人技能和充分了解职业对技能的要求的基础上进行有针对性的简历写作和面试，做到量体裁衣。比如，钢琴八级的证书应当用在应聘与音乐、艺术相关的职位时，而如果是应聘销售，就应该重点强调与销售工作相关的人际交往、沟通、问题解决技能。一个人的技能可能有很多，但在简历和面试中要表现哪些、详略如何，还必须根据具体的职业要求来确定。总之，要让简历和面试成为桥梁，让雇主感受到你的工作技能与职位技能要求之间紧密配合的相关性。

四、技能与职业

（一）用人单位看重什么培养的技能

根据美国国家大学与雇主协会（National Association of Colleges &Employers）的调查显示，美国雇主们最为看重的技能如表7-3-1所示。

表7-3-1　美国雇主们最为看重的技能

排序	技能	排序	技能
1	沟通能力	3	团队合作精神
2	积极主动性	4	领导能力

续表

排序	技能	排序	技能
5	学习成绩	9	诚实正直
6	人际交往能力	10	职业道德
7	适应能力	11	分析和解决问题的能力
8	专业技能		

由表 7-1-1 我们可以看到，其中的 1、4、6、7、11 都属于可迁移技能，2、3、9、10 都是自我管理技能，而知识技能排在第 5 和第 8。从美国雇主重视的技能来看，他们更看重可迁移技能和自我管理技能。这和国内的一些企业形成了较大的反差，国内有的企业有时非常强调专业知识性技能。从李开复先生写给中国学生的几封信中可以对比看出 20 世纪和 21 世纪最需要的人才的区别，如表 7-3-2 所示。

表 7-3-2　20 世纪和 21 世纪最需要的人才的区别

20 世纪最需要的人才	21 是世纪需要的人才
勤奋好学	融会贯通
专注于创新	创新与实践相结合
专才	跨领域的综合性人才
IQ（智商）	IQ + EQ（情商）+ SQ（速商）
个人能力	沟通与合作能力
选择热门的工作	从事热爱的工作
纪律、谨慎	积极、乐观

（二）明尼苏达工作适应论

根据明尼苏达的工作适应论，当工作环境能够满足他个人的需求时，个人会感到"内在满意"，主要通过衡量个人价值观与企业文化及奖惩制度之间的适配性来评估；而当个人能够满足工作的需要时，个人能够达到"外在满意"（令自己的雇主同事感到满意）；主要通过衡量个人职业技能与工作的技能要求之间的配合程度来进行评估。当个人能够同时达到内在和外在满意时，个人与环境之间的关系就比较协调，个人的工作满意度会比较高，在该工作领域也能持久发展。做自己能够胜任的工作，培养和发展自己的技能，发挥个人的潜能，常常是个人选择职业时希望能够得到满足的需求。由此可见，技能与个人的职业满意度、工作适应性以及职业稳定性具有直接的相关关系。发现自己的成就及技能，同时了解职业对技能的要求，对于个人的内在满意和外在满意至关重要。

（三）职业对技能的要求

仅仅对自身具备的技能有深入的了解是不够的，我们还需要理解这些技能可以在什么样的职业中得到应用，以及自己心仪的职业在技能方面有什么样的要求。因此，我们需要掌握探索职业技能要求的途径和方法。

（1）参考网站。"国家 24365 大学生就业服务平台"是在原教育部新职业网和 24365 智慧就业平台基础上，全新升级建成的 24 小时 365 天"全时化、智能化"平台，是主要为毕业生和用人单位提供更优质的"互联网+就业"服务，以及教育系统及有关部门开展高校毕业生就业服务、就业指导与就业管理的综合性平台。

（2）生涯人物访谈。所谓生涯人物访谈，就是向实际从事某一职业的人物了解该职业的技能要求。通常，用这种方法可以比较详细、具体地了解特定职业不为常人所知的要求，可以有效地帮助个别人在进入某一行业之前做好职业方面的技能准备。

（3）你也可以通过编写成就故事来测试你的各项技能。成就故事就是你在成长过程中有意地制定目标并且克服困难完成的事情。每一个成就故事都应当包含四个方面的要素，我们用英文单词 STAR 来表示。

①S（Situation），即当时你所面临的具体情况与形势，包括现实的困境等。

②T（Task），即你所要达成的目标或需要完成的任务。

③A（Action），即你采取了哪些具体的行动，也就是你如何一步步克服困难的。

④R（Result），即通过你的努力和行动达成的结果和取得的成就。如果其是能够量化评估的，那就更容易打动雇主。

成就故事可大可小，同时成就故事不一定必须是工作或学习上的，也可以是课外活动或家庭生活中发生的，比如在家庭旅游过程中，通过你的努力，全家既节省预算，又让旅游非常充实；同学聚会，由于你的精心组织和安排而别开生面等。成就故事不必惊天动地，但必须符合以下两个标准：一是你喜欢做这件事时体验到的感受，完成这件事的过程让你不是兴味索然，而是非常受用的；二是能够顺利完成这件事情，能让你感到自豪或有很强的成就感。当然，如果同时能够获得他人的认可或嘉许那就再好不过了，但你自己的真实感受才是最重要的。

※ 案例导入

成就小故事

陈祥林是市场营销专业大二的学生，本学期的专业课程要求每一位同学做一次营销演示，在营销演示过程中，需自选产品或服务项目，并制作 PPT 进行演示讲解。在此之前，他并没有系统学习制作 PPT。面对课程要求，他及时向学长求助，请学长教他 PowerPoint 软件的基本使用方法，自己又反复练习，并向同宿舍同学请教。选定了自己比较熟悉的洗发产品后，他上网搜索了相关的产品资料和图片，然后精心制作了大约 15 分钟的演示 PPT。在课程的营销演示中，由于制作的 PPT 图片精美、文字内容翔实得当，讲解明确，他获得了全班第一的好成绩，得到了老师和同学的认可，也深化了自己对营销的理解。

分析：

陈祥林同学所使用或涉及的技能有：①专业知识技能，即 PowerPoint 软件的基本使用方法和 PPT 的制作方法。②可迁移技能，包括快速学习能力，交往能力，沟通能力，信息搜集和处理能力，图片文字的处理、编辑和组织能力，表达能力。③自我管理技能，即谦虚，面对新问题的适应能力，灵活性，迎难而上，关注细节。

——摘自张静《大学生凭什么找份好工作：大学生职业生涯规划》，2016 年。

（4）根据职业的技能要求培养和发展个人技能。了解职业的技能要求具有重要的意义，因为技能是多种多样的，技能的发展和培养又需要相当长的时间，而人的时间和精力是有限的。在大学生活中，要将有限的时间花在什么样的活动上，这在很大程度上取决于我们希望达到的职业生涯目标和它所要求的技能。只有当我们明确了目标职业需要什么技能时，我们才能提早准备，明确自己需要重点发展哪些技能，并通过校内外的各种课程和实践活动来培养这些技能，从而有计划、有针对性地过好大学生活，到求职应聘的时候才能够做到有信心、有实力。对大学生来说，重要的是能够从技能的角度去看待职业和自己，并在简历和面试中反映出自己与工作相关的技能。可以说，大学时代的学习绝不能局限于书本知识和应试，而必须培养和发展各方面的技能。

任务四　职业能力与技能测评

职业能力与技能测评主要包括智力测评、技能测评、能力倾向测评和学习能力测评四个方面。

一、智力测评

智力测评的原理是：在相同的职业中，智力高的人比智力低的人学得快、做得好；不同职业对人的智力的要求也不尽相同。在智力测评中，我国主要采用的是由韦克斯勒（Wechsler）于1955年编制的，在1981年和1997年经过修订的韦氏成人智力测验（WAIS RC）及联合型瑞文测验（CRT）。

（一）韦氏成人智力测验

韦氏成人智力测验适用于16岁以上的被测验者，将其分为农村式和城市式两类。测验分为言语和操作两部分。言语部分包括知识、领悟、算术、相似性、数字广度、词汇6个分测验；操作部分包括数字符号、图画填充、木块图、图片排列、图形拼凑5个分测验。算术、图片排列、木块图、图形拼凑、数字符号和图画填充有时间限制，其他测验不限制时间。有的项目通过后记1分，未通过的记0分，如知识测验；有的项目按回答的质量分别记0分、1分或2分，如领悟、相似性和词汇测验。最后言语测验的量表分加上操作测验的量表分得出总智力得分。

韦氏成人智力等级分布表如表7-4-1所示。

表7-4-1　韦氏成人智力等级分布表

智力得分/分	智商分级	理论分布/%
130及以上	极超常	2.2
120~129	超常	6.7
110~119	高于平常	16.1
90~109	平常	50.0
80~89	低于平常	16.1
70~79	边界	6.7
69及以下	智力缺陷	2.2

（二）联合型瑞文测验

联合型瑞文测验为非文字智力测验，根据瑞文（Raven）渐进矩阵测验的标准型与彩色型联合而成。5 岁的幼儿至 75 岁的老人皆可借此测验粗评智力等级。一般情况下，正常的小学三年级以上儿童与 65 岁以下成人均可团体施测，幼儿、智力低下者和不能自行书写的老人宜个别施测。此测验可用于有言语障碍的智力测量。本测验的量表分数是先将被试的原始分数换算为相应的百分等级，再将百分等级转化为 IQ 分数。例如，测得一个 16 岁城市儿童原始总分为 55 分，先查百分等级常模表得到 55 分相应的百分等级为 70，再查智商常模表得到 70 等级的 IQ 分为 108，属于中等。表 7-4-2 列出了联合型瑞文测验得出的瑞文智商分级标准。

表 7-4-2 联合型瑞文测验得出的瑞文智商分级标准

智商分级	质量得分/分	理论分布/%
极优	130 及以上	2.2
优秀	120～129	6.7
中上（聪明）	110～119	16.1
中等（一般）	90～109	50.0
中下（迟钝）	80～89	16.1
边缘	70～79	6.7
智障	60 及以上	2.2

二、技能测评

技能测评是对一个人技能技巧的实际水平的测验，而不是潜在水平的测验，属于成就测验。测验的方式大多是作业实例测验，如 SRA 听写技巧测验、DAT 语言使用测验、明尼苏达工程类类推测验、业务打字测验等。例如，汽车修理厂在挑选汽修技工时所进行的测评就是技能测评。

三、能力倾向测评

能力倾向测评可以判断一个人的能力优势与在某一职业成功发展的可能性。此类测验分为普通能力倾向成套测验和特殊能力倾向测验。

（一）普通能力倾向成套测验

普通能力倾向成套测验（general aptitude test battery，GATB）最初是美国劳工部从 1934 年开始利用 10 多年时间研究制定的，适合许多不同职业群检查各自的不适合者。这套测验由于在许多国家被广泛使用，因而备受推崇。后来，日本劳动省将 GATB 进行了日本版的标准化，制定成《一般职业适应性检查》（1969 年修订版）。这套测验主要是实现对许多职业领域所必需的几种能力倾向的测评。它由 15 种测验项目构成，其中 11 种是纸笔测验，其余 4 种是操作测验，这两种测验可以测评 9 种能力倾向。

1. 智能（G）

智能即一般的学习能力，包括对说明、指导语和诸原理的理解能力，以及推理判断能力、迅速适应新环境的能力。

2. 语言能力（V）

语言能力是指按语言的意义及与它相关的概念，有效地掌握它的能力；对字词、句子、段落、篇章及其相关关系的理解能力；清楚而准确地表达信息的能力。它包括口头表达能力和文字理解与表达能力。

3. 数理能力（N）

数理能力是指在正确而快速地进行计算的同时能进行推理、解决应用问题的能力。

4. 书写知觉能力（Q）

书写知觉能力是指对文字、表格、票据等材料的细微部分正确知觉的能力，直观地比较、辨别字词和数字，发现错误和矫正的能力。

5. 空间判断能力（S）

空间判断能力是指对记忆平面图形与立体图形之间的关系的理解能力和解决问题的能力。

6. 形态知觉能力（P）

形态知觉能力是指对实物或图像的有关细节的正确知觉能力，根据视觉能够比较、辨别的能力，对图形的形状和阴影的细微差别、长宽的细小差异进行辨别的能力。

7. 动作协调能力（K）

动作协调能力是指迅速、准确和协调地做出精确的动作，并迅速完成作业的能力；迅速而准确地做出反应动作的能力；手、眼协调运动的能力。

8. 手指灵活性（F）

手指灵活性是指快速而准确地活动手指，操作细小物体的能力。

9. 手腕灵活性（M）

手腕灵活性是指随心所欲、灵巧地活动手及手腕的能力；拿取、放置、调换、翻转物体时手的精巧运动和腕的自由运动能力。

其中，V、N、Q 出色的人属于认知型；S 和 P 出色的人属于知觉型；K、F、M 突出的人属于运动技能型。在现实生活中，许多人可能同时在上述能力类型中相当优秀，或者 9 种能力水平差不多，没有哪一种能力特别突出。普通能力倾向测试的意义在于帮助人们发现什么样的职业领域最能发挥自己的潜能，而不是简单地划定"最适合的职业"，要知道，人的很多能力是可以通过后天培养而形成的。

（二）特殊能力倾向测验

这个测验是系列式的，是国外企业常用的职业能力倾向性测验，包括四大类测验，分别是：机械倾向性测验，主要测量人们对机械原理的理解和判断空间形象的速度、准确性及眼手协调的运动能力；文书能力测验，是用于了解个人打字、速记、处理文书和联系工作能力的测验，适用于文职人员的能力测验；心理运动能力测验，主要测验许多工作所需的肌肉协调、手指灵活或眼与手精确协调等技能；视觉测验，运用特殊仪器对视力的多种特征进行测验，以评定其是否符合一定工作的要求。

四、学习能力测评

学习能力测评其实就是用笔试的方式测评学习能力。例如，升学考试就是一种对学习能力的测评,通过考试的人有能力进入更高层次学习。

※ 项目实训练习

实践一:【案例分析】

刘同学曾就读于某重点大学的会计专业,大学期间她各门专业课成绩平平,好在顺利毕业了。她对英语天生敏感,在大学期间也非常注重对英语的学习,尤其是在会计及金融、外贸专业英语课程上,投入了大量的时间和精力,当然也取得了不错的成绩。求职过程中,她恰恰是因为自己在专业英语方面的优势,在应聘银行外贸会计岗位中胜出,而同她竞争的既有平时专业成绩优异的同学,也有名牌大学的研究生。是什么帮助刘同学敲开了这家银行的大门?你计划如何使自己变成"明天的刘同学"?就让我们带着这几个问题一起进入下面的探索吧。

简历:

刘同学

地址:××××××

TEL:××××××

E-mail:chris……@163.com

教育背景:

2016 年 9 月至今 ×××大学经济学院

国际经济与贸易专业

成绩:GPA = 3.48/4

主修课程:××××××

获奖情况:

国家励志奖学金(2017.11)	仅奖励思想政治素质为优、学习优秀的同学
优秀学生干部(2017.11)	社团学生干部中年度唯一获得者
学习优秀奖学金(2017.11 和 2018.11)	两次获得校级学习优秀奖学金
社会实践奖学金(2016.11 和 2017.11)	两次获得校级社会实践奖学金
优秀团干部(2017.4)	班级中唯一获此荣誉称号的团干部
×××社会工作奖学金(2017.12)	奖励社会实践方面成绩突出的同学

实践和实习经历:

·2017 年 10 月至今参与国家创新性实验计划"中国超市自有品牌发展可行性分析"项目

·负责关于超市规模的问卷设计

在青岛和北京两地进行问卷调查,完成问卷 90 份,撰写关于利群、沃尔玛、大润发的调查报告三篇,提高了本人分析问题、解决问题的能力,增强了本人的团队合作意识。

·2017 年 5 月参加×××大学"赢在×××"大学生创业大赛

调研分析校园消费环境、目标顾客群的需求以及原材料价格,完成参赛作品"蓝调咖啡屋",并获优秀奖,将所学知识应用于实践,提高了本人的动手能力。

·2017 年 4 月举办超级演说

设计赛事方案,协调各部门的活动,进行物品采购、场地申请、邀请嘉宾等;参加比赛，活跃现场气氛，成功晋级校级复赛。这次比赛提高了本人应对挑战的能力，提升了本人的沟通技巧。

·2017年6月举办英语口译讲座

与社员一起联系老师举办讲座以及安排宣传等工作，分发宣传单页，并提供简单的咨询，反馈很好，该学校表示愿意再次与我们合作。

英语及IT技能：

·国家英语等级考试　　　　　　CET-6，能够进行日常交流尤其是商务沟通
·专业英语
·计算机国家三级证书　　　　　熟练运用Office办公软件
·注册会计师考试　　　　　　　通过经济法科目的考试

个人评价：

本人一丝不苟，服务及保密意识强，具有很强的责任心和进取心；
具有良好的团队协作意识和沟通协调能力，具备良好的时间控制和管理意识。

国内某银行应届毕业生招聘信息：

招聘岗位及任职要求：

1. 外贸会计岗位

◇工作职责：
·负责外贸结算前后台各项结算业务的处理、资金清算、账户管理等。
·防范基本业务风险。
·做好客户服务工作。

◇应聘要求：
·全日制本科或以上学历。
·会计、财务、金融或相关专业，英语能力强。
·服务意识强、有良好的口头沟通技能和团队协作精神。
·形象气质佳，具有较好的亲和力。

2. 客户维护岗位

◇工作职责：
·负责为客户设计金融服务方式，进行客户开发与维护。
·对报授信客户开展贷前调查、贷后管理，撰写投信报告和贷后检查报告。

◇应聘要求：
·全日制本科或以上学历。
·市场营销、财务、会计、经济、金融或相关专业。
·具有高度的执行力和开拓能力，并具有一定的文字功底和分析能力。
·善于沟通协调，具有良好的团队合作精神。

3. 风险管理岗位

◇工作职责：
·负责客户贷前调查、授信项目风险评价，撰写风险评价报告。
·管理、指导、监督和检查客户经理开展授信后的管理工作。

◇应聘要求：
· 全日制硕士以上学历。
· 财务、会计、法律、金融专业。
· 耐心细致，能够把握全局并注重细节，善于全面分析，撰写报告能力强。
· 普于沟通协调，具有良好的团队合作精神。
4. 人员总体要求
· 具有强烈的求知精神和学习能力，要求学习成绩本专业前30%。
· 优先考虑曾担任过班干部或学生会职务、具有一定活动能力和组织能力的学生。
· 五官端正，谈吐、气质较好。
· 事业心和责任感强，能吃苦耐劳。

分析：

（1）从上面的招聘启事中，你会发现银行看重的既有形象气质等先天条件，也有较强的组织能力、较高的专业学习成绩等后天条件。能力水平往往是智力和技能两方面的结果，任何事情都既需要良好的先天条件，又需要后天的不懈努力。正如案例中的刘同学，她能够将专业英语学习好，这既因为她天生对英语学习敏感，也离不开她在大学期间对英语在时间和精力上的投入。事实上，像人际交往能力、表达和沟通能力等，主要是依赖于后天的培养和练习。中国有句俗语"勤能补拙"，先天的不足是可以通过后天的加倍努力得以弥补的。

（2）刘同学在这份简历中，分别通过教育背景、实践经历、个人评价三个部分表述了自身具备的不同能力，并通过获奖情况和英语及计算机技能对自己的陈述进行了证明和强化。无论是简历还是面试，其实要达到的目标都是向用人单位证明：本人有足够的能力胜任该项工作。因此，面对"我为什么要聘用你"这样的问题，你在简历和面试中的回答都应当以自己与工作相关的技能为主线。你所谈到的任何能证明你能力的事情，都将增加你得到工作的机会。要做到这一点，你要对自己拥有什么样的能力有清楚的认识，同时还要了解具体职业所要求的技能。最后，你还需要在简历和面试中将自己与岗位或者职位相关的技能以恰当的语言和事例充分地表达出来。

（3）注重专业知识学习。专业知识技能是指那些需要通过专门的教育或者培训才能获得的特别的知识或能力。在招聘启事中，银行要求的财务、会计等专业，本科以上学历，学习成绩本专业前30%等条件，都是对专业知识技能的要求。案例中刘同学所掌握的会计、金融和外贸英语都是非常重要的专业知识技能。当然，专业知识技能并不是只有通过正式的专业教育才能获得。除了学校课程，课外培训、专业会议、讲座、研讨会、自学、资格认证考试等方式都可以获得专业知识技能。正如案例中的刘同学，就是通过自己努力，通过了经济法考试和国家计算机三级考试等。此外，公司为新员工提供的相关上岗培训，也有助于发展专业知识技能。例如，专业的公司在对新员工的培训中，第一年的主要内容就是针对非专业学生补充专业知识技能。实际上，越是大的公司，越是看重综合素质（也就是自我管理技能与可迁移技能），而不那么在意你是否已经具备专业知识。不少外资企业在校园招聘时都已不再区分应聘者的专业背景。

因此，如果你想从事本专业之外的工作而又不愿或不能重新申请一个学位的话，仍然有许多途径获得相关的专业知识技能。而且在招聘中，专业知识技能也并不是用人机构所重视的唯一技能。

（4）技能的组合更为重要。通常我们所说的复合型人才，正是指具有不同知识技能的人。技能的组合使你在人才市场上更具竞争力，也更有可能出色地完成工作任务，例如案例中的刘同学。如今会计专业的毕业生很多，但是擅长外贸及金融英语的会计专业毕业生就少了。而在银行日常的国际结算业务中，非常需要这样的人才。从这个角度来说，不论你现在学习的专业或你将来要从事的是否是你所喜爱的，你从中获得的专业知识在某个时候就有可能派上用场。甚至一些看上去似乎并不那么起眼的知识，都有可能使你在面试的时候显得与众不同、比他人略胜一筹。比如，你有很强的数学功底，可能没有任何工作是直接运用数学知识完成的，但是在金融风险的控制上，如果能通过数学模型进行分析，那就事半功倍了。

目前就业市场上"僧多粥少"的情况越来越严重，在此大背景下，如何让自己在就业竞争中脱颖而出？正如案例中的刘同学，每年会计专业的毕业生数以万计，只要能够顺利毕业，应该说就可以胜任基础的会计工作。如果你的能力仅止于此，那雇主为何要雇用你而不雇用其他人呢？熟悉会计常识，掌握会计基本技能，同时又掌握会计、金融和贸易专业英语的毕业生为数不多，也正因此，刘同学才能够在竞争中胜出。

——摘自张静《大学生凭什么找份好工作：大学生职业生涯规划》，
中国海洋大学出版社，2016年。

实践二：整理你生活中有成就感的具体事件，然后对这些事件进行分析，来探索和发现自己的三大技能。请写出明确的时间与地点，做了什么事情，取得了什么成就，遇到了什么困难，怎么克服的，回忆并尽可能写出细节。为了更加客观地了解自己的技能，你应该至少编写五个成就故事，有条件的话当然是越多越好，同时，应在自己对成就故事进行分析的基础上，请两三个同伴或朋友一起逐一分析讨论其中你都使用了哪些技能。你可以按照下面的练习模式来编写。

我的成就故事：
_____
_____

我使用的技能有：
①专业知识技能_____
②可迁移技能_____
③自我管理技能_____
同伴对我所使用技能的分析：
①专业知识技能_____
②可迁移技能_____
③自我管理技能_____
比较自己对技能的分析与同伴对你的分析之间的区别与联系，然后按照此模式编写至少五个成就故事，并逐个进行分析和总结。最后写出以下结果。

我喜爱并经常使用而且擅长的技能：
①专业知识技能_____
②可迁移技能_____

③自我管理技能_____

实践三：厘清你的专业知识技能

你在大学期间学习过很多重要的专业课程和通识课程，这是你掌握的最重要的专业知识技能。请列出你认为最重要的3~5门课程，并思考：通过这几门课程的学习，你掌握了哪些专业知识技能？掌握的程度如何？

例如，你学习了金融市场学课程，较为系统地掌握了金融市场的原理及运行机制，并重点加强了对期货市场的了解和学习。专业知识技能是不能举一反三的，它们一般需要经过有意识、专门地培训和学习才能掌握。比如，你知道了英语的语法，但不一定知道法语的语法；你掌握了化学知识，但并不一定能掌握物理知识。事实上，相关调查也显示，专业知识技能超过80%是需要通过在校期间的课程和系统学习来获得的。它们常常与专业学习或工作内容直接相关。正因为如此，大学生可能会由于不喜欢自己的专业，在找工作时陷入两难的境地：一方面，认为找工作必须"专业对口"，但又不喜欢自己的专业，不想将之作为从事一生的职业；另一方面，如果"专业不对口"，自己不是"科班出身"，则担心自己与专业出身的应聘者相比缺乏竞争力，甚至觉得很难跨越专业的鸿沟。

五、厘清你的自我管理技能

请在一张纸上列出你愿意与之共事的人的特征（自我管理技能），并在你的小组进行讨论，看看你们最重视和最认可的特征都有哪些。
_____
_____

请进一步思考：你是不是这样的人？是不是符合每个人所描述的理想同事？你将采取什么措施来完善或者改变自己，使自己成为理想型同事？
_____
_____

项目八
大学生就业概述

※ **学习目标**

1. 了解就业形势与就业政策。
2. 了解就业市场的类型与现状。

※ **技能目标**

1. 熟悉常见的就业心理问题及其调适方法。
2. 熟悉就业竞争力的影响因素与提升策略。

※ **素养目标**

1. 通过了解国家促进学校毕业生就业的政策，感受党和政府对青年成长的关心和对青年建功立业的支持，从而增强就业信心。
2. 树立正确的就业观，及时调整自己的就业目标和就业期望值。

※ **案例导入**

准确分析职场政策

毕业生张某在寒假期间参加了A市的毕业生供需洽谈会。当时，有一家国有企业在会场招聘应届毕业生，张某觉得该单位位于沿海开放城市，工作环境、工资待遇、发展前景等方面都很有吸引力，而自己也比较符合该单位的招聘要求，于是参加了该单位的招聘测试。经过初试和复试后，张某与该单位签订了就业协议书。张某回想起这段经历，脸上还不时浮现出自豪的笑容，觉得自己能在当前就业形势如此严峻的情况下找到这么中意的工作，已经非常幸运了。

然而，签订就业协议书后不久，张某却愁容满面地回到学校，向学校就业指导中心的老师咨询毕业生解约的相关问题。老师问张某："你签的单位在班里算是很好的了，怎么还没有报到就要解除协议呢？是不是和单位发生了什么不愉快的事？"张某说："其实，我和单位之间并没有出现什么不愉快，彼此都挺满意的，只是刚接到了单位人力资源部打来的电话，说由于在招聘时没有注意到市人事局关于本年度应届毕业生引进的相关规定，现在发现我的条件不符合规定，单位无法为我办理人事关系接收手续。"

接着，张某向老师详细说明了情况。原来，张某在寒假期间和单位签订就业协议书时，双方都没有注意到市人事局关于人才引进的相关政策。单位到A市人事局为张某办理人事关系接收手续时才发现张某不符合接收条件，原因是A市人事局出台了关于接收应届毕业生的新政策。新政策规定，外地生源应届毕业生到A市工作，需要毕业证、学位证、计算机等级证书"三证"齐全，才能办理接收手续。张某没有获得计算机等级证书，A市人事局无法为张某办理人事关系接收手续。因此，张某只好与该单位解除就业协议，重新找工作。

与原单位解约后不久，张某向学校就业指导中心提交了省外就业协议书。这次，他和深圳的一家企业签订了就业协议书，而且已经完成了人事关系转接的审批手续。回想起这一波三折的就业经历，张某感慨地说："磨刀不误砍柴工，毕业生在找工作之前一定要清楚各种就业政策，这样才能少走弯路。"

任务一　大学生就业形势

影响我国就业形势的因素纷繁，既有来自国内经济增长速度和产业结构的变化、人口年龄结构和生育政策的变化等方面的因素，也有来自国际经济环境的变化等方面的因素。这些因素当中既有有利的方面，也有不利的方面，因此需要在仔细分析这些因素的影响的基础上预测我国的就业趋势。

一、大学生就业的有利因素

从我国经济社会发展的总趋势来看，大学生就业的前景总体上是非常乐观的，主要体现在以下四个方面。

（一）大学生就业问题得到了前所未有的高度重视

教育部、公安部、人力资源和社会保障部联合发出通知，要求进一步做好扩招后普通高校毕业生就业工作，新增的就业岗位要优先录用符合条件的高校毕业生。

政府就业政策的持续优化为大学生从学校到社会的转换创造了良好的就业环境。政府消除对高校毕业生供给与需求的政策抑制，建立全国统一的毕业生就业市场，实施大学生自由就业制度，在全国范围内取消对大学毕业生（含高职毕业生）的一切户口指标限制和人事指标限制及各种各样的显性或隐性的行政限制，打破毕业生就业市场的行政分割，促进大学毕业生无障碍就业和自由流动，优化我国高素质人才的配置机制，提高资源配置效率，维护就业市场的稳定，促进经济增长。

此外，我国自2003年起开始实施就业激励政策，并且取得了显著的成效，这些政策在2004年以后得到进一步完善和强化。国务院规定，政府支持的"西部大开发"、振兴东北老工业基地、国家西部地区"两基"攻坚等重大项目，要积极吸纳高校毕业生，加大实施"大学生志愿服务西部计划"的力度，扩大由中央财政支持的西部志愿者规模。国家就业激励政策的实施将会更有效地支持国家整体人力资源发展战略，支持国家经济和社会发展战略，最终实现个人、用人单位和国家"三赢"的结果。

（二）大学毕业生总体上仍属供不应求

大学生就业难的问题是我国高等教育从精英教育转向大众化教育必然发生的结果，并不是社会上人们所说的"大学生过剩了"。实际上，我国大学毕业生不是太多了，而是太少了。目前，我国大学生的毛入学率仅为50%左右，而美国为82%，日本、英国、法国等发达国家均为50%以上。我国7亿多庞大的从业人员中，高层次人才稀缺，受过高等教育的仅为7%左右。因此，目前我国并不存在大学毕业生已经多得找不到工作的问题，我国仍属高层次人才紧缺的国家。

（三）高等教育的持续改革不断提高大学生的就业能力

高等教育的持续改革提高了大学生就业能力。其主要表现在以下几方面。

（1）大学更加关注大学生就业能力的市场内涵。我国经济的市场化、知识化和全球化使得就业政策与教育政策正在围绕"职业路径"进行重组，整合教育与工作的联结机制，提升大学生的就业能力，实现充分就业与满意就业的目标。大学已经开始加快对外部市场的反应速度，提高对外部市场的反应能力，提高大学的人才培养质量和竞争能力，提升大学生的就业能力，以消除大学生劳动力市场上的结构性失业问题。为此，我国的大学可能需要创新教学、创新课程、创新专业乃至创新大学、创新高等教育。

（2）大学正在将就业能力的市场内涵转化为教学创新行动。在教学模式创新行动方面，以强化通识教育为目的的通识型教学、以需求驱动的实践基地建设为标志的实践型教学、以强调研究方法为内容的研究型教学、以拓宽国际视野为目标的国际型教学、以培养就业能力与学习能力为内容的能力型教学、以强化学生的参与和投入为目标的参与型教学等都在不断尝试，大学试图通过教学创新培养更加适应市场需求的大学毕业生。

（3）在职业指导与服务方面，大学充分利用学校就业中心的信息网络及校友的人际关系资源，及时有效地将社会招聘信息传递给毕业生，帮助大学毕业生了解就业环境；借助讲座、座谈、模拟、案例、演示等手段帮助大学生了解职业市场要求，提高他们展示专业水平的能力；努力与用人单位建立伙伴关系，理解社会需求，并将其传递给各个具体的教学和研究部门，这些部门基于社会需求创新课程、创新专业甚至创新大学。大学通过全方位的职业指导与服务，加快大学生从学校到社会的转换。

（四）经济增长与产业结构升级将为大学生就业创造广阔的空间

作为一个人口大国，我国潜在的市场需求是巨大的。更关键的是，经过40多年的改革开放，这些需求已经被成功启动，首先是大中城市，然后是沿海的小城市与农村地区，随之而来的将是广阔的中西部地区。中国兼具农业社会向工业社会的转型、工业社会向信息社会的转型，工业基础设施与信息基础设施的建设都是关键的经济发展平台，在未来很长的一段时期内，这将是吸引就业需求的一个重要渠道。特别重要的是，伴随着我国经济结构的调整，经济发展对大学生的需求将会更大。全球竞争及中国总体生活水平的提升导致中国不能永远享受劳动力成本低的优势，产业结构升级是必然趋势，对受过高等教育的专业人员应该有较大的需求。一个突出的例子就是国家创新战略，这将使得我国21世纪的社会经济发展在很大程度上有赖于基于长期人力资本投资而形成的高端劳动力群体。可以说，我国的经济发展与产业结构调整初步进入一个良性循环的状态，为大学生就业需求的增长提供了广阔的空间。

二、大学生就业的不利因素

（一）毕业生的能力素质与就业市场需求不匹配

毕业生的能力素质与就业市场需求不匹配主要有以下几方面原因。

1. 高等教育大众化速度过快使各种矛盾凸显

各高校在还未明晰本校在大众化教育中的准确定位的情况下，便一窝蜂地扩大规模，为扩招而扩招，设置一些投资较小而容易申请的专业，或设置一些新颖但就业市场不成熟的专业。部分高校只注重规模而不考虑质量，只注重外延而不考虑内涵，只注重招生而不注重就业。另外，国家及各级政府对高校的财政投资有限，一时出现了校舍、实验设备和教师数量均紧张的情况，部分高校的师生比甚至达到了1∶30，而新教师的素质和水平难以在短期内有较大的提高，学校开设的课程数量、每门课程的学时均有所减少，直接影响了教学质量，扩招所带来的这些负面效应严重地影响了学生的学习，使学生不符合市场的需求、缺乏就业竞争力。

2. 毕业生的能力素质与用人单位需求有一定的差距

近年来，我国高等院校的毕业生人数大增，但是专业人才的素质不能适应就业市场的需要。其主要表现为以下几个方面。

（1）诚信问题。不少毕业生发现求职时有一定的证书、文凭、履历能为找工作带来方便，于是在大学期间努力获得相关证书；但是，个别大学生通过造假来骗取企业的信任，对大学毕业生的整体形象造成了一定的损害。

※ 课堂活动

你如何看待下面这段话

现在大学生中流行这样一句话："诚信是为了不损人，不诚信是为了不损自己，撒谎的人多了，诚实就成了对自己的一种伤害。"在当今竞争激烈的社会里，有些人把它奉为信条；但是诚信可能损了私利却得了人心，不诚信则可能保了私利却失了人心。

（2）大学生的整体素质有待进一步提高。近几年，公办高校扩招，民办高校数量激增，使招生规模不断扩大、招生分数不断降低，加上不少大学生学习不认真、动手能力差、缺乏实践经验，大学生的整体素质有待进一步提高。

（3）部分大学生的自身定位偏颇。大学毕业生都希望找收入高、待遇好的单位，但由于我国不同地区经济发展的不平衡，东西部地区之间、沿海地区与内地之间的差距较大，大学毕业生选择就业区域时过度集中于北京、上海、广州、深圳等地区，造成这些地区的就业压力明显增加。同时，部分大学生心理定位存在偏差，"高不成、低不就"，严重影响了其就业。

（4）对求职途径把握不准。不少大学生希望通过参加各种各样的人才交流会、"广泛撒网"的方法，或希望通过熟人"托关系""找门路"捧上"金饭碗"，不善于"推销"自己，没有针对自己的优势、通过了解用人单位的实际需求情况获得工作机会。

3. 部分用人单位对大学毕业生要求过高

部分用人单位录用大学毕业生时慎之又慎，对大学毕业生的要求越来越高，挑剔也越来越多。有的过分延长对大学毕业生的考察时间，有的则要求大学毕业生先实习、后被录用。

对毕业生要求多、挑剔多，不但会影响大学毕业生必要的功课学习，而且会使其思想压力过大。用人单位在录用高等学校毕业生的时候存在以下诸多问题。

（1）过分关注文凭。不少用人单位认为，学历越高越好。选人学历化造成受聘人的水平和能力与岗位不相符或人才浪费，如有些单位招聘计算机软件研究生仅是为了单位的打字等简单文字处理工作。在现实工作中，有些人的实际能力与其文凭并不能直接画等号，不少本科或大专学生的业务能力不比研究生的业务能力差。

※ 案例导入

临近毕业，奔波于各种校园招聘会的小张好不容易"过关斩将"通过了前四轮的筛选，终于入围了一家知名企业的终极面试。他如果顺利通过该轮面试，将获得人生的第一份工作。面试结束后，当他暗自为自己的面试表现高兴时，面试官的一句话让他很无奈："你的能力可以，但你不是名牌大学毕业的学生。"结果就没有了下文，小张也因此痛失了这次就业机会。"我不是名牌大学毕业的学生，这一点改变不了，这让人有些无奈。"小张在求职期间经常遇到这样的问题，他对此愤愤不平。

（2）存在性别歧视。女大学生明显处于劣势，不少用人单位考虑到女大学生的生理因素、婚姻因素、成就动机以及生育保险费和劳动保护费等，认为在同等情况下，女大学生的工作成本比男大学生高，因此不愿意招聘女大学生。

（3）存在生源地域歧视。不少用人单位考虑到本单位的业务情况与当地联系的紧密程度，希望招聘的大学生熟悉当地的方言及风俗，甚至有一定的人际关系网等，因此选用人才时优先考虑当地人才。甚至一些地方政府招聘公务员时也存在生源地域歧视，实行地区保护主义。上述这些现象均不利于大学生公平竞争。

（4）过分看重工作经验。经验不足是大学毕业生最大的劣势，不少用人企业经营有困难，急于招聘某一方面的能人，并且希望这些能人很快给企业带来变化，而一般大学生则无法满足用人单位的这一要求，这是因为用人单位忽视了大学生的潜力和可塑性。经验都是在实践中积累起来的，大学生有较高的理论水平，只要经过短期实践就能胜任工作岗位。

此外，目前社会上不良风气的存在使部分毕业生的择业成为就业与关系、权力、金钱的交换过程，竞争中存在着一定的不公正，这对毕业生的就业产生了消极的影响。

（二）就业市场中人才的供给与需求不平衡

1. 毕业生的就业期望值与社会需求之间存在着巨大反差

（1）家庭与学生个人的观念在一定程度上造成了就业困难。家庭对子女教育特别是高等教育的投资日渐增加，对子女就业的期望自然伴随教育投资的增加而提高。虽然我国的高等教育已经从精英教育进入大众化教育的阶段，但大学生及其家长仍然对大学生毕业后的就业抱着较高的期望值。当这种高期望值与现实中的就业岗位存在落差时，大学生就可能陷入难以就业的处境。

（2）不合理的观念和思维挫伤了人们锤炼技能的积极性。高技能人才的待遇偏低，即使是高级技工，其待遇也往往不如一般管理人员的待遇，致使技能上很有发展前途的人想方设法挤到干部堆里。一些传统的职业学校长期得不到国家的重视，师资力量薄弱，培训内容陈旧，培养条件落后，培养的人才得不到社会的认可，而一般大学办学的思路都在培养学术型人才上，不肯"屈尊低就"，从而导致一方面普通管理岗位和文职岗位严重供过于求，另一方面社会急需的、有大量需求的"灰领"人才严重缺乏的怪现象。在西方发达国家，高级技工占技工总数的35%，而我国7 000万技工中，可称为"灰领"的高级技工仅占5%。

实际上，在知识经济时代，大学生到基层、农村就业并不是一种"降格以求"的选择，而是与社会发展、高等教育大众化发展相适应的平衡对应的选择。在我国总体人才严重匮乏的今天，大学生就业难只是我国社会转型时期的一个"假性"表象。

2. 社会对毕业生的需求存在着结构性矛盾

（1）时间结构。在时间结构上，大学毕业生供给超量增长，在短期内超出了需求的增长，劳动力市场需要时间来逐步调整。近年来，经济结构的升级速度加快，对国民素质的要求越来越高，这极大地推动了高等教育的迅速发展。但问题是，大学毕业生供给增长的速度远高于经济增长的速度。

（2）区域结构。在区域结构上，我国的经济发展存在地区间与城乡间的差异，经济欠发达地区特别是西部地区很难对大学生形成有效需求，而且在较长的时期内，地区性有效需求不足的局面难以改变。大学毕业生就业区域选择偏好差异与政府政策激励上的错位导致实际的有效需求不足。

※ 案例欣赏

小王来自贵州农村，是北京某高校历史专业的学生，因为专业不热门，他觉得以考公务员的方式留在北京是最好的选择。从去年开始，他数次参加中央和国务院直属机关的公务员考试，但最后总是被淘汰。前段时间，北京举办了一个招聘会。他去了一看，有80%的岗位都只面向北京生源。而没有户籍限制的招聘单位，硕士生的简历就有一尺多高。他最后连笔试机会都没得到。一星期前，他母亲打来电话："人家都能找到工作，你怎么就不行？"当时他急了，手向走廊的玻璃上砸去，把手都砸流血了。

此后他不停地在网上和招聘会上投简历，一心想留在北京。现在他的就业期望已降到有没有北京户口无所谓，只要能给每月5 000元以上的工资就接受。他曾经想去山西，但他的母亲不同意。"村里人肯定会议论，谁谁家的孩子在北京念书，结果找工作反倒去了外地。"

此外，我国的大学生培养机制脱离社会实际需要：社会需要的人才大学供应不足，非常短缺；而社会不需要的人才大学拼命培养，导致过剩，因此，我国大学生的就业难题其实是一个结构性问题。目前，许多高校仍在远离市场的实际需求，相关教材也过于陈旧，在这种状况下培养出来的学生怎么能为社会所接受呢？这进一步加剧了结构性矛盾。

（三）部分高校教育教学改革不适应市场经济发展的需要

对高等教育来讲，高等教育的结构和产业结构是否协调是影响高校毕业生就业的关键因素。由于我国的高等教育处在从精英化向大众化过渡和发展的过程中，一些学校长期受精英教学办学理念的影响，受计划经济体制办学模式的影响，长期游离于经济和社会发展之外，在改革过程中表现出了明显的角色转换滞后和改革不到位的现象，如学校定位不准确、过分追求学校升格、过分强调层次提升；专业设计和课程设置与产业结构、社会需求不协调，不能适应人才市场的要求；有的高校包括高职学院培养应用型人才的特色不明显，集招生、市场、就业于一体的市场化运作机制不健全。大学生就业过程中所表现出来的人才需求与人才供给之间矛盾突出的状况充分说明了这一点。

（四）人才市场的层层壁垒直接影响了大学生的就业率

1. 人才的流动受到制度的制约

现如今，大学生已经作为人力资源进入人才市场，但我国在由计划经济向市场经济转轨的过程中，对人才就业管理体制尚未理顺，劳动人事、户籍、住房、医疗、保险等方面的制度不完善，大学生的就业渠道受到很多限制，影响着毕业生就业范围的选择。目前，我国实行的是城乡二元结构，区域发展极不平衡，不同地区、不同行业的工资福利差别十分显著，大学生如果到基层或中西部就业，户口和档案会被一同派到工作地，这意味着没有良好的生活环境和发展前景。据统计，沿海12个省级行政区，除京、津、沪以外，均为高校毕业生的纯流入区，内陆各省则为纯流出区。区域发展的不平衡直接造成了毕业生"扎堆"的现象，造成大学生区域性失业。

2. 人才市场不健全、不规范

大学毕业生所面临的就业市场是一个不健全的就业市场，这是影响大学生就业的主要因素。人才市场是市场体系的重要组成部分，是市场经济条件下人才资源配置的基础，也是人才发挥作用、实现和提升价值的根本途径。及时、准确的人才供求信息的收集、整理与发布是大学生及时就业的前提。目前的毕业生就业市场不完善，毕业生就业信息系统和就业服务体系不健全，尚未形成全国统一的大学生就业信息系统。目前，我国的就业市场还存在着一些不公平和不规范的现象，就业市场发育不良不利于大学生的就业。在我国的就业市场上，一方面，片面的人才观、用人观造成了学历崇拜与学历歧视并存，直接降低了大学毕业生与就业机会的有效匹配，也造成了人力资源的巨大浪费，扭曲了正常的人力资本投资行为；另一方面，各种非正常现象的影响破坏了就业市场的公平性，客观上人际关系在我国现阶段的就业中起着非常重要的作用。就业机会的不公平不仅表现在大学生之间，也表现在大学生群体与其他群体之间。

3. 人才供求信息流通不畅，造成职位浪费

毕业生求职和用人单位招聘是一个互动过程。在此过程中，毕业生需要通过各种途径获得用人单位的信息，同时用人单位也需要充分了解求职人员的信息，两者是双向选择的过程。一方面，求职人员需要了解用人单位的所需人才、薪资待遇、具体工作等实际情况；另一方面，用人单位需要了解求职人员的真实信息，包括其知识结构、综合素质及将来的发展方向等。由于目前我国劳动力市场存在着就业信息不对称、不充分的缺陷，就业信息往往满足不了劳资双方的要求，这就会导致以下两种情况的发生：一是大学毕业生进入了不适合自己的企业，接受培训后没多久就跳槽，或根本适应不了该企业的工作环境而被淘汰，从而使企业的招聘风险加大而很少招聘毫无经验的应届毕业生；二是一些毕业生缺乏对企业的了解，进入企业后发现"事与愿违"，但某些企业会依靠占有档案非法索取高额违约金，很多毕业生宁愿失业也不愿意与这些企业签订劳动合同。

此外，中国受欧美经济持续低迷、国内经济转型的影响，加上高校毕业生人数不断攀升，就业竞争更加激烈。据有关统计，我国GDP（国内生产总值）每下降一个百分点，将会减少就业岗位100万~200万个；出口每下降一个百分点，将会有30万~50万人失业。

总之，从我国高等教育发展的现状来看，大学生就业难只是结构性相对过剩的结果，需要高校树立规模、质量、结构、效益协调的、科学的教育发展观，进一步适应社会主义市场经济体制的发展要求，推动经济和社会的进步。

三、大学生就业趋势

近年来，我国高校毕业生的就业趋势主要体现在以下几个方面。

（一）一次就业成为历史，短期就业和多次就业成为就业的主流

一次就业终身在岗，这是传统大学生的职场标准，但在未来社会中，一辈子做一份工作的概率大大降低。劳动力过剩和大学生就业结构失衡的状况会引来职场的剧烈震荡。一方面，一些用人企业会优中选优，从而加快了大学生的淘汰速度；另一方面，一些大学生因为找不到工作而不得不暂时性地选择就业，一有机会就立刻转职。

此外，面对竞争激烈的就业形势，许多大学生有这样的想法："现在不找工作，以后未必找得到，不如先找竞争不是很激烈、条件待遇不是很好的工作，等遇到更好的工作时就跳槽。"先就业再择业成为许多大学生最现实的想法。

近年来，深圳等地的一些广告及咨询企业一直为员工流动太快而大伤脑筋，常常是一年要换几拨人。员工流动已成为企业最不确定的风险。

（二）就业全国化

现在，就业全国化成为一种趋势。例如，每到周末和周一，往来于珠三角地区各城市之间的交通设施的入座率会大幅提高，家在广州却在深圳或东莞上班的白领要么回家享受天伦之乐，要么急匆匆地奔赴公司上班。一些高级白领更如候鸟一般，在广州、深圳的一些大公司上班的高层，其家人要么在北京，要么在上海。近几年来，把家安在广州、深圳而把事业放在上海的高级经理人也在不断增加。这些人早年的事业都在南方，成家也在南方，随着长江三角经济的快速发展，享受过珠三角经济快速发展之利的他们将目光投在上海及其周边的城市，再次吃上了经济高速发展的大餐。

（三）报考公务员回归理性

前几年，公务员考试大热，报考者中跟风者占了大部分。这几年，随着经济的发展，社会上的各类工作岗位日益多元化，年轻人选择职业时的价值追求也更加多元化，职业稳定和大学生就业福利保障对其的吸引力大大下降，相比之下，更多的职场历练及能力提升成为高校毕业生选择职业的首要因素。此前，"报考公务员是不是人才浪费"一度成为社会热议的话题之一，而今，在横向和纵向的对比之下，大学毕业生对公务员这一职业有了更加清醒地认识，认为只要有施展才能和实现自我价值的空间，民营企业员工和公务员在体制上的差别将日渐淡化。

另外，在养老、医疗等方面，公务员的特殊待遇也在慢慢被取消，国家层面的改革让所谓的"双轨制"的取消已成为必然，这意味着附着在公务员这一职业身上的特殊性将被逐渐去除，公务员自然也被"打回"到只是一种普通的职业。既然社会上其他职业的福利待遇和社会保障与公务员的趋于一致，年轻人就更有理由结合个人性格、专业特长、兴趣爱好等合理规划职业选择和发展。

（四）自主创业持续高涨

自主创业是新时期高校毕业生就业的一种新选择，是高校毕业生流向社会的一个全新的、更高层次的就业方式。我国越来越多的高校毕业生投入创业的浪潮中。为支持高校毕业生创业，国家和各级政府先后出台了许多鼓励高校毕业生自主创业的优惠、扶持政策，形成了以国家法规政策为宏观指导、地方性法规政策为实施准则的高校毕业生自主创业法规政策

的保障体系，为高校毕业生自主创业、灵活就业提供帮助。

不仅如此，近些年如雨后春笋般出现在各地的创业园区也在扶持、帮助、呵护着这些年轻人的梦想。创业园区提供场地和设备，减免月租，为创业大学生创造有利条件。

（五）大学生扎堆于大城市

一些高校毕业生宁可成为大城市中的"漂族"和"蚁族"，也不愿意到二、三线城市和基层就业。多数高校毕业生仍然希望在事业单位和国有企业就业，希望在经济发达地区和大中城市生活和就业，到中西部地区、城乡基层、中小企业就业的积极性不高。出现这种现象的原因主要有以下几方面。

（1）我国区域之间经济社会发展不平衡且短时间内难以改变。经济越发达的地方就业机会越多，发展空间越大，导致高校毕业生倾向于在城市、高收入行业求职就业。

（2）在制度上存在障碍。现行高校毕业生就业制度、户籍制度、干部人事制度与市场就业机制还不完全适应。以干部身份和户籍为基础的管理方式与社会劳动力资源的统筹管理不协调，导致就业机会不均等、就业政策不平衡，毕业生在地区之间、企业与事业单位之间流动仍然存在障碍，毕业生身份转换困难，就业渠道不畅通，这些进一步加剧了结构性矛盾。

（3）中小企业和非公有制企业需要大量的毕业生，但工资待遇相对较低、发展空间较小，部分企业用工不规范，对毕业生的吸引力有限；基层教育、医疗、农技等部门急需大学毕业生，但受编制限制等原因影响，吸纳毕业生的能力有限。

（六）劳动力供求形势良好，适龄劳动人口比例将继续下降

目前，我国的劳动力市场形势总体上是求大于供。这主要有两方面的原因：一是我国经济总量的不断增加将创造更多的就业岗位和机会，二是适龄劳动人口比例的下降使得劳动力的供需状况得到进一步改善。

（七）劳动力就业的质量将得到提升

未来，我国劳动力就业的质量将会逐步得到提升。一方面，我国劳动力整体的受教育程度在不断提高，现在处于低端就业市场上的劳动力大多是文化程度较低、缺乏专项技能的农民工、普通工人或者简单体力劳动者。未来，他们将逐渐退出劳动力市场，具有更高学历的就业人群将进入就业市场，整体的就业质量势必会提高。另一方面，《中华人民共和国劳动法》《中华人民共和国合同法》等相关法律的深入落实、政府对民生的重视及就业保障的增强，都将促使劳动力就业质量得到提升。

（八）IT 行业成了吸纳劳动力的生力军

互联网经济风生水起，以文化创意、网络科技等为代表的新兴行业正在成为就业市场吸纳人才的新出口。例如，在微博上疯传的一份招聘书让不少人热血沸腾。该招聘书称，阿里巴巴、京东、去哪儿网、有利网、高德、酷狗音乐等数十家国内知名互联网企业向社会公开招聘多名项目开发工程师、产品项目经理、设计师、风险控制经理等，并开出了很高的月薪。在线视频、在线旅游、在线金融等新兴经济行业发展迅猛，如今形成了一批颇具市场规模的企业，它们在吸纳劳动力方面有望成为未来的生力军。

由于互联网金融等新兴行业崛起、高端制造业人才需求上升，中国就业市场的格局正在发生翻天覆地的变化。颠覆传统观念的新生代就业大军深刻影响着国内制造业、服务业的劳动力结构。

任务二　大学生就业政策

我国现行的大学生就业政策可以具体归纳为：国家计划统招毕业生在国家政策规定的时间和范围内一般通过供需见面、双向选择、自主择业的方式落实就业单位；逐步实现"建立市场导向、政府调控、学校推荐、学生与用人单位双向选择"的就业机制；定向和委培的毕业生按合同就业。

一、大学生基层就业政策

（一）选聘高校毕业生到村任职政策

1. 选聘对象、条件和程序

选聘对象为30岁以下应届和往届毕业的全日制普通高校专科以上学历的毕业生，重点是应届毕业和毕业1~2年的本科生、研究生，原则上为中共党员（含预备党员），非中共党员的优秀团干部、优秀学生干部也可以选聘，选聘的基本条件如下。

（1）思想政治素质好，作风踏实，吃苦耐劳，组织纪律观念强。

（2）学习成绩良好，具备一定的组织协调能力。

（3）自愿到农村基层工作。

（4）身体健康。

参加人力资源和社会保障部、团中央等部门组织的到农村基层服务的"三支一扶""志愿服务西部计划"等活动期满的高校毕业生，本人自愿且具备选聘条件的，经组织推荐可作为选聘对象。对各省（区、市）此前已经选聘到村任职的高校毕业生，本人自愿，通过组织考察推荐，可转为选聘对象。

选聘工作要坚持公开、平等、竞争、择优和德才兼备的原则，一般通过个人报名、资格审查、组织考察、体检、公示、决定聘用、培训上岗等程序进行。

2. 选聘任职

选聘的高校毕业生是中共正式党员的，一般安排担任村党委组织书记助理职务；是中共预备党员的或非中共党员的，一般安排担任村委会主任助理职务；是共青团员的，可安排兼任村团组织书记、副书记职务。经过一段时间的实际工作、被大多数党员和群众认可的，可通过推荐参加选举担任村党组织书记、副书记等职务。

3. 待遇和保障政策

选聘到村任职的高校毕业生，享受以下政策待遇。

（1）比照本地乡镇从高校毕业生中新录用公务员试用期满后工资水平确定工作、生活补贴标准，在艰苦边远地区工作的，按规定发放艰苦边远地区津贴，补贴、津贴按月发放；参加养老社会保险。

（2）在村任职期间，办理医疗、人身意外伤害商业保险。

（3）符合国家助学贷款代偿政策规定、聘期考核合格的，其在校期间的国家助学贷款本息由国家代为偿还。

（4）在村任职2年以上，具备选调生条件和资格的，经组织推荐，可参加选调生统一招考。

（5）在村任职 2 年后报考党政机关公务员的，享受放宽报名条件、增加分数等优惠政策，同等条件下优先录用。县乡机关公务员应重点从选聘到村任职的高校毕业生中招录。

（6）聘期工作表现良好、考核合格的，报考研究生享受增加分数等优惠政策，在同等条件下优先录取。

（7）被党政机关或企事业单位正式录用（聘用）后，在村任职工作时间可计算工龄、社会保险缴费年限。

（8）到西部和艰苦地区农村任职的，户口可留在现户籍所在地。

各地可根据《关于引导和鼓励高校毕业生面向基层就业的意见》（中办发〔2005〕18号）精神和上述政策规定，结合本地实际，细化选聘高校毕业生到村任职工作的有关规定。

（二）大学生"三支一扶"，是指大学生在毕业后到农村基层从事支农、支教、支医和扶贫工作。计划的政策依据《关于统筹实施引导高校毕业生到农村基层服务项目工作的通知》（人社部〔2009〕42号）的要求，其目的在于为高校毕业生向基层单位落实就业问题提供具体的指导和保障。

※ 知识链接

"特岗计划"

"特岗计划"是中央实施的一项针对西部地区农村义务教育的特殊政策，通过公开招聘高校毕业生到西部地区"两基"攻坚县、县以下农村学校任教，引导和鼓励高校毕业生从事农村义务教育工作，创新农村学校教师的补充机制，逐步解决农村学校师资总量不足和结构不合理等问题，提高农村教师队伍的整体素质，促进城乡教育均衡发展。特岗教师在聘任期间，执行国家统一的事业单位工资制度和标准，津贴、补贴由各地根据当地同等条件公办教师年收入水平综合确定。参加"特岗计划"的教师年收入水平原则上不低于当地同等条件公办教师年收入水平。"特岗计划"涉及的地区主要包括河北、山西、内蒙古、吉林、黑龙江、安徽、江西、河南、湖北、湖南、广西、海南、重庆、四川、贵州、云南、陕西、甘肃、宁夏、青海、新疆。

1. 落实方式

公开招募、自愿报名、组织选拔、统一派遣，主要安排到乡镇从事支教、支农、支医和扶贫工作。

2. 实施过程

每年 4 月底前，各地收集、汇总、上报乡镇一级教育、农业、卫生等基层岗位需求信息。5 月底前，各地根据下达的招募计划，采取考核或者考试的方式公开招募。7 月底前，派遣"三支一扶"大学生到服务单位报到。

3. 服务时限

服务时限一般为 2~3 年，工作期间给予一定的生活补贴。工作期满后自主择业的，择业期间享受一定的优惠政策。

4. 就业服务及优惠政策

（1）期满后，如原基层服务单位有工作空缺，要优先考虑"三支一扶"人员，所在县、乡的企事业单位如有职务空缺，也要拿出部分职务吸纳该部分毕业生。

（2）准备自主创业的人员，可享受行政事业性收费减免、小额贷款担保和贴息等有关政策。

（3）期满且考核合格的"三支一扶"毕业生可以享受一定的政策加分或同等条件优先录用。

（4）在西部地区和艰苦边远地区服务2年以上的，服务期满后3年内报考硕士研究生，初试总分加分10分，同等条件下优先录取。

（5）期满考核合格的"三支一扶"大学生，根据本人意愿可以回到原籍或到其他地区工作，凡落实了接收单位的，接收单位所在地区应准予落户。

（6）国有企事业单位的，由接收单位按照所任职务比照同等条件人员确定其职务工资标准，其服务期限计算为工龄，在今后晋升中高级职称时，同等条件下优先评定。

5. 经费保障

"三支一扶"计划所需各项经费、由财政安排专项经费予以解决。其中，到30个经济欠发达县服务的生活、交通补贴和保险费用，由省、市、县（市、区）财政按5∶3∶2的比例负担；到其他市、县（市、区）服务的生活、交通补贴和保险费用，由所在市、县（市、区）财政负担，省财政将通过不断加大转移支付力度对财政困难县予以支持。"三支一扶"大学生的体检和培训费用由省财政负担，工作经费由各级财政负担。

（三）大学生"服务西部"政策

"大学生志愿服务西部计划"是共青团中央、教育部、组织部门、人事部门于2003年根据国务院有关要求共同组织实施的。计划从2003年开始，按照公开招募、自愿报名、组织选拔、集中派遣的方式每年招募一定数量的普通高等院校应届毕业生，以志愿服务的方式到西部贫困县的乡镇从事为期1~2年的教育、卫生、农技、扶贫及青年中心建设和管理等方面的工作。

"西部计划"的服务地主要是内蒙古、广西、重庆、四川、贵州、云南、西藏、陕西、甘肃、青海、宁夏、新疆西部12个省（区、市）加海南省、新疆生产建设兵团及湖南湘西州、湖北恩施州、吉林延边州部分地区贫困县的乡镇。

就业服务及优惠政策主要包括以下几个方面。

（1）志愿者服务期间中央财政给予一定补贴。服务单位为志愿者提供住宿等必要的生活条件。

（2）服务期间计算工龄，党团关系转至服务单位。本人要求户口和档案保留在学校的，按规定保留两年，在此期间，档案管理机构对保管其档案免收服务费用；本人要求将户口转回入学前户籍所在地的，公安机关按照规定为其办理落户手续。人事、教育部门所属人才交流机构负责办理相关手续，人事部门所属人才交流服务机构免费提供人事代理服务。服务期满落实工作单位后，公安机关按有关规定办理户口迁移手续。

（3）服务期间可兼职或专职担任所在乡镇团委副书记、学校及其他服务单位的管理职务。

（4）服务期满考核合格的，报考研究生给予加分，在同等条件下，优先录用，具体规定在当年的研究生招生政策中予以明确。

（5）服务期满考核合格后报考党政机关公务员的，可适当加分，同等条件下，优先录用，具体规定由省级公务员考试录用主管机关在当年招考中予以明确。

砥节砺行

> 党的二十大报告首次写入"平等就业"
>
> 党的二十大报告指出，我国要实施就业优先策略，"统筹城乡就业政策体系，破除妨碍劳动力、人才流动的体制和政策弊端，消除影响平等就业的不合理限制和就业歧视，使人人都有通过勤奋劳动实现自身发展的机会"。这对于促进平等就业有重大意义。

（一）营造公平就业环境是中国式现代化的本质要求

党的二十大报告提出，中国式现代化是全体人民共同富裕的现代化。就业是最基本的民生，是劳动者获取收入、创造美好生活的基本途径。营造公平就业环境，破解城乡二元结构、统筹城乡充分就业有助于推进公共就业服务均等化，对促进农村劳动力就业增收、打造新型城镇化、助力乡村振兴、实现共同富裕意义重大。

（二）创造公平就业机会是以人民为中心的重要体现

满足人民群众对美好生活的向往、增进人民福祉、让广大人民群众共享改革发展成果是一切工作的根本出发点和落脚点。党的二十大报告提出"使人人都有通过勤奋劳动实现自身发展的机会"，充分体现了以人民为中心的发展思想。实现就业机会公平是实现分配制度公平的重要基础。鼓励勤劳创新致富，为所有人创造公平的就业机会，让每个人都享有出彩的人生。

（三）保障平等就业权利是高质量充分就业的重要内容

党的二十大报告中"公平"一词出现了多次，特别强调要"消除影响平等就业的不合理限制和就业歧视"。这是"平等就业"和"就业歧视"首次出现在党的全国代表大会报告中，通过将反就业歧视上升到党治国理政的层面，充分表明了党中央对公平就业的高度重视，也充分彰显了党中央推进落实高质量充分就业的力度和决心。切实保障平等就业权利，不断畅通上升渠道，持续拓宽发展空间，是推动实现高质量充分就业的重要内容。

二、大学生应征入伍政策

（一）大学生应征入伍相关文件

大学生应征入伍是指部队每年从在校大学生和大学毕业生中招收义务兵，报名流程有网上登记、初审初检、体检政审、走访调查、预定新兵、张榜公示、批准入伍。涉及的文件包括《应征入伍服义务兵役高等学校毕业生学费补偿和国家助学贷款代偿暂行办法》和《关于做好普通高等学校应届毕业生征集工作的通知》。

（二）服役期间的有关就学政策

1. 妥善安排学业

在校大学生入伍前，学校应安排他们参加所学课程的考试，也可以根据平时的学习情况对所学课程免试，直接确定成绩和学分，并保留学籍至退役后1年内。对已经修完规定课程或已修满规定学分，符合毕业条件的，学校可准予毕业，发给其毕业证书。在校大学生入伍后，有条件的可以参加原学校组织的函授或自学专业课程，经部队团级单位批准可以参加学校组织的考试。

2. 适当减免学费

在校大学生被批准入伍后，已交学杂费的剩余部分，根据本人自愿，由学校退还本人，或由学校负责管理。退出现役后复学，其家庭经济困难的，由学校酌情减免学费；入伍前享受优秀学生奖学金的，复学后提高一个奖学金等级（不含一等奖学金）；对荣立一次三等功奖励的，复学后按不低于50%的标准减免学费；荣立两次三等功或荣立二等功、被授予荣誉称号的，复学后免交全部学费。

3. 退役后的复学

对原就读学校撤销的，由省（自治区、直辖市）教育行政部门安排转入同等学力相关专业高等学校复学；原所学专业撤销的，由学校安排转入其他专业复学；个别学习有困难的，可以申请延长学习时间；对专科升本科、本科报考研究生的，在同等条件下应优先录取。在部队荣立三等功以上奖励的，原是本科生的可申请转到本校其他专业学习，原是专科生的可以免试进入本校同专业或相近专业的本科学习，属于独立设置的专科学校的专科生，由学校报所在省教育行政部门负责安排；荣立二等功以上奖励的，所学本科专业毕业后，可免试保送所学专业研究生。

三、大学生就业政策展望

作为教育改革重要组成部分的毕业生就业制度改革，其目标是探索并建立一种新的就业机制，使其适应社会主义市场经济体制的要求。发展市场经济需要政策方针的不断完善，同样与之配套的就业政策必须逐步调整。

（一）继续加大毕业生就业宏观调控的力度

鼓励建立提供人才需求信息、就业咨询指导或职业介绍等的社会中介组织，通过发布社会就业率及国家各行业和各地区的人才需求信息等，指导大学毕业生做出正确的职业选择，为大学毕业生就业提供服务。

（二）实行完全自主择业的就业方式

就业市场化是大学毕业生就业不可逆转的趋势。就业市场化即指由原来单一的计划派方式，转向用人单位与大学毕业生之间"双向选择、供需见面"，使大学毕业生通过多种方式就业，如录用、聘用、自谋职业等。只有这样，才有利于人力资源配置的市场化。

（三）建立、发展和健全人才劳务市场

只有建立健全人才劳务市场，运用市场机制来调节大学毕业生与用人单位的供求关系，才能实现人才资源的优化配置。

（四）进一步完善人事代理制度，建立健全社会保障机制

随着国家人事制度改革的不断深化，"自主择业""双向选择"的用人机制及全员劳动合同制、全员聘任制的实行，劳动者从"企业人""单位人"变为"社会人"，这就要求认识人事代理制度完善的重要性。只有更好地完善人事代理制度，才能更有效地为这种转变提供社会保障服务。

（五）加强就业政策和就业法规建设

解决大学生就业问题的途径之一是不断加强和完善国家的就业政策，完善大学毕业生就业法规，明确就业工作的基本原则，明确劳动人事部门的职责、用人单位及毕业生的权利和义务，使就业程序真正做到公正、公开、公平。只有通过条例法规的形式才能更好地规范大

学毕业生就业市场、就业行为，使得政府有法可依。

（六）以创业带动就业

促进创业政策发布后，"大众创业，万众创新"的浪潮涌动，全国上下多方合力、多措并举，全面、持续推动"创业带动就业"，从中迸发的就业潜力和出现的就业前景都呈现出一片利好形势。政府、高校加强"双创"号召，力争让大学生更好地就业，减少创业阻力，从而迸发年轻人的激情活力。在措施方面，政府、高校联合加强创业培训和创业服务，完善创业担保贷款制度，完善创业服务体系建设，推进创业型城市建设。国务院完成了"五证合一"的登记制度改革，将企业依次申请的工商营业执照、组织机构代码证和税务登记证、社会保证、统计登记证合为一证，通过"并联审批、一份证照"的流程，实现了由一个部门核发加载统一社会信用代码的营业执照。在政策导向上，科技部印发《发展众创空间工作指引》，各地纷纷出台政策支持众创空间、孵化器等建设，并且发放创业中可能需要的各项补贴。人力资源和社会保障部等相关部门也出台了一系列相关政策鼓励大学毕业生创业，力图通过高校、政府、社会三方建立有效机制，支持大学毕业生进行创业实践。对有自主创业意愿的大学毕业生，实施弹性学制，放宽学生修业年限，允许调整学业进程、保留学籍休学创业。

综上，大学毕业生就业事关广大学生及其家庭的切身利益，事关社会主义现代化建设，事关社会和谐稳定。面对复杂严峻的就业形势，要唱响基层就业主旋律，落实立德树人根本任务，积极引导大学毕业生到基层一线就业创业；认真落实基层就业学费补偿代偿等政策；继续组织实施"特岗计划"等中央基层项目；推动大学毕业生服务乡村振兴战略。

任务三　大学生就业市场

我国毕业生就业市场经过几年的发展，已初步形成以市场为导向、政府宏观调控、学生与用人单位双向选择的就业机制。它对我国人力资源的合理配置及优化人才结构起到了积极的作用。高校毕业生的就业时间相对集中，毕业生就业市场的发展有其自身的特点。

一、就业市场的含义和基本职能

（一）就业市场的含义

毕业生就业市场是在社会主义市场经济体制下有计划、有组织、有目的地培育和建立起来的，在国家的宏观调控下，以高校为主导的对毕业生资源进行配置的人才市场，是劳动力市场的重要组成部分，也是毕业生作为劳动力步入社会的初次就业市场。

不能把毕业生就业市场仅仅理解为毕业生和用人单位洽谈就业的场所，而应将其理解为引入市场机制进行毕业生劳动力配置的机制总和。毕业生就业市场，就其完整意义来说是一个动态的概念。它的主要任务是解决应届高校毕业生的就业问题，即通过市场调节，在特定的时间内使毕业生这一特殊的劳动力资源得到合理的配置。

毕业生就业市场的运作要遵循供需双方在市场中独立自主地进行就业洽谈，实行公平竞争和公开协商的原则，即"自主、竞争、公开"的原则。其中公开协商是前提，它要求就业岗位公开化，凡符合条件的毕业生都可以参与竞争，自主地与用人单位进行就业洽谈。

毕业生就业市场的运作结果是就业协议书，确保就业协议书的法律地位是保证毕业生就业市场正常运作的关键。就业协议书要经过鉴证和批准两道程序。对就业协议书的鉴证包括两个方面，即鉴证学生身份和鉴证就业协议书的合理合法性。鉴证学生身份是指由学校主管毕业生就业工作的部门对毕业生拥有的权利进行鉴证。例如，定向生、委培生是无权参加自主择业活动的，学校不能给予其鉴证。只有在鉴证学生身份的基础上，才能对就业协议书的合理合法性给予鉴证。就业协议书最终需要得到负责大学生就业工作的行政主管部门的批准，这是保证毕业生顺利就业的必要手段。尤其是在当前社会人事、户籍等制度没有配套进行改革时，需要用行政手段保证就业协议的执行，以维护市场运作的结果。

（二）就业市场的基本职能

1. 促进信息交流

毕业生就业市场是毕业生与用人单位供需双方进行双向选择、实现求职和招聘的必要场所，而充分交流就业信息与求职信息是供需双方进行双向选择的基础和前提，因而，促进信息交流是毕业生就业市场的首要职能。毕业生就业市场需要收集和整理各种就业信息，并通过适当的方式对所有毕业生公开，供毕业生了解和进行选择。这些就业信息既包括国家宏观的政治、经济形势，也包括有关的就业政策、规定，还包括各用人单位的基本情况和具体的用人需求，是各种与毕业生就业有关信息的集合。同时，毕业生就业市场也要向用人单位提供各个高校的专业介绍和生源情况，提供具体的求职者（择业者）的信息，以便用人单位进行招聘。市场信息能否实现共享、交流是否充分，直接决定了市场作用能否有效发挥、人才配置是否合理。

2. 加强就业服务与管理监督

省高校毕业生就业市场是履行省政府公共职能的公益性服务市场，其宗旨是为毕业生和用人单位提供政策咨询、就业指导、供需见面、创业培训等就业创业的综合服务。目前，毕业生就业市场应当提供以下就业服务：向毕业生和用人单位提供就业政策和规章咨询，办理毕业生就业调整改派、就业代理等一系列手续，实行"一站式"服务，为求职毕业生提供就业指导和职业介绍，为需要培训的求职毕业生推荐培训单位，公开发布需求信息、供求分析信息和职业培训信息，办理求职登记，对就业困难的毕业生进行就业援助，举办毕业生求职和用人单位招聘双选活动，完成国家和省政府规定的其他有关服务。

省高校毕业生就业市场通过建立用人单位准入制度、用人单位招聘毕业生和毕业生应聘信用制度及信息公开制度等，加强市场管理与监督，切实维护进入市场的毕业生和用人单位的权益，维护毕业生就业市场的正常秩序，促进毕业生就业市场健康发展。

3. 市场配置

毕业生就业市场通过市场的调节作用来实现对毕业生这一宝贵人才资源的合理配置，促进人才的合理流动，达到人尽其才、才尽其用的根本目的。大学生要依据人才价格信息。个人与职业匹配的情况和人才竞争的激烈程度等因素来决定是否就业，用人单位则根据工作要求、经营状况和社会平均人才价格等信息决定是否录用毕业生，毕业生就业市场依靠市场竞争机制，通过供求规律、价值规律等基本规律最终决定人才的组合与配置，多年的就业实践表明，高校毕业生就业市场在毕业生就业中发挥了不可替代的基础性作用，80%以上的毕业生是通过这一市场来实现就业的。因此，高校毕业生就业市场已经成为毕业生求职，就业的主渠道。

4. 市场导向

从根本上讲，毕业生就业市场中的就业状况反映的是高校人才培养与市场需求之间的适应程度。认真分析用人需求与毕业生就业的状况和存在的问题有利于高校树立科学的发展观，转变办学思路，加强学科建设，调整专业设置和教学计划，推动教育教学改革，提高学校人才培养的针对性和适用性，增强学校主动适应社会与经济发展需要的能力。毕业生就业市场建立就业预测（主要包括毕业生的生源状况、需求状况，就业状况及其他信息的预测）制度，加强对就业形势的研究，定期公布就业预测情况，不但对高等教育的改革起到了导向作用，同时也为相关部门制定和调整有关的毕业生就业政策提供了重要参考及依据。

5. 市场调节

毕业生就业市场为毕业生和用人单位引入了公平竞争机制。优胜劣汰是市场经济的主要特点，毕业生就业市场也不例外。毕业生在就业市场中取胜的直接原因就是自身的竞争实力强。当毕业生的竞争实力较弱时，其就业相对来说就比较困难，甚至会被淘汰出局。毕业生为了找到一份理想的工作，根据市场需求和个人意向，不断调整自己的知识结构或择业方向，以增加自己的实力。可以说，市场竞争机制有力地激发了大学生的求职欲望，调动了大学生的学习积极性。另外，毕业生就业市场也使用人单位之间的竞争更加激烈。

毕业生就业市场的上述职能的实现有赖于三个层次的中介的作用：一是高校的毕业生分配办公部门或毕业生就业指导中心，二是按行政区域设置的毕业生就业市场，三是毕业生就业争议仲裁机构。这些市场中介已经成为沟通供需双方市场信息、维护双方合法利益、促成合法交易、调节双方争议的桥梁和纽带。

二、就业市场的类型和特点

毕业生就业市场是高校毕业生择业求职和用人单位招贤纳士、选录人才的场所，是高校毕业生就业所涉及的各种社会关系的总和。在大学毕业生就业市场中，供给方是准备走向社会谋职的大学生，他们根据自己的专业知识、择业意向、工作能力等条件选择工作单位；需求方是企事业单位、机关团体等，它们根据岗位要求和毕业生的综合素质择优录用所需人员，双方的选择结果由供求关系决定。

毕业生就业市场是随着我国经济体制改革、劳动人事制度改革、大学生就业制度改革的不断深入和发展逐步建立与形成的。随着就业市场的逐步规范，毕业生就业市场形成了不同于其他就业市场的类型和特点。

（一）就业市场的类型

毕业生就业市场是在社会主义市场经济体制下，以高校毕业生为主体的就业市场，是毕业生求职择业和用人单位招贤纳士、选拔人才的场所，是高校毕业生就业制度的一个重要组成部分。就目前而言，毕业生就业市场可分为有形市场和无形市场两大类。

1. 有形市场

有形市场是指有其固定场所、举办时间及特定对象参加的，在某一时间内把用人单位与毕业生组织在一起，为双方进行交流和双向选择提供的就业平台。目前，大学毕业生有形市场大体分为以下几种。

（1）高校举办的毕业生就业市场。这种类型的就业市场一般以招聘会、供需见面会等形式呈现，也是毕业生就业市场中最主要的一种。由学校单独举办就业市场的优点在于所邀请的用人单位有很强的针对性，往往与学校的专业相结合，对高校来说很容易形成固定的用人单位群体。

（2）高校联办的毕业生就业市场。这种类型的就业市场主要是指由两所或若干所高校联合举办的就业市场。这种就业市场的最大特点是，集中各高校的用人单位的资源，强强联合、优势互补，市场规模都很大，参会的单位也比较多，涉及的招聘专业也比较齐全，一般来说具有一定的代表性。目前，具有代表性的该类就业市场如上海交通大学、华东师范大学、华东理工大学、东华大学4所高校每年12月联合举办的毕业生双向选择会，无论是在规模上还是在用人单位层次上，其在上海甚至华东地区各高校毕业生中都有一定的影响力。由于这种类型的就业市场具有很大的辐射性和影响力，而且招聘的质量也比较高，因此提高了就业市场的效能。

（3）地区性、区域性的就业市场。这种类型的就业市场主要有各地方教育主管部门或各地方人力资源和社会保障部门举办的为本地毕业生就业服务或为本地用人单位招聘服务的就业市场。这种类型的就业市场的最大优点在于能够比较准确地反映出这个地区或区域的人才需求趋势。此外，这种就业市场的信息量大，毕业生有较多的选择机会，更能为用人单位和毕业生节约经费，他们在现场即可签订就业协议。

（4）企业的专场招聘会，也称宣讲会。这种类型的就业市场是用人单位单独来高校以招聘本企业所需人才为目的而举办的小型招聘会。这种就业市场时效性强，招聘效果也十分明显，尤其为知名企业、跨国公司所推崇。

（5）行业性毕业生就业市场。这种类型的就业市场主要是指中央部委主管毕业生就业部门举办的主要为本系统、本行业毕业生和用人单位服务的就业市场。

（6）工科类毕业生就业市场。这种类型的就业市场主要是指各省、市毕业生就业主管部门从用人单位和学校两方面考虑，从市场细化的角度出发，把理、工、农、医、师范、财经、政法等科类的毕业生分别集中起来，让他们与相应的用人单位见面，进行双向选择。

（7）分层次的毕业生就业市场。这种类型的就业市场主要是指招聘单位针对不同学历层次的毕业生举办的就业市场，包括研究生就业市场、本科生就业市场和专科生就业市场。

（8）国际性毕业生就业市场。目前，毕业生就业的国际化趋势已现端倪，国外企业在中国招聘毕业生、中国企业招聘外国留学生或直接在国外招聘就职于国外分公司的毕业生的情况已有新的发展，自我国加入WTO后，这种情况更加明显。

此外，还有一些特殊的就业市场。它们是特殊行业举办的以招聘应届高校毕业生为目的的就业市场，如从毕业生中选拔公安干警，政府公务员、飞行员、高校教师、外交人员等。

2. 无形市场

与有形市场相反，无形市场没有固定的场所，由用人单位和毕业生自主选择某种媒介和交互平台进行交流与沟通。

随着信息技术的高速发展，高校的无形市场发展非常迅速，在毕业生就业市场中所处的地位日显重要，作用也越来越大。目前，无形市场已经不是简单地通过电话、邮件、报刊、计算机网络及其他通信和传播手段来完成双方的交流与联系，而是借助信息技术的高科技手段，利用互联网技术建立起各类就业网站、求职网站，为毕业生就业市场提供了更广阔的发展空间。无形市场凭借信息快速、便捷和方便灵活的特点，使用人单位和毕业生打破时间、区域、场所的限制，提高了就业工作效率，减少了招聘成本，深受广大高校毕业生和用人单位的欢迎与推崇。

现在利用就业网络进行毕业生就业管理、建立毕业生就业信息网络系统已经在各高校得到了普遍应用。例如，上海交通大学已经利用网络技术全面开展毕业生就业工作，建立了一套行之有效的运作机制。毕业生可以利用就业网络建立自己的个人信息资料，与用人单位进行信息的传递和沟通；用人单位可以通过就业网络查询毕业生的基本情况，也可在就业网上发布用人信息。这在实际的就业过程中取得了一定的成效，就业工作正在逐步朝着无纸化的方向发展。上海交通大学正在进一步扩展和开发就业网络的功能，已经利用网络技术和会议视频系统举办网上招聘会及用人单位宣讲会，使网络技术在就业工作中得到普遍的应用和发展，形成有形市场和无形市场相结合的新的毕业生就业市场模式。

（二）就业市场的特点

1. 初次性

大学毕业生学成后初次就业，缺乏就业经验，但就业的愿望比较强烈，对就业的期望值一般都比较高，因而理想与现实容易产生矛盾，对此要特别注意。

2. 专门性

大学毕业生均具有较高的专业知识水平和较强的能力，具有较高的学历，在就业竞争中处于十分有利的地位，具有广阔的就业前景。与一般的劳动力市场相比，毕业生就业市场的就业率相对比较高。

3. 时效性

大学生就业具有一定的季节性，由于全国大学生毕业的时间基本一致，要让大多数大学毕业生在此期间就业，任务十分艰巨。我国现行的大学生就业政策规定，毕业生就业必须在有限的时间内完成。各级就业主管部门对每年的毕业生就业市场的运行日程都有一个大致的安排，从用人单位去高校招聘到毕业生落实就业单位、签约，以及毕业生未能落实或重新落实就业单位等都有具体的时间规定。如果毕业生在2年内不能落实就业单位，就要离开这一市场而转到其他就业市场择业或待业。

4. 群体性

全国每年有数百万名高校毕业生第一次进入社会就业，这是一个特殊群体。毕业生就业市场的组织主体可以是政府教育部门，也可以是高校。市场的就业主体是高校毕业生，这是一个具有高附加值的特殊群体，具有良好的可塑性；但是，正是由于就业主体是大学毕业生，学历差别不大，年龄也较集中，因此在就业的过程中竞争会更加激烈。为此，学校及教育主管部门必须精心组织安排、做好各项工作，才能实现大学毕业生的充分就业。

5. 区域性

毕业生就业市场的主办者多是各省市教育部门、高校或行业主管部门，不论谁举办，这些就业市场的用人主体一般都是本地区的；同时，这些就业市场是针对本地区的高校毕业生服务的，表现出较强的区域性。根据毕业生就业市场的上述特点，毕业生可以从自己的实际出发，选择不同的市场就业。市场是变化的，毕业生的就业策略也应该是变化的。当市场需求大时，毕业生可提高期望值，好中选优；当市场需求小时，毕业生应降低期望值，低中选高。当然，劣与优、低与高都是相对的，毕业生可酌情而定。

三、就业市场的现状和发展趋势

就业市场的现状和发展趋势如下。

（一）就业市场的现状

1. 供需形势总体上存在诸多的不平衡现象

不同学科、不同专业之间的需求差别明显，一些报读时的热门专业到毕业的时候供过于求，求职压力相应加大。此外，不同院校之间的差别很大：重点大学、名牌院校、名牌专业的名牌效应呈现出优势，社会需求增长，其就业率也高；而一般院校、一般专业的需求则相对较弱。用人单位方面，国有大中型企业引进高校毕业生的比例在逐年下降；政府机关及事业单位的用人指标有限，难以接收大量毕业生；三资企业、民营企业及高新技术产业的企业（尤其是信息产业的企业）的人才需求量有所增加。

2. 社会对毕业生的素质要求提高了

目前，高校毕业生就业形成了"买方市场"，人才竞争越来越激烈，用人单位对毕业生的素质要求越来越高，选择毕业生时也更加理性，不单纯追求人才的数量，而是更加注重毕业生的综合素质。许多用人单位已将综合素质作为评价高校毕业生实力的主要依据。综合众多用人单位的条件，具有下列素质和条件的毕业生会受到用人单位的欢迎。

（1）具有较高的政治思想素质和高尚的品德。

（2）具有强烈的事业心和责任心。

（3）具有吃苦耐劳的精神。

（4）具有扎实的基础知识和宽广的知识面。

（5）具有较强的动手能力和创业意识。

（6）具有团结协作精神。

（7）身心健康。

3. 就业竞争日益激烈

一方面，高校毕业生的择业时间相对比较集中、选择职业的时间较短；另一方面，随着高等教育大众化的实施，高校毕业生的数量不断增加，而社会的有效需求却在短期内增加有限。

4. 以学校为基础的毕业生就业市场已基本形成

以学校为主体的就业市场，因高效、可靠、真实、规范受到了毕业生和用人单位的普遍欢迎。有60%的高校毕业生通过学校就业市场成功择业。这标志着以高校为基础的毕业生就业市场已经基本形成。

（二）就业市场的发展趋势

随着我国改革开放的深入和社会主义市场经济体制的不断完善，以及毕业生就业市场化的进一步发展，今后几年毕业生就业市场将呈现以下发展趋势。

（1）供求形势将发生变化。就业竞争日趋激烈，形成了求职难的状态，农村、基层单位及边远地区将成为一些毕业生的自愿选择。

（2）无形市场加快发展。由于计算机网络技术的广泛应用及择业自由度的增大，毕业生除利用有形市场直接洽谈外，更多地将通过无形市场进行择业。近年来，网上求职平台越来越规范，受到大部分高校毕业生的青睐。

（3）就业市场更加规范。随着我国社会主义市场经济体制的不断发展和完善，毕业生就业市场也将进一步完善，并不断向规范化、法治化迈进，公开、公正、公平竞争的良好择业气氛将会逐步形成。

（4）就业市场的功能更加完善。随着毕业生就业市场的发展，未来毕业生就业市场不仅具有有效配置毕业生资源、交流供需信息的功能，而且具有就业指导和服务功能，即包括就业指导、服务、咨询、就业推荐、就业培训及就业测试等功能。

※ 项目实训练习

一、就业形势与政策调查

内容：全班学生每5人一组，分工协作，调查最新普通高校、职业院校毕业生的就业形势与政策，并形成调查报告和政策汇编。

要求：

1. 选用合适的调查方法，从宏观和微观两个方面进行调查。
2. 归纳总结就业形势的特征及就业难点，并分析相应的原因。
3. 从国家政策和地方政策两个方面，分层级、分类别整理各类就业政策。
4. 针对所调查的就业形势与就业政策，提出毕业生的就业对策。
5. 形成数据鲜明、图文并茂的调查报告。

二、主题辩论

辩题：当前毕业生面临的就业形势是喜大于忧，还是忧过于喜？

要求：

1. 全班学生每10人一组，其中，8名成员担任正反方辩手，1名成员担任主持人，1名成员担任计时员。
2. 正反两方成员查阅相关资料，做好辩论准备，在辩论过程中阐述本方观点，反驳对方观点，同时用具体数据或事例进行解释说明。
3. 在辩论过程中，要观点明确，论据充分，语言表达流畅，语意表达清楚。
4. 老师点评，分析毕业生的就业形势与对策。

求职充电站：

（1）中国就业：http：∥www.cettic.cn/
（2）中国校聘网：https：www.xiaopin.com/
（3）国聘网：https：∥www.iguopin.com/
（4）中国国家人才网：http：www.newjobs.com.cn/
（5）中国校园网：https：∥www.jyfx.com.cn/
（6）前程无忧：http：www.51job.com.

项目九
大学生就业准备

※ 学习目标

1. 了解常见的就业心理问题和调适就业心理的方法。
2. 了解应届毕业生的就业流程与离校、报到、人事代理的相关规定。
3. 熟悉就业信息的搜集原则、搜集渠道、搜集方法和处理要点。
4. 掌握求职信的书写格式、写作技巧和简历的基本要素、制作原则。

※ 技能目标

1. 熟悉就业信息的搜集原则、搜集渠道、搜集方法和处理要点。
2. 掌握求职信的书写格式、写作技巧和简历的基本要素、制作原则。

※ 素养目标

1. 明白"凡事预则立,不预则废"的道理,了解未雨绸缪的重要性,增强忧患意识和竞争意识。
2. 树立正确的择业观、就业观,正确认识自己,提高自己的心理承受能力,保持健康的就业心理。
3. 树立诚信求职理念,牢守诚信底线,提早做好就业准备,用"硬实力"赢得用人单位的信赖。

※ 案例导入

各地"云平台"畅通大学生就业信息渠道

每年的三月和四月是大学生求职面试的高峰期。据教育部统计,2020年应届高校毕业生达874万人,同比增加40万人。对此,教育部有关负责人表示,综合考虑经济下行压力的影响,2020年应届高校毕业生面临的就业形势更加复杂严峻。为了帮助大学生就业创业,全国各地转换就业指导思路,开展线上招聘活动,积极帮助高校毕业生寻找就业机会。湖南省要求各高校密切关注用人单位用工情况变化,畅通就业信息线上发布渠道,通过学校就业网、微信公众号等渠道宣传推介用人单位招聘信息；北京市制定了高校毕业生就业工作方案，提出推进就业指导课"空中课堂"建设，面向广大毕业生推荐就业创业指导视频课程及高校就业指导微信公众号，为毕业生提供足不出户、"菜单式"学习的网络平台；内蒙古高等院校毕业生就业指导中心依托"内蒙古大学生智慧就业创业服务云平台"，打通了"线上办公"渠道，通过推行"不见面"服务，在确保就业服务标准不降低的同时，实现了对工作人员和服务对象的有效保护。

此外，多地大力开拓就业渠道，进一步组织实施好一批大学生基层就业项目。例如，四川省明确，各高校要进一步组织实施好特岗计划、大学生村官计划、"三支一扶"计划、大学生志愿服务西部计划等基层项目，鼓励大学生参军入伍，进一步落实好基层就业学费资助等优惠政策，鼓励毕业生到基层就业、创业。人力资源和社会保障部就业促进司司长说："要对高校毕业生优化服务，扩大在线办理事项，鼓励网上面试、网上签约、网上报到。引导用人单位适当延长招聘时间、推迟体检、推迟签约录取。同时，视情况调整事业单位、国有企业、基层服务项目招聘招录的笔试面试时间。"

问题导入

（1）上述案例中，全国各地是如何转换就业指导思路，帮助高校毕业生寻找就业机会的？

（2）大学生在求职之前可以通过哪些渠道搜集就业信息？需要准备哪些求职材料？

（3）大学生怎样做才能让自己的求职信或简历脱颖而出？

（4）当求职压力过大时，大学生应当如何调适自己的心理？

任务一　调试就业心理

一、常见的求职心理

一些毕业生在求职择业过程中，由于对自我认识不充分、社会定位不准确，因此容易出现一些心理偏差。比较常见的求职心理如下：

（一）焦虑心理

焦虑是一种紧张不安或恐惧的情绪状态。大学生产生焦虑心理的原因主要有以下几种：

（1）对现实社会缺乏理性认识，在步入社会前产生了恐惧心理；

（2）缺乏充分的就业准备，面对就业选择时犹豫不决、瞻前顾后；

（3）缺乏求职择业的方法和技巧，始终不能顺利就业，并且因择业受挫而焦虑。过度焦虑的心理会对大学毕业生求职择业产生消极影响，严重时可能影响大学生正常的学习和生活。

（二）攀比心理

每个人的成长背景、性格特质、能力水平、就业期望、人生机遇等是不尽相同的，因而不同的人在求职择业方面不具有可比性。但是，一些大学生争强好胜、虚荣心较强，对自身特点和能力水平缺乏客观、正确的认识，在求职择业过程中不从自身实际出发，盲目与他人攀比，总想找到一份超越别人的十全十美的工作。攀比心理往往会导致大学生迟迟不愿签约,错过许多良好的就业机会。

(三) 自负心理

一些大学生自负心理较强,对自己的评价过高,认为自己成绩优异、各方面条件都不错,理应获得一份薪水高、职位高、前景好的工作。因此,他们即使找不到合适的工作,也不肯降低就业期望值,常常错失良机。

(四) 自卑心理

自卑心理主要表现为个体对自身的素质和就业竞争能力评价过低。一些大学生虽然具备一定的实力和优势,但其自卑心理较强,缺乏自信心和竞争的勇气,既不敢主动向用人单位推销自己,也不敢主动参与就业竞争,因此容易陷入不战自败的困境。这些大学生缺乏心理承受能力,在求职择业过程中如果遭受挫折,往往会进一步失去信心,从而更加自卑。

(五) 抑郁心理

在就业竞争越来越激烈的情况下,一些大学生在求职择业过程中可能会屡受挫折,自信心也可能遭受沉重的打击,从而陷入负面情绪的漩涡,久而久之便会产生抑郁心理。处于抑郁状态的大学生常常表现为信心不足,过度敏感,在生活中稍有不顺心的事,就会陷入愤怒、伤心、激动等负面情绪而无法自拔,严重时精神面貌和身体状况也会受到较大影响。

(六) 偏执心理

在求职择业过程中,偏执心理主要表现为过分执着地追求公平就业、高标准择业和专业对口。在就业过程中,一些大学生将一切就业问题都归结于就业市场不公平,进而产生心理阴影;一些大学生不愿意及时调整就业目标或降低就业期望值,从而陷入就业困境;一些大学生不顾社会需求,无视专业的适应性,片面地追求专业对口,只要不能从事与本专业相关的工作就不签约,从而错失了很多就业机会。

(七) 依赖心理

在就业过程中,依赖心理主要表现为求职择业时缺乏独立意识和自主承担责任的意识,习惯于依赖他人。依赖心理产生的主要原因是个体决策能力不强,缺乏进取精神。一些大学生在求职择业过程中有较强的依赖心理,他们消极地逃避就业,抱着"等、靠、要"的依赖思想,依赖家人的社会关系,试图通过"走关系"实现就业;总想着"车到山前必有路",幻想着天上掉馅饼,依赖老师、学校送工作上门,试图坐等就业;即便有选择就业岗位的机会,也要向千里之外的家长寻求决策帮助,或者做决策时瞻前顾后,拿不定主意,以致贻误择业时机。

(八) 从众心理

一些大学生自我定位不够准确,对自己所学专业缺乏深入地了解,对专业的社会需求分析得不透彻,并且缺乏一定的自我决断力。在这种情况下,他们为了能够顺利就业并实现人生理想,在求职择业过程中很容易产生从众心理,选择追随他人的脚步。只要是社会上受追捧的职业,不管是否适合自己,是否与自己的专业相关,都竭力争取。很多大学生因为这种从众心理而丧失了良好的就业机会。

二、求职心理的调适

大学生在求职择业过程中因遭受挫折而产生消极情绪,甚至出现轻度的心理问题,这都是很正常的现象。关键问题在于怎样看待这种现象，以及采用什么方法来调试心理。实践证明，大学生可以采取下列方法来有效地调适求职心理。

（一）客观自评，不断完善自我

很多负面心理都是因为大学生不能客观地认识自己而产生的，或者因为在能力不足的情况下受挫而产生的。因此，要想调适求职心理，大学生应当学会在求职择业过程中客观地分析和评价自己，发掘自己的优势，正视自己的缺点和不足，进而发挥自己的优势，克服自己的缺点，这样才能不断地完善自我，进而提升综合素养。

（二）积极竞争，坦然面对失败

大学生就业的双向选择制度给大学生和用人单位提供了相互挑选的机会。在求职择业过程中，肯定会出现某些大学生不愿意去某个用人单位或某个用人单位看不中某些大学生的情况，这都是非常正常的现象。大学生应当正确地认识竞争，增强参与竞争的信心和勇气，在求职择业时珍惜每一次机会，积极地参与竞争，不怕困难与挫折，并坦然面对成功与失败。

（三）调整心态，克服自身缺点

积极的心态有助于求职择业，而消极的心态很容易导致择业受挫。因此，大学生一定要积极地调整心态，以积极的心态对待求职择业活动。要相信自己在积极、乐观的心态下一定能走向成功。"金无足赤，人无完人"，不同性格类型的人具有不同的缺点。大学生应深入了解自身缺点并努力克服，促使自己快速成长，以便用更好的姿态去面对求职择业。

（四）理性认知，消除情绪困扰

某著名心理学家提出的理性情绪疗法认为，情绪困扰并不是由诱发事件直接引起的，而是由经历者对事件的非理性观念引起的，如果将非理性观念变为理性观念，就可消除情绪困扰。例如，一些大学生认为"大学生就业应该是顺利和理想的"，这种观念可能导致其在就业过程中一遇到挫折就消沉苦闷或怨天尤人，产生不良情绪，进而引发心理问题。如果纠正了这些非理性观念，就能有效消除情绪困扰。

（五）适度宣泄，促使内心平静

适度宣泄是指个体把内心深处的冲突和被压抑的情绪发泄出来。一个人只有将心中的情绪发泄出来，才能获得内心的平静。大学生在求职择业过程中如果遭遇挫折，容易出现烦躁、苦闷、焦虑等消极情绪，这时应采取适当的宣泄方式来调节情绪，从而促使内心平静。

（六）松弛练习，确保身心舒缓

松弛练习是指个体通过一定的程式训练，使自己在精神及身体上得到放松的一种行为治疗方法，这种方法可以帮助大学生迅速减轻或消除各种不良的身心反应，如焦虑、恐惧、紧张、失眠和头痛等。

（七）自我安慰，安然接受现实

自我安慰是指个体为自己寻找一种"合理"的解释，自圆其说，以缓解精神上的压力的一种方法。大学生在就业过程中如果遇到困难和挫折，不必苛求自己，可以寻找一个适当的理由说服自己，承认并接受现实，从而保持内心的安宁。

※ 案例导入

应届生求职：一场与不确定性对抗的心理战

某高校应届毕业生小贾在求职成功之后，回顾了自己在求职过程中的整个心路历程，并进行了自我反思和总结。纵观小贾长达8个月的求职之路，虽称不上多么惊心动魄、跌宕起伏，但一路磕磕绊绊地走来，遇到的坎儿还真不少。

首先，职业方向的选择是个绕不开的坎儿。小贾的父母经常在她耳旁念叨："你选择的那个职业太辛苦！女孩子找个稳定、能落户口的工作最重要。"当不得不与家人的期待"对抗"时，坚持就变成了一件更艰辛的事情。小贾常常会在某些瞬间自我怀疑："'不听老人言，吃亏在眼前'难道是真的？我真的适合自己选择的职业吗？"经过多方咨询比对，小贾坚持了本心。由于目标行业的用人单位招聘较晚且进程缓慢，同时为了避免"把鸡蛋放在一个篮子里"，小贾在秋招阶段"海投"了很多其他性质的企业岗位，甚至着手准备了国考。和很多同学的想法一样，虽然不是一定要当公务员，但既然拥有应届生身份，那就不试白不试。由于招聘单位纷繁复杂，小贾便专门新建了一个Excel表格，上面细细列出了目标单位、招聘链接、截止时间、投递情况、后续进展等条目，并随时跟进，不知不觉就积累了近50条信息。后续复盘时，小贾才发现，通过"以考代练"取得的收获与付出并不对等。例如，为了"兜底"而前去应聘那些缺乏严格筛选的职位对提升应聘考试能力帮助甚微，而且还要付出来回奔波的时间成本；又如，通过了某些职位的招聘考试之后但并不会前去就职，反而会耽误自己为心仪单位的招聘考试做准备。事实证明，求职定位清晰并有的放矢，才能避免事倍功半，确定了求职目标之后，下一个坎儿便接踵而至，心仪单位的考试日期"撞车"。

有一次，小贾遭遇了笔试时间的冲突，其中一个单位是行业标杆，各名校毕业生蜂拥而至，竞争激烈；另一个单位声名不显，但待遇不错且考试难度相对较低。是为理想放手一搏，还是认清自身实力后选择保底？小贾细细分析了两个选择的利弊，却依旧难以做出选择。冲突，考验的除了抉择与放弃的能力，还逼迫人思考：你能否为自己的选择负责？

除了自身因素，外界环境还造成了客观条件的"不可控"。用人单位在一周前发出线下考试公告，下一周就可能由于情况突然变化而宣布考试延迟，这给时间安排和心理调节都带来了不小的挑战。许多单位已开发出相对成熟的线上考试系统，但漏洞也不少。

例如，某单位要求必须使用特定系统的手机和计算机方可运行考试软件，为此，小贾只能连夜网购一个新手机；又如，某在线考试网站负载过大，做题3秒钟，刷新5分钟，系统卡到令人崩溃，以致招聘单位不得不择期重新组织笔试；在远程面试过程中，招聘者突然听不见小贾说话，小贾不得不临时转移到手机上并重新面试……

说到底，在自身能力提升之余，求职是一场与未来不确定性对抗的心理战。当周围同学好消息频出时，小贾内心多多少少会产生压力。深夜辗转时总有一根弦绷得紧紧的，在没拿到保底录用通知书之前，未来会去往何方？梦寐以求的录用通知书能否拿到？其他机会是否会更好……种种矛盾与迷茫，都容易在某个不经意的时间点汇集成激流汹涌而至。

求职是一场持久战。在经历过各种各样大大小小的招聘考试之后，小贾最终收获了心仪单位的录用通知书。说一句很老生常谈的话：求职迈过的那些坎儿，说大不大，都是未来回望人生轨迹时值得反复咀嚼的经历，或许这场战役很艰辛，但要相信一点，对于勤奋耕耘的求职者而言，放平心态并且戒骄戒躁，心仪的面包一定会有的。

（资料来源：人民网，http：∥edu.people.com.cn/n1/2021/0616/c1006-32131406.html）

任务二　收集就业信息

当今的社会是信息化的社会，谁拥有有效的信息，谁就可能拥有制胜权。大学生就业也是如此，要想在求职时成功，就要在求职前做好充分的准备，尤其是要做好求职信息的搜索与整理工作，这往往能起到事半功倍的效果。在择业的过程中，无论是职业目标的确定、求职计划的设计，还是决策方案的选择，都是以信息的收集和处理为基础的。

就业信息可分为广义就业信息和狭义就业信息，或称为宏观信息和微观信息。宏观信息是指国家的政治经济情况，国家或地区社会经济的方针政策规定，国家对毕业生的就业政策及劳动人事制度改革的信息，社会各部门的需求情况及未来产业、职业的发展趋势等信息。掌握这些信息，就可以宏观地把握就业方向。大学生在校期间关心国家政策的重大改革对确立宏观的择业方向有着重大的意义。微观信息是指某些具体的就业信息，如用人单位的性质、特色、专业要求、行业现状及发展前景、岗位描述、用人单位提供的条件等，这些信息是大学生择业时必须收集的材料。

一、就业信息的内容

概括而言，大学毕业生应该主要了解以下三个方面的就业信息。

（一）就业政策及相关规定

了解国家就业方针和政策及相关的就业法律法规，是大学生就业的出发点和落脚点。

大学生只能在国家就业方针和政策规定的范围内，根据个人的具体情况择业。大学生必须清楚地了解我国的就业法律法规、制度，学会用法律来保护自己的合法权益。此外，大学生还应该了解地方用人政策，如当地人事代理政策、落户政策及要求等。

（二）就业方法

大学生可以从就业程序和就业体制两个角度来了解大学生就业方法。

1. 就业程序

比如什么时间开始和终止联系单位？签订就业协议必须履行哪些手续？在学校规定的时间内没有同用人单位签订就业协议，户口和档案将被转到何处？调整改派的程序和手续等问题，大学生都要弄清楚。

2. 就业体制

大学生应该清楚就业是地方、学校的哪个部门或哪个机构负责的。这样，大学生在求职过程中遇到困难和问题时就可以随时向有关机构咨询。

（三）就业市场供求信息

大学生了解就业市场供求信息可以从五个方面进行。

（1）了解国家政治经济建设方针、任务和发展战略；了解产业的分类与结构，以及随社会发展，产业结构的调整和变化趋势；了解职业的分类与结构，以及该职业发展的趋势，大学生要总揽全局，更好地把握自己，在国家建设的大背景下找到适合自己的岗位。

(2) 了解当年毕业生总的供求形势，即与自己同时毕业的学生全国有多少，而用人单位的需求是多少，是供大于求还是求大于供，或者两者基本平衡，哪些专业紧俏，哪些专业供大于求。

(3) 了解本专业的培养目标、发展方向、适用范围以及对口单位的情况。

(4) 了解同自己的专业直接对口或相关的行业、部门及单位的现状和发展趋势。

(5) 了解用人单位的信息。大学生选择单位时往往会出现这样一些错误：对用人单位的情况不甚了解，且没有一定的比较，于是在择业时带有很大的随意性和盲目性，如只挑选大城市而不问用人单位的性质、业务范围；盯着有"关系"的单位，企图靠"关系"得到提拔和重用；还有的只因单位名称好听就盲目确定等。大学生要避免一些假象，做到对用人单位有比较客观的评价，关键在于掌握用人单位的信息。用人单位的信息包括以下内容：

①用人单位的准确全称、性质及隶属关系。

②用人单位的经营业务范围、产品或服务内容与类别。

③用人单位的组织结构，规模（员工数量）与行政结构。

④用人单位的发展历史与最新动态、客户类型与规模、竞争对手的类型与规模。

⑤用人单位的文化背景、工作环境、单位领导的有关信息、员工的办事方式和思维方式。

⑥用人单位的发展目标、实力（包括规模、效益）、远景规划，在整个行业中的排名或在整个社会经济结构中的地位。

⑦用人单位的地点、总部及分支机构的业务范围与地理分布。

⑧用人单位的财务状况及绩效考核体系、培训体系和薪酬体系（工资、福利、住房、奖金），以及为员工培训和发展所提供的空间等。

⑨用人单位需要的专业、具体工作岗位及对所需人才的具体要求。

⑩用人单位的联系办法，如人事主管部门的联系人、电话、通信地址、邮政编码等。

二、收集就业信息的途径

大学生在收集就业信息时，不能采用单一的方式，而要多种方式并举，选择最适合自己、效率最高的方式，要善于利用各种渠道并且通过各种途径收集信息。

（一）学校毕业生就业指导中心

学校毕业生就业指导中心是毕业生获取就业信息的主要渠道，是高校学生毕业就业工作的行政管理部门，在长期的工作交往中，与各部委或省市的毕业生就业主管部门及用人单位有着密切的联系，社会需求信息往往都被汇集到这里。在毕业生就业的过程中，它们会及时向毕业生发布有关的需求信息，进行就业指导，让毕业生大致了解当前社会对大学生需求的状况及有关就业的政策规定，毕业生本人也可以就有关问题进行咨询。

在每年毕业生就业的阶段，学校毕业生就业指导中心会有针对性地、及时地向各个用人单位发布毕业生资源信息函，并以电话联系和参加各种信息交流活动等方式征集大量的需求信息。同时，这些机构一般在每年11月至第二年的3月专门组织各种形式的毕业生就业招聘会，在毕业生与用人单位之间架起一座信息桥梁，从而使毕业生获得更多需求信息，这些信息数量大，针对性、准确性和可靠性都较强，是大学生求职择业最主要的信息来源。

※ 案例导入

小钱是某大学电子商务专业的毕业生，对IT行业有着浓厚的兴趣，所以刚上大二他就开始注意有关IT行业的招聘信息，并且选修计算机系的部分课程，还报了一个计算机进修班。他坚信："只要功夫深，铁杵也能磨成针。"在毕业前的一年多时间里，他经常关注学校网站关于就业的信息，经常利用周末假期参加社会上的招聘会，还经常协助计算机系的老师做一些小的编程工作。就这样，他对于IT行业的就业信息可以说了然于胸。在临近毕业的一段时间，他像平常一样打开了学校网站的就业信息页面，发现一家实力很强的IT企业要来学校招聘，于是开始四处收集这家企业的资料，并准备自己的面试资料。终于，功夫不负有心人，凭借自己扎实的基础知识和对行业信息的充分把握，他应聘成功，成为该企业的工作人员。

学校毕业生就业指导中心是高校毕业生获取用人单位信息的主渠道，提供的信息无论是数量还是质量都有明显的优势。但学校毕业生就业指导中心只是高校的一个职能部门，其主要任务仍是服务于教育与学生，而并非专业的人才交流机构，它在用人单位的数量和范畴掌握方面仍有不足。所以，大学生除了要经常关注学校毕业生就业指导中心的就业信息之外，还要积极主动地寻找和开拓其他渠道，去掌握全面且及时的就业信息，赢得就业竞争中的主动权。

（二）人才交流会、供需见面会

人才交流会、供需见面会有的是学校主办的，有的是当地毕业生就业主管部门组织的。因为是供需双方之间见面，所以大学生不仅可以掌握许多用人信息，而且可以当场签订就业协议书，比较简单有效。

（三）社会实践和各种实习

社会实践是大学生收集就业信息的重要途径。很多高职院校都会在第三学年安排社会实践或教学实习活动，有的学校和院系鼓励大学生自己主动联系实习单位，有的院系则有自己的实习基地，这些基地往往跟学校或院系有一定的合作关系或其他形式的联系，实践活动或实习活动的内容也多与大学生所学专业密切相关。校企合作有助于大学生开阔视野、接触社会，从而使大学生在了解职业的同时，了解自己。在实习过程中，大学生往往能获得最及时、可靠的单位用人计划和招聘信息，这是大学生自我推荐的一个绝好时机。

大学生如果综合素质高，在实习期间表现良好，往往能获得用人单位的好感和信任，甚至直接获得自己期望的职位，这就是所谓的"近水楼台先得月"。因此，大学生一定要把握住实践和实习的机会，而不要抱着懈怠的心理，认为实习不过是出去玩一玩、放松一下而已。

※ 案例导入

小程是某大学机械制造专业的学生，平时的学习成绩处于中等水平，这使得他常常为自己的前途感到担忧。为了使自己能顺利就业，小程利用实习的机会收集了大量机械制造行业的招聘信息，并主动与各单位用人部门的负责人接触，从中了解了很多用人单位的用人需求。最后，小程选择了一家比较适合自己的单位去面试。由于小程对该公司的用人要求了解得比较透彻，因此在面试时从众多的竞争者中脱颖而出，得到了自己想要的职位。

（四）网络

随着信息化、大数据时代的到来，网络应用已经越来越普遍。网络求职对于许多求职者特别是高校应届毕业生来说已经不再陌生。网络人才交流是通过先进的科技手段，将求职信息及招聘信息在网上公开，用人单位和求职者可以通过网络互相选择、直接交流。网络人才交流最大的优势在于即使求职者身在异地也能获得大量的招聘信息及就业机会。网络人才交流突破了人才信息与招聘信息沟通的种种限制，跨越时空界限，打破了单向选择的传统人才交流格局。网络人才交流讲究的是规模效应，因此其信息容量之大是其他人才交流方式所不能比拟的。大学生不仅可以自由地从互联网上取得各种就业信息，而且能利用互联网把自己的履历放到网上。通过网络获得信息，这是最热门、最快捷地获得就业信息的有效渠道。需要注意的是，网络信息具有不可过滤性，使用网络信息时需要甄别信息，以免跌入就业的陷阱。

（五）各级毕业生就业管理指导机构

国家、地方各级毕业生就业管理指导机构负责从总体上规划大学生的就业去向，是进行全国性和区域性信息交流与人才配置的政府机构，具有很大的权威性；同时也为大学生提供各种服务，尤其是政策咨询服务。这些管理指导机构主要包括教育部和省教育厅、人力资源和社会保障厅及各市的教育局、人力资源和社会保障局。其职责是指导大学生的就业，建立就业市场信息库，通过就业信息网，形成就业指导中心、高校及用人单位三者之间的信息共享。大学生可以经常浏览这些机构的网站，以获得准确且可靠的就业信息。

（六）人际关系网

在收集就业信息的时候千万不要忘了自己周围的亲戚、朋友，以及朋友的朋友，也许他们会提供一些机会。实际上，大多数用人单位更愿意录用经人介绍和推荐的求职者，他们认为这样录用进来的人比较可靠，所以在关键时候找人帮忙推荐一下，也许是最有效的。当然，人际关系要靠自己去发掘，途径也应该正当，切不可不择手段。一般而言，可以提供信息的主要有以下几类人。

1. 家长、亲友

家长、亲友提供的就业信息主要来源于其个人的社会关系，相对固定，也有相当大的局限性。此类信息一般不反映就业市场的实际供求状况，也往往不太适合那些专业比较特殊、学生本人就业个性比较强或具有某些竞争优势的大学生。家长、亲友所提供的就业信息的数量和质量有很大的差异性。对有些大学生来说，家长、亲友提供的就业信息是其主要的选择；而对另一些大学生而言，则可能只是聊胜于无。

2. 学校的教师

学校里有不少教师与校外的研究所、企业合作开发科研项目，大学生可以通过专业教师获得有关企业的用人信息，从而不断补充自己的信息库。学校的教师是非正式的就业信息渠道，所提供的就业信息具有来源有限、内容可靠，以及与家长、亲友提供的就业信息相似的特点。

教师比较看重大学生的学习成绩、在校表现及资质、能力、特长，其提供的就业信息是经过筛选后传递给大学生的，可靠性比较大。教师在给大学生提供信息时，会考虑大学生的就业意向与职业的匹配性，针对不同大学生提供不同的就业信息。

3. 校友

校友是近似于教师的非正式就业信息提供者。尽可能多地找一些自己的师兄、师姐，打听一下他们是否可以在他们单位探查就业的可能性。或许这并不意味着大学生肯定能够获得一份工作，但至少能得到一些有关该企业的信息，从而对其有更深了解。

校友提供的就业信息的最大特点是比较适合本校大学生，尤其是本专业大学生在人才市场上的供求状况及其在具体行业中的实际工作、发展状况，近几年毕业的校友更有着对就业信息的获取、比较、选择、处理经验和竞争择业的亲身体会，因此他们提供的就业信息比其他的就业信息更有参考利用价值。

三、就业信息的整理

大量的就业信息是择业的前提，但并不是就业的充分条件。由于信息来源和获取方式的局限性，收集到的信息一般比较杂乱，有的甚至虚假不实，往往不能直接利用。所以，在广泛收集就业信息后，大学生应该结合自己的实际情况，对就业信息加以筛选处理，去粗取精、去伪存真，有目的、有针对性地进行分析、筛选和鉴别。

（一）就业信息的分析

对就业信息的分析包括定性分析、定量分析和定时分析。所谓定性分析，是指对信息进行质的分析，如对就业信息中的应聘条件、岗位特点、招聘对象的分析；所谓定量分析，是指从数量关系上对就业信息进行分析，如对某一职业岗位所需人数与应聘人数之间关系的分析；所谓定时分析，是指对一定时间内就业发展趋势进行分析。进行就业信息分析常用的方法有对比分析法、综合归纳法和典型分析法。

（二）就业信息的筛选

对就业信息进行筛选时主要应审核信息的真实性、时效性和价值性。对信息的真实性进行筛查，就是要排除那些虚假信息；对信息的时效性进行筛查，就是要排除那些无效的信息；对信息的价值性进行筛查，就是要认真分析它们对自己所具有的不同价值。例如，某些岗位信息符合自己的职业方向、兴趣爱好、发展要求等，那么这类信息就比较有价值；反之，就是无价值的就业信息。筛选就业信息时应注意以下几点：一是善于对比，二是掌握重点，三是了解透彻，四是适合自己。

（三）就业信息的鉴别

就业信息鉴别的目的主要是辨别其真伪、权威性及适用性等，鉴别的对象主要是前一阶段加工整理得出的信息。要想弄清信息的真伪，就需要知道其来源于何处、是谁提供的、提供者的依据是什么等。要想辨别信息是否具有权威性，就需要了解其来源与质量，掌握信息提供者的背景，比较同类信息的深度。要想鉴别信息是否具有适用性，就需要首先了解自身的需求和特征。

※ 案例导入

即将大学毕业的小张在寒假参加某市的毕业生供需见面洽谈会。当时有一家国有企业在会场招聘应届毕业生，小张觉得该单位处在沿海开放城市，工作环境、工资待遇、发展前景等方面都很有吸引力，而自己也比较符合该单位的招聘条件，经过初试和复试，就与该单位正式签订了就业协议书。小张觉得能找到这么中意的工作，自己算是一个十分幸运的人了。

几天后，小张却愁容满面地来到学校毕业生就业指导中心，向老师咨询毕业生解约的相关问题。老师问他："小张，你签的单位在你的班里算是很好的了，怎么还没有报到就要解除协议呢？是不是和单位之间有什么不愉快的事情？"小张说："其实，我和单位之间并没有出现什么不愉快的事情，彼此都挺满意的，只是刚接到单位人力资源部打来的电话，说由于在招聘的时候没有注意到 A 市人力资源和社会保障局关于本年度毕业生引进的相关规定，参照我个人的条件，单位无法为我办理人事关系接收手续。"小张接着向老师详细说明了情况：小张在寒假期间和单位签订就业协议书时双方都没有注意到 A 市人力资源和社会保障局关于人才引进的相关政策，当单位到 A 市人力资源和社会保障局准备为小张办理人事关系接收手续时才发现小张不符合接收条件，原因是 A 市人力资源和社会保障局出台了新的接收高校应届毕业生的政策。小张目前有一项不符合要求，又是外地生源，所以 A 市人力资源和社会保障局无法为小张办理人事关系接收审批手续。小张只好与原单位解除就业协议，重新寻找新的工作。

前几天，小张向学校毕业生就业指导中心提交了省外就业协议书，他已经和深圳的一家企业签订了就业协议书，而且已经完成人事关系转接的审批手续。回想起这一波三折的就业经历，小张感慨地说："磨刀不误砍柴工，大学生在找工作之前一定要了解清楚各种就业信息，这样才能少走弯路。"

任务三　撰写求职材料

求职材料也称为自荐材料，是求职者个人信息的集中体现和求职时用来自我推介的书面材料。用人单位可以从求职材料中全面了解求职者的学习情况、工作经历、专业特长等，也可以从中了解大学生的文字表达能力、逻辑思维能力、书写能力等。因此，求职材料在大学生择业的过程中起着举足轻重的作用。

一、撰写求职材料的原则

对大学生来说，求职材料如同一个人的脸面，清楚地展现着求职者的各项特点，是求职时通往面试的最有效的"护照"。因此，制作求职材料并不是简单地找求职材料或者从网上下载一套模板来模仿，而是要认真对待，符合自己的定位。要想制作一份好的求职材料，需要遵循以下四个基本原则。

（一）求职材料的个性化

求职材料的个性化是指制作求职材料必须立足自身，根据自身的特点，体现出独创性，以吸引用人单位的眼球。

一般来说，好的单位会有很多求职者，千篇一律的求职材料很容易使用人单位产生视觉疲劳。要想让自己在众多求职者中脱颖而出，就得在求职材料中想办法引起用人单位对自己的注意。因此，大学生应该精心设计、制作自己的求职材料，首先从外观上赢得用人单位的关注。要制作个性化的求职材料，一是要把自己的核心竞争力凸显出来，二是要把学习本专业的主要课程及最大收获描述出来，三是求职材料的设计要与求职的目标岗位相吻合。

但需要注意的是，如果一味地追求个性，把求职材料制作得过分豪华、另类也是不合适的。

（二）求职材料的针对性

针对性是指在制作求职材料时一定要根据用人单位的具体情况和招聘要求有针对性地制作，不同的用人单位因其特有的企业文化、单位性质、职位特征等对求职者的要求都有所不同，如有的可能注重团队合作精神、有的注重实干进取精神等。所以，在制作求职材料时，应根据自身的优点和缺点扬长避短，突出自己的某些特点，把自己的优势转化成用人单位所需要的形式。如果为了省事，只准备一份求职材料，复制后投到不同类型的用人单位，就有点儿无的放矢，效果一般都不太理想。

求职材料的准确性是指求职材料中所涉及的有关数据、概念、结论等一定要准确无误。例如，对自己的评价一定要把握尺寸，叙述得当，并尽量不要使用"我觉得""我想"等带有强烈个人主观臆断的字样，用修饰词时尽量不用"十分""很"之类的字样。此外，还要避免使用错误的词语搭配，免得贻笑大方。

（三）文字的准确性和规范性

规范性主要是指在制作求职材料时要避免出现错别字、书面排版混乱等方面的问题。所以，对于自己的求职材料一定要通读几遍，或请同学或老师帮忙看几遍，确保没问题了才能将其投给用人单位。

（四）材料内容的真实性

诚信是大学生的美德，但一些大学生为赢得用人单位的青睐，不惜伪造获奖证书、学习成绩、社会经历等，以此来装扮自己。这些"注水"现象已经引起用人单位的警惕。用人单位一旦发现求职者的求职材料有"注水"情况，一般都会毫不犹豫地拒绝求职者。本来求职者制作假求职材料是为了找到一份好工作，可结果却事与愿违，得不偿失。因此，大学在制作个人求职材料时，一定要确保材料的真实性。当然，这并不是要求求职者把自己所有的实际情况都列出来，可在简历中提到个人某方面的能力，虽然很多毕业生并没有真实的工作经历，但可以通过描述自己在校期间所经历过或处理过的某些事情的经历来展现自己的能力。总之，在制作个人的求职材料时，不利于自己的话可以不讲，但是绝对不要讲假话。

二、求职材料的组成及撰写技巧

求职材料主要包括自荐信、毕业生就业推荐表、个人简历、附件（证书复印件等）等内容。为了全面地展示自己，大学生应该了解求职材料的组成，做好求职材料的准备工作，以便满足求职过程中不同单位和不同情况的要求，为顺利走上工作岗位打下良好的基础。

（一）自荐信

自荐信又称自我推荐书，是一种针对应聘单位特定个体的介绍性、自我推荐性的信件。它通过表述求职意向和对自身能力的概述，引起对方的重视和兴趣。自荐信的写作质量直接关系到大学生择业的成败。一般来说，打开自荐材料，首先看到的便是自荐信。正是有了自荐信，阅读者才会对简历上所写的经历与业绩感兴趣。所以，自荐信无论是在文字上还是在内容上都必须给阅读者留下好印象。因此，自荐信被称为大学生求职的"敲门砖"。

1. 自荐信的格式

自荐信是给应聘单位看的，事关重大，因而它既和书信有相同之处，又有不同之处。一般来说，自荐信属于书信范畴，所以其基本格式应当符合书信的一般要求，主要包括称呼、正文、结尾、署名、日期、附件。

（1）称呼。自荐信不同于一般的私人书信，一般来说，收信人与写信人未曾见过面，所以称谓要恰当，要郑重其事。自荐信的称呼往往比一般书信的称呼正规一些，在实际撰写时要区别对待：如果写给国家机关、事业单位的人事处领导，用"尊敬的××处长（科长等）"，如果写给其他类企业的领导，则可用"尊重的××厂长（或经理）"，如果写给大学校长或人事处，则用"尊敬的××教授（或校长、老师等）"。不要使用"××老前辈""×师傅"等不正规的称呼。称呼后的问候语一般应为"您好"而非"你好"，更不能用"你们好"，即使招聘人不是一个人，也不能用这样的字眼。称呼是对收信人的称呼，要顶格写收信者的单位名称或个人姓名，以表示尊敬和有礼貌，后加冒号。个人姓名后可加"先生""女士"等。

（2）正文。正文是自荐信的中心部分，其形式多种多样，一般要求说明自荐信息的来源、应聘岗位、本人基本情况、工作成绩等内容。在正文部分，应写清政治表现和学习经历两个方面的内容。政治表现要从活动和绩效等方面写，如党校学习、参加活动、敬业态度、奉献精神、合作意识等方面，并佐以获奖和资格证书。学习经历要写清主修、辅修的专业课程及成绩状况，对于英语、计算机和普通话等级的情况也应一一说明。对为人处世、组织管理、社会调查、实习设计及论文答辩等方面的情况也要略加提及。有特殊技能的要加以强调，如操作实践、文体书画、写作口才等特长，以展示自己的能力，突出个性特征。

正文的结语一般在正文之后按书信格式写上祝福语或"静候佳音"之类的语句。

（3）结尾。结尾一般应写明希望对方给予答复，并盼望能有机会参加面试及简短的表示敬意、祝愿之类的祝词，如"祝贵公司兴旺发达""顺祝安康""深表谢意"等；也可写上"此致"之类的词，然后换行顶格写"敬礼"，这两行均不加标点符号，不必过多寒暄，以免画蛇添足。

（4）署名。署名应注意与信首的"称呼"相一致，一般都在署名前加上如"您诚恳的××""您信赖的××""您忠实的××"之类的词语，也可以写成"您的学生××"，还可以直接签上自己的姓名。

（5）日期。日期一般写在署名右下方，最好用阿拉伯数字写。

（6）附件。自荐信一般都要求同时附一些有效证件，如外语等级证书、计算机等级证书、获奖证书的复印件及近期照片等。自荐信中最好有附件目录，这样既方便招聘单位审核，同时也给对方留下一个"有条不紊、负责任、办事周到"的好印象。自荐信没有固定的格式，写好一封得体的自荐信不简单也不容易，需要大学生客观地审视自我、了解用人单位的需求，掌握撰写自荐信的技巧。

2. 自荐信的内容

自荐信的内容主要包括本人基本情况和自荐信息的来源、应聘岗位和能胜任本岗位工作的各种能力、自己的潜力、希望得到答复并获得面试的机会的愿望。

3. 自荐信的写作技巧

撰写自荐信要讲究技巧，只有这样，写出的自荐信才能够吸引阅读者，有助于求职成功。

（1）态度真诚，摆正位置。诚实是每个招聘单位、每个面试人员都非常重视的。自荐信应该实事求是、扬长避短。在自荐信中，对自己的优点应充分展示，但绝不要说大话、假话，也不能有过多的套话，不能让人感觉是自我吹嘘。最好的办法是用具体的事实和成绩恰如其分地介绍自己，不要用华而不实的辞藻。例如，可以说明自己从事过什么工作、担任过什么职务、组织过什么活动、取得过什么业绩，让阅读者从事实中感到自己的组织能力，管理能力，而不要在自荐信上出现"有很强的组织能力"之类的空洞的自我表扬性的言辞，又如，可以介绍自己利用业余时间进修了什么课程，取得了哪些证书，但不要使用"有远大理想""好学上进"之类的修饰语，要让招聘单位从给出的事实中得到结论，对自己的缺点，当然不必写，但不能用与此缺点相反的优点来欺骗招聘单位。此外，要有谦虚的态度，守正自己的位置，不应该写自己需要什么，获得该职位对自己有什么好处，而应该写自己能为公司做些什么。

※ 案例导入

某大学的毕业生小陈向一家外资企业递交了自己的自荐信。在制作精美的自荐信中，他高调地列举了自己在管理、组织、社交、创新等方面的特长，还用了很多自己的优秀获奖证书。从材料来看，在众多的求职者中，他是最优秀的一个，用人单位对他甚是欣赏。但是用人单位经过详细调查后发现，他的所谓证书都是经过PS处理过的，只是将其他人证书上的名字换成他自己的而已，得知这一消息后，该外资企业果断将其淘汰了。

（2）富有个性，有的放矢。自荐信的重要目的是力求吸引对方，引起对方兴趣。在开头应尽量避免许多客套话、空话，可用一句简单的"您好"直接切入主题，自荐信要针对具体用人单位的岗位及其情况而写，信中最好有对该用人单位和相关岗位的描述，即使这是该单位招聘广告中说过的情况，也会让对方产生亲切感。不少人事经理反映。现在的自荐信中最常见的问题是"千人一面"。的确，网络给求职者提供了更多的方便，但面对互联网上成千上万的职位，有的求职者采用"天女散花"式发自荐信的方式，事实上它的命中率很低，结果不仅"广种薄收"，而且多以"广种无收"告终；自荐信的核心部分是自己胜任工作的条件，条件并非多多益善，但要有针对性，有的放矢。所以，在动笔之前要着眼于现实，对应聘单位的情况有所了解，用事实与成绩恰如其分、有针对性地介绍和突出自己的特长。

（3）整洁美观，言简意赅。自荐信整洁美观很容易引起用人单位对求职者的好感；相反，如果字迹潦草、龙飞凤舞，则会给用人单位留下不好的印象。现在有很大一部分大学生的自荐信是打印出来的，但如果求职者本人的毛笔字或钢笔字写得很好，建议工工整整地书写，这样能给人以亲切之感，同时也向用人单位展示了特长。自荐信不管是打印还是手写，都应注意言简意赅。一般而言，自荐信的字数以写满一张A4纸为宜，如果确实内容较多，也不宜超过两页，可将其作为附件或面谈时再讲。自荐信不能太短，太短则显得没诚意，说不清问题，自然难以引起招聘单位的注意，太长不但会浪费阅读者的时间，还会引起其反感。所以，在写自荐信时应打草稿，反复推敲意思是否清楚，用词是否得当，内容是否简练完美等。

（4）逻辑严密，结构清晰。自荐信包括大学生的基本情况、学业成绩、知识结构、社会实践、科研成果及获奖情况等，尤其是对求职单位的兴趣等内容不能忽视，每个部分的内容都要做到结构合理，布局清晰，给人思路清晰、章法严谨、引人注目的感觉。

（5）表达准确，流畅真诚。撰写自荐信时要注意把握语言表达的方式和分寸。如果写得一手好字，就要认真地写，并在署名后注明"亲笔敬上"等；如果字写得不好，就用打印的。撰写自荐信最好使用钢笔或圆珠笔，不能使用铅笔，用铅笔写是对人的不尊重。最好不要使用红笔，因为在国外用红笔撰写表示绝交。写完后要仔细检查两遍，避免出现错别字、错句，以免使招聘单位对自己的能力产生怀疑。

（6）文字简练，重点突出。自荐信要简洁明快、清楚准确。简洁是指用尽量少的文字表达最丰富的内容；准确是指用词恰当和表意精确，即自荐信中固定的内容要叙述准确，一些提法要符合规范和实际。例如，"大学期间"就是"大学期间"，说"我的前半生"就显得夸张，与事实不符；"省优干"不能随便说成"优干"，这样就漏掉了级别，对择业不利。同时，自荐信还要重点突出、安排有序，重点突出个人的特长和爱好，这样容易给人留下深刻的印象。撰写自荐信时要重点突出，对自己的知识、技术、能力、特长、个性和经验要有所取舍，主要写自己从事某工作的条件和潜力，与职位无关的内容不要写。例如，谋求档案管理员岗位时，在自荐信中就不应包含"活泼好动、性格开朗、能歌善舞"的特点，因为这些特点与档案管理工作的要求是相反的，容易使招聘单位认为求职者不适合这个岗位。

（二）毕业生就业推荐表

1. 毕业生就业推荐表的主要内容

毕业生就业推荐表是学校向用人单位推荐大学毕业生的书面材料。表中所填内容主要包括毕业生的个人信息、学习成绩、奖惩情况、社会实践经历、个人择业意向、毕业生及所在院系联系方式、班集体鉴定、系（院）鉴定及推荐意见、毕业生综合能力评价、学校毕业生就业主管部门意见等内容。

2. 毕业生就业推荐表填写格式

现就需注意的填写方面的格式进行介绍。

（1）姓名。姓名栏填写与学籍信息一致的姓名，用字要规范，不得用同音字代替。

（2）出生日期。出生日期应按公历时间，用阿拉伯数字填写，如 1998 年 5 月，不能简写成"98 年 5 月""1998.5"等。

（3）民族。民族栏填写民族的全称，如汉族、蒙古族、朝鲜族等，不能简称"汉""蒙""朝"等。

（4）生源地。生源地为现户籍所在地，入学时户口迁入学校的，填写家庭户籍所在地。

（5）健康状况。健康状况无异常者在健康状况栏填写"健康"。

（6）在校期间获奖情况。该栏按时间先后顺序填写，如"××××年到××××年曾获×××奖"。建议填写大学期间获得的院级及以上奖励情况，若没有填写"无"。

（7）个人经历。大学生要实事求是填写自己的个人经历，不得编造、弄虚作假。

（8）毕业生自述。大学生要真实客观地填写自我评价（不少于150个字），要求能较全面地评价自己在校期间各方面的表现。

3. 撰写毕业生就业推荐表的注意事项

毕业生就业推荐表是由省、市教育主管部门统一颁发的正式就业推荐资料，可以说是一个"官方的认证"，具有极高的权威性。大学生在填写毕业生就业推荐表时一定要注意以下几个方面的事项。

（1）必须用黑色签字笔填写，字迹工整、清晰，所有内容一律不准涂改。

（2）毕业生凭毕业生就业推荐表、学生证可参加省毕业生就业指导中心举办的招聘会。

（3）照片必须是近期的免冠一寸彩色照片。

（4）每名毕业生只能有一份毕业生就业推荐表原件。求职面试时，同时携带毕业生就业推荐表的原件和复印件，给用人单位留复印件。

（5）填表日期要早于学校意见栏的日期。

（6）实事求是，严禁弄虚作假。必须如实填写毕业生就业推荐表，严禁伪造证件证书、篡改成绩和履历等危害学校声誉和用人单位利益的行为。

（7）灵活使用，避免刻板重复。由于毕业生就业推荐表是统一印制的，因此填写的项目均相同，往往缺乏个性，内容上不够全面，在组织编写其他内容时不仅要避免重复，还要进行必要的补充。

（三）个人简历

个人简历可以说是求职材料的核心内容。成功的个人简历是一件营销武器，它可以向用人单位证明求职者能够解决它的问题或者满足它的特定需要，从而赢得就业机会。知识链接受欢迎的简历的五大特征：

1. 具有明确的职业定位及求职目标，强调核心竞争力

求职前应明确自己的职业定位及求职目标，同时对目标求职企业的背景、工作内容、企业文化进行前期了解，并将自己在教育背景、经验或技能等方面能够吸引用人单位的核心优势凸显出来。在自己的教育背景、社团经验或工作历练、荣誉、特殊技能与训练、参与过的活动等经历上，强调有符合用人单位需求的个人优点、成就与能力等。

2. 简洁明了，以"数"服人

在制作简历时，应该以表格、粗体字及副标题等方式让招聘者能够快速及清楚地了解你的资料，在每个要点前加着重号。对于先前的工作经历，最好用具体的数字来佐证将取得的奖励悉数列举出来，并且将证书的相关复印件放在附件中。

3. 重点突出近几年的经历

简历中的重点为个人资料、优势简介、学历背景、社团经验与经历、荣誉、特殊技能与训练、参与过的社会活动等。这些经历一般指的是在大学学习期间的经历，有的大学生为了多列举材料，把自己高中时候的经历和成绩也列举出来，这样无法突出自己的专业特点，也让自己的简历变得华而不实。

4. 个性化的求职信

在简历的最前页附上一页求职信，表达你对该用人单位具体某一职位的兴趣，然后简单地介绍自己的学历背景与工作经验，并简单地列出职业生涯乃至人生规划的重点。这样可以让招聘者在浏览简历时能够快速了解你，同时也容易记住你的优势及你对自己的职业生涯的定位与思考。

5. 强化未来目标与人生规划

个人的未来职业生涯规划与用人单位未来的发展趋势是否相符，是用人单位在招聘时非常关心和重视的部分。越来越多的用人单位不仅重视求职者的经历，更注意求职者是否对自己有一个明确的职业规划和定位。

简历是求职的一块"敲门砖"，这块"砖"需要优化，但更重要的是内涵，在投递简历前一定要有明确的职业方向，这才是应聘成功的关键。

1. 个人简历的内容

个人简历一般应包括以下几个方面内容。

（1）个人信息。个人信息包括姓名、性别、出生年月、籍贯、政治面貌、婚姻状况、身体状况、兴趣爱好、性格及联系方式等。通常来说，个人信息应相对详细，但是也没有必要画蛇添足，一个内容要素用一两个关键词简明扼要地说明一下即可。

（2）求职意向。这部分主要表明本人对哪些行业、岗位感兴趣及本人相关要求，语气要坚定有力，不要让人产生怀疑。

（3）教育背景。这部分要列出毕业学校、所学专业、主要课程成绩、外语和计算机掌握的程度等。高中阶段一般不列入教育背景，除非有特别值得一提的经历。如果用人单位对大学成绩感兴趣，可以提供全面的成绩单，而无须在求职简历中过多描述。如果自己的成绩比较出色，如平均分（grade point average，GPA）在专业排名前五，也不妨加以说明，因为相对数字要比绝对数字更有说服力。对于所学课程，要有重点、有针对性地将与所谋求职位有关的教育科目、专业知识列出，而无须面面俱到。

（4）奖励和荣誉。这部分可以列出的奖励和荣誉包括三好学生、优秀团员、优秀学生干部及奖学金等方面的荣誉。这一项在简历中将会是非常醒目的部分。

（5）工作（实习）经历。在这一部分要重点突出两项内容，即职责和结果（在过去的经历中承担了哪些职责，做了哪些工作，结果如何，有什么收获），主要表现大学阶段所承担的社会工作、担任的职务等。

（6）本人的能力、性格评价。这部分要尽可能使自己的专长、兴趣、性格与所谋求的职业特点、要求相吻合。例如，可以将长跑和骑行的爱好写上，因为它能告诉用人单位，自己有坚强的毅力和严格的纪律意识。

2. 撰写个人简历的要求

无论选择哪种类型的个人简历，都应当做到以下六点。

（1）整洁美观。简历一定要注意内容整洁和格式美观，以便于阅读，从而使用人单位对自己产生良好的印象。为此，简历应打印出来，需要强调的部分可以采用粗体字，但是不要用太多花哨的字体或斜体字，因为它们会分散对方对重点信息的注意力。如果简历是影印本，效果会更好。简历在投递出去之前一定要再次认真检查。

（2）内容真实，评价客观。简历最基本的要求就是真实。真实的简历能够使阅读者首先对求职者产生信任感，诚实是用人单位对求职者最基本的要求。简历中通常都会涉及自我评价，自我评价应当力求客观公正，行文中所表现出的语气应当谦虚诚恳。总体来说，坦述自己经验等方面的某些不足，反而更能赢得阅读者的好感。写简历不可以撒谎、不可以掺假，但可以进行优化处理。优化不等于掺假，优化的目的是突出强项、忽略弱势。例如，一个应届大学毕业生可以重点突出在校时的学生会工作和实习、志愿者、支教等工作经历，不单单是陈述这些经历本身，更重要的是提炼出自己从中获得了什么具有价值的经验，而这些收获能在今后持续发挥效用。如此一来，招聘者便不会以"应届生没有工作经验"为由而拒人于千里之外了。

（3）详略得当，突出重点。简历就是求职者推销自己的广告，广告最主要的目的就是用自己的独特之处吸引别人的目光。对不同的用人单位、不同的职位、不同的要求，应当事先进行必要的分析，有针对性地准备简历。盲目地将一份标准版本大量拷贝，效果会大打折扣。要把最有价值的内容放在简历中，无关痛痒的不需要浪费篇幅，语言要平实、客观和精练，太感性的描述不宜出现。要根据用人单位和职位的要求巧妙地突出自己的优势，给人留下鲜明深刻的印象，但注意不能简单重复，这方面是整份简历的点睛之笔，也是最能表现个性的地方，应当深思熟虑、不落俗套、有说服力且合乎情理。要详细写出自己的特长，不能模糊和笼统，要说明到底"特"在哪里、"长"在何处，让用人单位做出准确判断。对于自己的闪光点可以点到为止，不必过于详细，面试时再详尽地展开叙述。

（4）精心构思，不拘一格。要组织好个人简历的结构，不能在个人简历中出现重复的内容。在结构严谨的前提下，要使自己的个人简历富有创造性，使阅读者能产生强烈的阅读兴趣。简历格式设计也是一个非常重要的因素，是真正的"第一印象"。标识要明显，段落不要过长，字体应大小适中，排版端庄美观、疏密得当。还要注意版面不要太花哨，类似公函的风格较好，这能体现出求职者的基本职业素养。

（5）文字简洁，用词准确。许多人以为简历越长越好，简历越长说明经历越丰富、能力越强。实际并非如此，一份简历只能得到一个招聘者几十秒的关注，过于繁杂的内容只会起到相反的效果。因此，简历写作要惜墨如金，避免出现过长的段落；多用动词，省略第一人称"我"。用词力求精确，阐述自己的技巧、能力、经验时要尽可能准确，不夸大也不误导，所填写的内容应与自己的实际能力及工作水平相同。不要使用拗口的语句和生僻的字词，更不要有病句、错别字。简历中如果有外国文字要特别注意不要出现拼写和语法错误，一般招聘者考查求职者的外语能力就是从一份简历开始的。

（6）纸质优良。使用优质纸张，用激光打印机打印，尽量不用复印件。因为在面试阶段，用人单位完全可能会复印求职材料，如果在复印件的基础上复印，就会字迹不清楚。虽然不同的用人单位对简历的格式有不同的偏好，但是大多数用人单位不喜欢格式花哨、字迹不清的简历。一般而言，不要选用彩色蜡笔、颜色鲜亮的纸，尤其不要选用荧光纸，除非应聘的是高级媒体或设计工作。

专业简历举例

1. 化工与材料技术类专业

姓　名	张××	性　别	男
民　族	汉族	籍　贯	吉林省
身　高	176cm	体　重	74kg
出生日期	1999 年 12 月 4 日	政治面貌	团员
学　历	大学本科	毕业院校	
英语能力	通过 CET－4	专　业	化工与材料技术类专业
计算机能力	国家二级 C 语言	求职意向	从基层做起
特长爱好	滑雪 健身		
联系电话	177×××××××	E-mail	×××××××
地　址		邮　编	
个人技能	交际、组织、管理、写作、文学、音乐、演讲、电脑等。化工理论知识牢固，能充分并成功地运用工艺流程设计原理等基本理论和实践知识，了解机械制图、电工原理等基本知识与技能。 英语基础知识扎实，具备一定的听、说、读、写及翻译能力，能熟练运用 AUTO-CAD 绘图，熟练掌握办公自动化，能熟练运用 Excel、PowerPoint 等办公软件		

续表

获奖情况	2015—2016 学年获得三等优秀学习奖学金 大三上学期一次通过全国计算机等级考试二级 C 语言
实践经历	2018 年 3—4 月在吉化集团公司中部生产基地的 EBA 和 MBA 车间参加生产实习
主修课程	无机与分析化学、有机化学、化工原理、化工设计、化工系统工程、化工热力学、化工反应工程、化工仪表及其自动化、化工传递过程、科技外语阅读、化工设备机械基础、大学物理、物理化学、计算机应用基础、电工学、环境保护与可持续发展、经济管理基础、数学建模与实验
自我评价	1. 有较强的敬业精神，勇于承担责任；对待工作和事业积极主动，有强烈的进取心，追求不断进步，具备拼搏进取精神； 2. 学习创新能力强，对环境中的新事物新技术有浓厚的兴趣，思想开放，善于观察、思考、乐于接受； 3. 具备较强的团队合作精神和服务意识，具备大局观； 4. 善于沟通和交流，具备掌握和学习新技术的能力，并能融会贯通，有效地应用于自身的工作环境中； 5. 为人踏实、诚恳，能认真负责地完成任务，积极主动，能吃苦耐劳，有较强的实际动手能力，能迅速适应环境，并融入其中

2. 机电与智能技术类专业

姓 名	刘××	性 别	男
民 族	汉族	籍 贯	吉林省
身 高	184m	体 重	86kg
出生日期	2000 年 11 月 1 日	政治面貌	团员
学 历	大学本科	毕业院校	
英语能力	大学英语三级 b	专业	机电与智能技术类专业
计算机能力	国家二级 C 语言	求职意向	从基层做起
特长爱好	唱歌 篮球		
联系电话	180×××××××	E-mail	×××××××××
地 址	×××××××	邮编	×××××××××
个人技能	20××.5—20××.6 机电学院篮球班级赛第一名 20××.10—20××.11 "建院杯"校篮球赛第一名 20××.7 "建院杯"校篮球赛第二名 20××.9—20××.6 院学生会体育部干事→副部长→部长 20××.9—20××.6 建筑学院裁判团 团长（篮球裁判员） 团队的建设需要每个人的参与，从最基本、最简单的事情做起，认真做好分内的事情。 由被领导变为带队的身份，让自己学会了如何在高压下营造轻松的工作氛围和如何引导组织的良性成长		

续表

获奖情况	多次荣获学院奖学金（特等奖一次，一等奖一次，三等奖二次），学院技术技能竞赛队队员
实践经历	20××.6—20××.8 山东青岛鹤顺船业有限公司船舶建造部 20××.12—20××.6 徐州工程机械集团液压附件分公司
主修课程	机械制图、电工电子技术、机械设计基础、公差与检测技术、传感与检测技术、电气控制、机床数控技术、自动机与自动线、机械设备故障诊断与维修等
自我评价	1. 严谨务实，以诚待人，团队协作能力强；英语听说读写能力强 2. 吃苦耐劳，虚心爱学 3. 敢于面对挑战，具有良好的适应性和做事情认真负责

3. 电气与信息技术类专业

姓　名	张××	性　别	女
民　族	汉族	籍　贯	吉林省
身　高	164m	体　重	48kg
出生日期	1999年7月20日	政治面貌	团员
学　历	大学本科	毕业院校	
英语能力	大学英语4级	专业	电气与信息技术类专业
计算机能力	通过大学英语四级考试（CET-4）、计算机三级网络技术（系统集成项目管理工程师在考）	求职意向	从基层做起
特长爱好	排球 弹钢琴 书法		
联系电话	188×××××××	E-mail	×××××××
地址	×××××××	邮编	×××××××
个人技能	具有大型电力行业集控中心项目和多个水电站工业电视监控系统项目管理经验； 精通电力行业工业电视监控系统的方案设计、产品选型以及投标文件的编写及封装； 精通电力行业自动化控制系统设计、开发及实施； 熟练掌握Schneider公司的Unity Pro XL、Vijeo Citect等软件的开发； 熟练操作EXCEL、WORD等办公软件，基础、技术文档编写能力强，能够熟练对各种统计报表进行统计分析； 熟练掌握AUTOCAD绘制电气原理路和机柜设计图、Visio软件的绘图方法； 了解计算机网络知识/交换机、路由器的工作原理/TCP/IP协议		
获奖情况	全国计算机一级证书 CAD绘图师 全国电工进网作业证书		

续表

实践经历	2021年6—10月在济南金德瑞公司从事过速控机器的电气配盘与安装调试工作；2022—2023年1月在济南石天有限责任公司进行短期的变压器控制柜和防爆灯具的电气装配以及维修调试工作
主修课程	电工基础、电工工艺、电子技术基础、电子技术实验、机械基础、电子工程制图（电子CAD）、电子产品结构工艺、电子测量仪器、电路分析、C语言、Java基础设计、高频电子技术、电子测量技术等课程
自我评价	本人做事认真负责，学习能力强；诚实率直、富有创新精神、勤奋实干；具有团队合作精神，处理事情机智灵活；聪明、热忱、勇于担当。在职期间经常参加各个厂家组织的培训，赢得公司领导及同事的好评和公司丰厚的年终奖

4. 制药与环境技术类专业

姓名	王×	性别	女
民族	汉族	籍贯	吉林省
身高	169m	体重	52kg
出生日期	1999年4月26日	政治面貌	团员
学历	大学本科	毕业院校	
英语能力	英语三级	专业	制药与环境技术类专业
计算机能力	计算机一级	求职意向	从基层做起
特长爱好	看书，听歌，羽毛球		
联系电话	188×××××××	E-mail	×××××××××
地址	×××××××	邮编	×××××××
个人技能	1. 在校期间牢固地掌握了"药物制剂"专业的相关知识和技能 2. 大学四年的班干部经历培养了我良好的人际沟通能力和管理组织才能 3. 实习工作期间熟练掌握了化验室主要仪器的应用、新药报批程序并对药品各种制剂生产工艺及各工序监控熟悉 4. 有一次通过GMP认证工作经验，对GMP管理比较熟悉，并掌握了对新药有关报批的程序，并且可以自主地进行化验质检等工作 5. 具有熟练的微机操作能力		
获奖情况	发酵工中级证，对药物分析检测、药物合成等具有专业技能		
实践经历	2020.1—2020.6：广州××天然科技有限公司 任职工厂制药工程师兼生产经理 生产过程中的各项生产流程、操作、工艺技术及质量控制，能够对产品在试验和生产中技术数据收集和整理，新产品的工艺技术消化试验及产业化工艺放大试生产，具有生产现场的管理经验和能力，能够独立完成生产调节，生产现场的工艺技术和质量控制，原辅料的采购，生产计划、生产安排及人员管理，生产现场的管理。 2022.1—2022.9抚顺××制药股份有限公司所属行业：制药/生物工程任职生产技术部负责人负责颗粒剂，巴布膏剂和中药提取在生产过程中各项生产流程的工艺技术和质量控制，生产车间的人员及生产现场的管理和生产调节		

续表

主修课程	高等数学、大学英语、有机化学、化学基础、生物化学、工业微生物及育种技术、药物合成技术、药物分析技术、制药单元操作技术、GMP、制药工艺设计基础、资源利用回收、制药工艺学、发酵工程工艺、药物合成反应、应用光谱解析、药用高分子材料、微生物及免疫学、天然药物化学、制药设备和分离纯化技术
自我评价	我具有一定管理工作经验和宣传、组织能力。我本人性格开朗，积极向上，乐于与人沟通，喜欢迎接新的挑战

5. 经管与艺术类专业

姓　名	徐×	性　别	男
民　族	汉族	籍　贯	吉林省
身　高	177cm	体　重	69kg
出生日期	2000年12月26日	政治面貌	团员
学　历	大学本科	毕业院校	
英语能力	英语4级	专业	经管与艺术类专业
计算机能力	办公自动化等级证书	求职意向	从基层做起
特长爱好		运动 游泳	
联系电话	188××××××××	E-mail	××××××××××
地址	××××××××	邮编	××××××
个人技能	熟悉sas、minitab、eviews等多种统计软件的使用，Microsoft Office，Photoshop等办公软件，掌握pb，vfp等多种数据库编程语言；具备良好的计算机操作和编程能力，良好的经济学基础，具备良好的数据分析能力		
获奖情况	荣获学院优秀学生二等奖学金 荣获学院学习优异单项奖学金		
实践经历	20××年在吉林市地税局征管三分局实习，负责局内网络维护 20××年在中国建设银行××市分行实习，熟悉银行业务，对建行的柜面操作系统进行实际操作，并负责行内网络维护，受行内领导好评 20××年本科毕业设计为吉林市建行某支行账户管理信息系统，模拟建行的前台业务操作		
主修课程	货币银行学、财政学、政治经济学、会计学原理、微观经济学、宏观经济学、经济法、市场营销学、统计学原理、发展经济学、产业经济学、计量经济学、国际贸易理论、国际金融、会计报表分析、区域经济学、国际贸易实务、证券投资、国际贸易原理、艺术管理学、艺术传播学、项目策划与运作、艺术社会学与人类学、艺术市场营销等课程		
自我评价	我是一个性格开朗活泼的男生，善解人意，做事细心，责任心强，吃苦耐劳，具有很强的亲和力和一定的领导和沟通能力，富有团队合作精神。具备快速学习能力和创新能力，适应新工作环境的能力		

6. 消防工程技术类专业

姓 名	蒋×	性 别	男
民 族	汉族	籍 贯	吉林省
身 高	179cm	体 重	75kg
出生日期	2000年3月1日	政治面貌	团员
学 历	大学本科	毕业院校	
英语能力	英语4级	专业	消防工程技术类专业
计算机能力	计算机二级	求职意向	从基层做起
特长爱好		滑雪 网游	
联系电话	185×××××××	E-mail	×××××××
地址	×××××××	邮编	×××××××
个人技能	精通消防专业技术，懂得消防施工流程，能够管理、协调好施工现场的各种关系，并能够对消防施工图纸进行消防审核，对消防工程进行检测		
获奖情况	荣获学院奖学金		
实践经历	2020.1—6月江西向塘化肥厂任助理工程师、工程师、车间主任等职 2020.12—2020.1吉林省白山市室内装修消防工程有限公司消防工程师、技术负责人 2021.6—2021.10四平市骏成消防工程有限公司消防设计工程师 2023.5—2023.10吉林省吉林市黄河集团房地产有限公司项目部消防工程师		
主修课程	工程力学、无机化学、有机化学、物理化学、工程流体力学、工程热力学与传热学、消防燃烧学、火灾学、画法几何及工程制图、计算机绘图（AutoCAD）、机械设计基础、建筑结构与防火设计、消防给排水工程、火灾探测与控制工程、火灾烟气控制、消防工程概算、消防法规、防火理论与工程应用、灭火技术、火灾风险评估、火灾救援技术、火灾调查方法与鉴定等		
自我评价	为人诚恳，性格开朗，积极进取，适应力强、勤奋好学、脚踏实地，有较强的团队精神，工作积极进取，态度认真。本人性格开朗、为人诚恳、乐观向上、兴趣广泛，拥有较强的组织能力和适应能力，并具有较强的管理策划与组织管理协调能力		

（更多优秀简历可参考附录7）

※ 项目实训练习

一、搜集就业信息

（1）信息搜集范围：与所学专业相关的、适合自身特点的就业信息。

（2）信息渠道如下：

①咨询职能部门。咨询高校就业指导中心、人力资源和社会保障部门、人才服务机构和职业介绍所，了解最新的就业动向和就业信息。

②借助大众媒体。关注电视、广播、报纸、网络等媒体所发布的就业信息，了解用人单

位的发展现状、人才需求、任职条件等情况。

③寻求师生帮助。与老师、同学及已经参加工作的学长保持密切的联系,请他们为自己提供相关的就业信息。

④发挥家庭作用。请父母、亲戚朋友及他们的同事、朋友协助搜集就业信息。

(3) 信息整理要求：根据准确性、时效性、系统性、针对性、计划性和广泛性原则,整理所搜集的就业信息,并以表格的形式呈现出来,如表9-3-1所示。

表9-3-1 整理就业信息

单位名称	工作地点	学历要求	工作年限	英语水平	薪资待遇	其他
A公司	上海市	本科	3年以上	不限	6 000~8 000元	专业对口,能独立完成环境影响评价项目,熟练使用相关软件,有环境影响评价工程师资格证书者优先
B公司	云南省昆明市	大专	不限	不限	面议	有经验者优先
C公司	云南省昆明市	大专	不限	不限	面议	有经验者优先
D公司	福建省泉州市	大专	不限	不限	面议	有经验者优先
E公司	江苏省南京市	大专	不限	不限	年薪10万	环境类相关专业
F公司	北京市	本科	1年以上	四级	面议	取得环境影响评价工程师资格证书
G公司	河南省郑州市	大专	不限	不限	面议	专业对口,有工作经验和环境影响评价岗位证书者优先
H公司	浙江省杭州市	硕士	不限	不限	面议	专业对口,有工作经验和环境影响评价岗位证书者优先
I公司	浙江省宁波市	本科	不限	四级	面议	专业对口,有工作经验和环境影响评价岗位证书者优先

二、制作求职材料

(1) 活动目的：通过制作求职材料,明确求职信和简历的内容和格式,掌握求职材料的制作方法与制作技巧。

(2) 活动内容：根据自己的优势和特点,撰写求职信和简历,并准备其他相关的求职材料。

(3) 活动要求：①根据所学知识,规范地制作求职信和简历;②求职材料应具有针对性,内容真实客观,形式赏心悦目;③以纸质材料的形式呈现。

三、分析求职心理

(1) 活动目的：深入了解求职过程中可能出现的心理问题,做好求职心理准备。

（2）活动内容：

①根据以下材料中三位同学所说的话设计求职情景，分组进行角色表演，然后分析这三位同学的求职心理。

A 同学："他的成绩比不上我，参加的实践活动也没我多，居然签到一个好单位，我一定不能比他差！"

B 同学："找工作靠实力，外表根本不重要。"

C 同学："给三四个单位投了简历，但都没有回音。唉，被打击了，不想找工作了。"

②想一想自己在求职择业过程中可能出现哪些负面心理。请与同学交流讨论，寻找调适各种心理的具体方法，并将结果整理成书面材料进行分享。

课后讨论；

（1）大学生该如何搜集就业信息？

（2）大学生应如何处理就业信息？

（3）个人简历和求职信有什么区别？自己试着写一份个人简历和求职信。

（4）大学生常见的求职心理有哪些？可以采取哪些方法来调适求职心理？

项目十
大学生求职实践

※ 学习目标

1. 掌握笔试的种类、笔试前的准备和笔试的技巧。
2. 掌握面试的形式和内容、面试前的准备和技巧、礼仪。
3. 掌握薪资的基本结构、影响薪资的因素和薪资谈判技巧。

※ 技能目标

1. 了解常见的求职陷阱,熟悉求职陷阱的防范与应对。
2. 了解常见的传销骗术及应对方法。

※ 素养目标

1. 培养正确的求职观念,一步步提高自己的专业知识水平和实操能力,不急功近利、急躁冒进。
2. 保持积极的求职态度,认真准备笔试和面试,主动争取合理的劳动报酬,维护自身的合法权益。

※ 案例导入

盲目求职,一无所获

生命的最高境界,就是选对舞台,尽情挥洒才华,走出自己的路。毕业生冷冬晨学的是一个非热门的专业,他知道自己的专业不太好求职,于是采取了"漫天撒网"的办法,自以为网撒得越大,捕到鱼的希望也越大。所以,他把自己精心设计、制作的求职信和个人简历等材料复印了200多份,然后在邮局买了一本最新的电话号码本,按上面的单位地址把信封写好寄了出去……课余时间冷冬晨忙得不亦乐乎,当最后一批求职信投进邮筒时,他心里好像踏实多了,心想这下可以安安心心地等待好消息了。

大约过了一个多星期,陆续有十几封地址不详或查无此人的信件退回,他表现得满不在乎,坚信好戏在后头。然而,一个多月之后,A单位回信了:"对不起,本单位没有用人计划,你是一位优秀毕业生,相信一定会找到满意的工作。材料退回,请查收。"B 单位打来电话说:"欢迎你来本单位应聘,不过我们单位解决不了户口指标,你能否将自己的户口转回家庭所在地之后,再到我们单位来……",C 单位则明确答复:"你的专业我们单位不需要,你能胜任的岗位我们没有空缺。"小何这下心里凉了半截。不久,D 单位的下属单位给他发来了热情洋溢的邀请函,欢迎他到基层立业,可他对该单位提供的工作环境、待遇不满意,再往后,则什么消息都没有了。

冷冬晨非常苦恼地来到学校就业指导中心向老师诉说自己是如何投入"巨资"的、如何满心期盼,而结果又是如何令人失望的。就业指导中心的老师耐心地为他指点迷津:"你的积极主动的精神值得肯定,但找工作一定要有明确的目标,千万不要盲目行事,要根据自己的实际情况和对方的需求情况有的放矢地投送材料,你现在要做的第一件事应该是赶紧积极地去搜集就业信息,然后才是联系单位、参加应聘等。"在老师的指点下,他很快改变了策略,重新制作了 10 份材料,在广泛搜集用人需求信息的基础上,根据自己的实际情况和兴趣爱好,有选择、有重点地参加了几场招聘会,总共投出去 9 份材料,就收到了 5 个单位的面试通知,最后他参加了 3 个单位的面试,与其中一家单位正式签约。

任务一　求职礼仪

当今社会,礼仪在人际交往中是必不可少的。面试礼仪是求职者在求职过程中的礼节、礼貌的综合表现。有关专家研究发现,得体的礼仪可以为求职者应聘成功增加筹码。心理学家奥里·欧文斯说过:"大多数人录用的是他们喜欢的人,而不是能干的人。"

1. 服饰得体

俗话说"人靠衣裳马靠鞍",整洁得体的服饰可以让应聘者显得更加精神和自信。在去面试前,应聘者必须精心挑选与自己的身材、身份相符,能表现朴实、大方、明快、稳健风格的服饰。在面试时,着装还应该符合时代、季节、场合、收入等,并且要与自己应聘的职业相协调,能体现自己的个性和职业特点。

2. 遵守时间

守时是现代人交际的一项重要原则,是最起码的礼仪。面试中,最忌讳的就是不守时,因为等待会使人产生焦急烦躁的情绪,从而使面谈的气氛不够融洽,有专家统计,求职面试迟到者获得录用的概率只相当于不迟到者的一半。可见,守时这一礼仪在面试中的重要性。因此,面试时千万不能迟到,而且最好能够提前十分钟到达面试地点,以便有充分的时间调整好自己紧张的情绪,同时也可以显示求职者的诚意。

3. 讲究礼貌,动作得体

进入面试房间前,绝不能忘记敲门,不敲门就进入是最不礼貌的行为。敲门通常为连续两三次,等门内有了回音,再推门进去。开门的方法是先用靠近门的一只手握住门把,打开门进入房间,而后,转过身来,换另一只手将门轻轻关上。进门时应主动打招呼说:"您好,我是某某某",在对方没有请你坐下时切勿急于坐下,请你坐下时,应说声"谢谢",坐下后要保持良好的坐姿,不要挠头皮、抠鼻孔、挖耳朵或跷起二郎腿乱抖。对于女同学来说,动作更应得当,任何轻浮的表情或动作都可能会让招聘人员对你感到不满。另外,各种手势语言也要得体、自然。

4. 保持安静，注意卫生

在等候面试时，不要到处走动，更不要擅自到考场外面张望，求职者之间的交谈也应尽可能地降低音量，避免影响他人应试或思考。最好的办法就是抓紧时间熟悉可能被提问的问题，积极做好应试准备。

5. 姿势恰当，表情自然

"站有站相，坐有坐相"，不同的场合有不同的身体姿势。人们通过身体的坐、卧、立、行等姿态表现出来的情感、意向、态度等各种信息的综合就是姿势语言，表情语言则凭借眼、眉、嘴以及面部肌肉的变化等体现出来。应试者要想树立良好的个人形象，更好地表达自己的意图，就必须注意运用适当的姿势语言和表情语言。

※ 自我测评

从面试反应看你的职业素质

你去一家大的公司面试，当事人忙着手头的文件，叫你先坐下，可发现办公室里并没有椅子，这时你会怎么办？

（1）规规矩矩地站在一旁，一直等到面试者办完事再说。

（2）很有礼貌地对面试者说：对不起，先生，这儿并没有椅子。

（3）先答应"好的！"然后就手足无措地呆立在一旁。

（4）"可是这里并没有椅子啊？"把话直截了当说出来。

（5）直接走出办公室，去找一把椅子进来。

测试结果：

选（1）：工作当中你有很好的适应性，不发表惊人的言论，领导能力较差，只适合计算、看管等机械性的工作。

选（2）：你的反应方法和一般人不一样，你虽然认真地把对方要求的不合理指出，但是你同时也考虑到对方（上司）的立场，属于开拓型领导人才。

选（3）：工作当中你有很好的适应性，不发表惊人的言论，领导能力较差，只适合计算、看管等机械性的工作。

选（4）：你适合于做业务员和推销员，有积极的推销才能，性格坚韧，勇于向目标挑战。

选（5）：你的反应非常特殊，你的言语行为是走在时代最前端的，你的猜测力很强，但会比常人爱多管闲事。

任务二　求职笔试

一、笔试概述

求职择业中的笔试是一种常用的考核办法，主要用于应试人数较多，需要考核知识面或需要重点考核文字能力的情况。它是用人单位采用书面形式对应试者所掌握的基础知识、专业知识、文化素质和心理健康等综合素质进行的考查和评估。所以，了解求职择业中笔试的相关知识也是非常必要的。了解笔试的相关知识，可以帮助大学生从容地应对笔试，取得好的成绩。

1. 笔试的考查内容

一般来说，招聘单位的笔试环节会从以下几个方面考查求职者。

（1）对知识面的考核。对知识面的考核主要是考核一些通用性的基础知识和担任某一职务所要求具备的业务知识。

（2）智力测试。智力测试主要测试应聘者的记忆力、分析观察能力、综合归纳能力、思维反应能力以及对新知识的学习能力。

（3）技能测验。技能测验主要是通过对应聘者处理问题的速度与质量的测试，检验其对知识和智力运用的程度和能力。

（4）性格测试。性格测试主要是通过一些精心设计的心理测验试题或一些开放式的问题来考查应聘者的个性特征。

2. 笔试的特点

笔试具有客观性、广博性和经济性三个特点。

（1）客观性。试题依据一定的内容和客观标准拟制，评卷依据客观尺度，人为干扰因素少，具有较强的区别功能。

（2）广博性。试题多种多样，测试范围广泛，结果的可信度较高。

（3）经济性。可在同一时间、不同地点同时考核大批应试者，从而提高效率。

3. 笔试的作用

笔试作为招聘活动的主要形式和依据，有其独特的作用。

（1）素质和能力的初步考评。笔试可以有效地测量应聘人员的基本知识、专业知识、管理知识、综合分析能力和文字表达能力等素质及能力的差异。在笔试中，用人单位可以根据自己对人才的知识及能力的要求来设置相关的题目和评价标准，进行测试、考核、评价。

（2）留档记录。笔试可以作为衡量求职者能力的留档记录，是决定求职者去留的最科学的法律文本。在笔试的过程中，主观因素很难掺杂在里面。因此，笔试的成绩也相对客观。

（3）具有一定的说服力。笔试的结果是根据一定的标准答案评定出来的，这个标准答案是客观的评价标准，它弥补了面试中根据个人爱好、感情来评分的缺陷。笔试成绩往往可靠、公平、真实且排名简易，对用人单位来说，它是检查和核实求职者真才实学的办法。因此，笔试成绩是比较有说服力的。

二、笔试的类型和题型

1. 笔试的类型

求职过程中的笔试一般有专业考试、智商和心理测试、命题写作和综合能力测试。

（1）专业考试。这种考试主要是检验应聘者担任某一职务时是否能达到所要求的专业知识水平，是否具有相关的实际能力。一般来说，用人单位在招聘人员时，主要通过面试及毕业生的成绩单和自荐材料来了解其知识和能力水平，但也有一些特殊单位需要通过笔试对个人的专业知识和能力进行测试。专业知识和能力测试的题目往往具有极强的专业性。对大学毕业生来说，专业笔试侧重考查基础知识、基本技能，一般都是专业基础课学习过的内容。当然，大公司和小公司考查的侧重点有所不同。小公司考查的内容一般比较细，目的是使人才一招进来就可以使用；大公司则强调基础和潜力，所以考查范围比较宽泛。

（2）智商和心理测试。智商测试在著名跨国公司的人员甄选中比较常见，他们对毕业生所学专业一般没有特殊要求，但对毕业生的素质要求较高。这些公司对毕业生的专业训练背景并不是特别重视，却非常看重毕业生的学习能力。智商测试主要考查应试者的反应速度和敏捷性，考查他们在面对压力时的承受能力。心理测试是要求应试者完成事先编制好的标准化量表或问卷，之后再根据其完成的数量和质量来判定其心理水平或个性差异的方法。一些特殊的用人单位常常以此来测试求职者的态度、兴趣、动机、智力、个性等心理素质。

（3）命题写作。命题写作一般规定了特殊的范围或特定的要求，甚至给出了明确的题目，要求求职者当场写作文，以此来考查其思维能力和书面表达能力。此类写作不同于中小学作文，主要考查应用文。比如，写一份会议通知或对特定情况进行总结概括。

（4）综合能力测试。综合能力测试兼有智商测试的要求，但程度更高。比如，应试者要在规定的时间内对一组数据、一组资料进行分析，找出其合理的地方和存在的问题，并设计出解决问题的方案。这是对学生的知识面，阅读理解能力，发现问题、分析问题和解决问题的能力的全方位测试。有时问答还要用英语进行，这时的难度相对来讲更大一些。

2. 笔试的常见题型

一般对于题型的划分无非是填空题、问答题、选择题、判断题、应用题、作文题几种。其实还可以从另一方面划分题型，这种划分对于职业笔试更适用。

（1）英语题型。在求职笔试中的英语题主要是考查求职者的英文阅读理解和写作能力。这类阅读理解题目与大学的四、六级考试有所不同。它更接近于商业英文的表达习惯，并不讲究句式和修辞，文意表达得清楚和规范是它最主要的特点。

※ 知识链接

关于英文阅读和写作的应试准备

1）通过阅读来培养语感。首先，对英文阅读而言，很重要的一点是要培养对笔试英文的语感。由于大部分的笔试英文和商业英文在表达习惯和表达技巧方面具有相似性，以及内容方面具有相通性，因此，通过阅读一定量的商业英文来培养语感，进而熟悉笔试英文阅读理解是一个很好的途径。

2）阅读和分析理解相结合。笔试的英文不是看小说，看过就算了，重要的是对文章内容的理解。因此，在阅读完整篇之后，停下来想一想，文章讲了哪些内容，是怎么来组织文章的观点和论据的，你在阅读的时候有没有碰到什么理解上的困难，是因为词汇量的不足还是对含义把握能力的欠缺。当你每次都能够做这样的一个简单的回顾工作时，你的阅读能力会提升得很快。

3）亲手动笔写作。对于英文的写作，光靠看是不能够解决问题的。当然写作的练习应当建立在一定的阅读的基础上，因为通过阅读你可以借鉴作者的表达技巧和分析问题的思路和方法。但更重要的是自己必须实践，看得再多，不亲手动笔去写、去实践，对于你自身写作能力的提高作用仍然是有限的。

4)模拟实战训练。对于实战的训练,可以利用网络的资源。例如,有一家叫作SHL的香港公司,专门从事求职方面的英文笔试试卷出题工作。

5)保持良好的身心状态。首先要注意饮食,保证必要的休息,适当参加一些文体活动,防止身体出现不适,以充沛的精力、愉快的心情、健康的身体去争取最好的成绩;同时要调节情绪、稳定心态,要客观冷静地对自己进行正确评估,相信自己的实力,克服自卑心理,增强自信心。

(2)语言题型。语言测试类题型主要是考查求职者的理解和表达能力,这种题往往会给出一个实际的案例,求职者要通过自己的理解,再按照要求做一篇逻辑清晰、用词准确的文章。

(3)数学题型。典型的数学类题型包括数列的规律、速算、平面几何和立体几何的一些简单应用,它考查的是应试者简单的数理分析能力。而且这些题往往侧重于实际应用,多是一些和现实应用联系密切的题目。

(4)常识性题型。常识性型主要包括一些常识性的问题和时事方面的内容,主要是对求职者知识面的考查,这类试题内容分布广,涵盖了政治、经济、社会和人文的方方面面,因此关键在于平时的积累。它注重考查的是应试者平时对于常识性问题和时事政治的掌握情况。

(5)逻辑推理题型。逻辑推理类问题包括两种主要题型。一是文字的分析推理题,考查的本质是对充分条件、必须条件和充要条件的理解和判断;二是数学能力的推理题,一般会采取利用图形或者数字的形式,每组题目中都有一定的逻辑规律,应试者需要通过观察来判断各因素之间的逻辑关系。

三、笔试的准备和答题技巧

1. 笔试的准备

求职者参加笔试前应从以下两个方面做充分的准备。

(1)注重知识的积累。笔试本身就是一种能力的测试,加上它的高淘汰率,因此想要通过短期的突击来提高笔试的应试能力是不现实的。无论是书面表达能力、逻辑思维能力、分析问题的能力还是对知识领域的了解和掌握,都是一种长期的实践和积累,并不是可以一蹴而就的。这就要求在校学习期间把握好学习的良好机会,在学业有专攻的基础上,不断扩展自己的知识结构与领域,形成扎实的知识功底。而"临时抱佛脚"的复习或心存侥幸,成功的概率则微乎其微。

(2)结合应聘岗位,针对性复习。对专业类的考试,主要考查基础知识、基本技能,一般都是专业基础课,而不是很高深的学问,因此需要坚实的专业基础。首先,考前应该结合具体职位看相关资料,了解笔试内容,做到心中有数。其次,要了解笔试重点,进行认真复习。每个学科都有一门概念性的课程,笔试之前多看看这方面的教材。如果以前学过且有笔记或复习提纲的,可把最主要的看看,不用看得太细。

2. 笔试的答题技巧

笔试虽然考核的是平时知识的积累,但如果使用合理的应答技巧,也会在一定程度上提高笔试成绩。笔试的应答技巧体现在以下几个方面。

(1)通读试卷。拿到试卷后先通读一遍,了解题目的多少和难易程度,以便掌握答题的速度；然后根据先易后难的原则安排答题的顺序，先做简单的题，后攻难题，这样就不会因为攻难题而浪费太多时间。

（2）理解题意，运用综合能力猜题。在答题之前，必须搞清楚题目的类型、要考查的知识点和考查的目的等。因为求职的笔试试题不同于平时学习过程中的考试试题，它的考查面比较广，而且随意性、灵活性大，试题中有一些可能是你从来没有遇到过的类型，有些问题甚至非常古怪，这时应试者必须冷静分析，运用所有的联想和记忆查找线索，运用综合能力猜题，以此寻求最佳答案。

（3）积极的心理暗示。在笔试过程中，应试者由于准备时间不充分、没有经验或者题型生疏等原因，可能会感到无从下手。这时不要烦躁、慌张，因为这些情况可能对大多数人来说都是存在的，所以要对自己进行心理调节和积极的心理暗示。比如，告诉自己"我遇到的麻烦，大家也同样遇到了"，"我的学习成绩、个人能力都比较好，对这类问题也能处理好"等。

（4）答卷整洁、认真检查。整洁的卷面给人以清新的感觉。事实上，笔试问题中有很大一部分都是开放性问题，我们可以用整齐的卷面来获取印象分，而且卷面上的问题最好尽量地答满，不会的可以猜。否则，不仅仅表明你的知识有所欠缺，还表明你的态度不够认真。

答完试卷后，要进行一次全面复查，特别注意不要漏题、跑题，要纠正错别字及语法的不妥之处。如果某个问题难以确定对错，最好的方法是保留原有答案，不要改动，因为人的第一感觉往往更可靠。

※ 案例导入

看问题要"全面"

有一家公司准备招聘一名既懂业务又头脑灵活、看问题全面的总经理助理，广告见报后仅仅一天时间，应聘材料便如雪片般地飞来。公司人事经理在斟酌挑选后，近30人有幸被通知参加笔试。

试卷上试题是这样写的：

综合能力测试题（限时两分钟答完），请认真阅读试卷。

1. 在试卷的左上角写上姓名。
2. 写出三种热带植物的名称。
3. 写出三座中国历史文化名城。
4. 写出三座外国历史文化名城。

…… ……

不少考生用眼睛匆忙扫了扫试卷，马上就动笔在试卷上写起来，考场里的空气因紧张而显得有些凝固。

一分钟，两分钟，时间到，除了有四五个人在规定的时间内答完起身交试卷外，绝大多数人都还忙着在试卷上答题。人事经理宣布考试结束，未按时交试卷的一律作废，考场上顿时像炸开了锅，未交卷的考生纷纷抱怨，人事经理只是面带微笑地说："请诸位再仔细看看试题。"

众人仔细一看，只见后面的试题是这样的：

14. 写出三句常用歇后语。

15. 如果阁下看完了题目，请只做第一题。

任务三　求职面试

求职者在求职应聘的过程中一般都会经历投简历、笔试、面试三个步骤，其中面试是具有决定性意义的一环，也是难度最大的一环。在面试中，如果发挥出色，可以弥补先前笔试或是其他条件，如学历、专业上的一些不足；如果表现不好，即使简历再好，笔试成绩再高，通常也无济于事。说它难度大，是因为对应届毕业生来说，由于缺乏经验，面试常常成为一道难过的坎儿。有很多毕业生顺利通过了简历关、笔试关，最后却在面试中铩羽而归。

一、面试概述

面试是一种经过精心设计的，在特定场景下以考官对求职者的面对面交谈与观察等双向沟通方式为主要手段的，由表及里测评求职者的知识、能力、经验等有关素质的活动。

1. 面试的内容

面试内容也叫测评项目或测评要素，指面试需要测评的考生的基本素质。从理论上讲，面试可以测评应试者的任何素质，但由于人员甄选方法都有其长处和短处，扬长避短，综合运用，则事半功倍，否则就很可能事倍功半。因此，如何恰当地、有针对性地选择与岗位要求密切相关的素质进行测评，是十分重要的问题。一般来说，面试主要考查以下几个方面内容：

（1）形象风度。一个人的言行举止与外表往往能够反映一个人的综合素质。研究表明，仪表端庄、衣着整洁、举止文明的人，一般做事有规律，注意自我约束，责任心强。所以对于个人形象和修养的考查是面试的重要内容。形象风度的考查内容包括体形、外貌、气色、衣着、举止、精神状态等。

（2）专业素养。大多数岗位一般都有特定的专业素养要求。因此，在面试中主考官常常会提问一些专业问题以考查应试者掌握专业知识的深度和广度，了解其专业知识的更新是否符合所要录用职位的要求，以作为对专业知识笔试的补充。当然，有些岗位严格要求"专业对口"，有些岗位就允许跨专业就业，因为大学生毕竟年轻，可塑性较强，有些知识与技能可以在以后的学习中补充。

（3）工作实践经验。面试官一般会根据应试者的个人简历或求职登记表，做些相关的提问，查询应试者有关背景及过去工作的情况，以补充、证实其所具有的实践经验。通过对工作经历与实践经验的了解，还可以考查应试者的责任感、主动性、思维能力、口头表达能力及遇事是否理智等。

（4）反应能力与应变能力。对反应能力与应变能力的考查主要是看应试者对主考官所提问题理解是否准确，回答是否迅速、准确；对于突发问题的反应是否机智敏捷，回答是否恰当；对意外事件的处理是否得当等。

（5）工作态度与求职动机。一是了解应试者对过去学习、工作的态度；二是了解其对应聘职位的态度与愿望。通过了解应试者对过去学习或工作的态度，就可以预测其在新的工作岗位上的表现。如果过去做事不认真、不负责，很难说以后就会勤勤恳恳，认真负责。通过了解应试者为何希望来本单位工作，对哪类工作最感兴趣，在工作中追求什么，就可以判断其求职动机。如果是被工作所吸引，为了施展才干来应聘该岗位，对单位文化的认同度较高，则一般不会轻易离职；如果仅是为了福利待遇和高工资来应聘该岗位，工作一段时间后离职率则往往偏高。

（6）口头表达能力。该项内容主要考查应试者口头表达的逻辑性、准确性、清晰度、感染力、音质、音色、音量、音调、节奏等，也考查其身体语言与说话方式是否协调一致。能够将自己的思想、观点、意见或建议顺畅地用语言表达出来，是对求职者的基本要求。

（7）自我控制能力与情绪稳定性。在面试中，主考官经常设置压力面试，通过观察应试者在面对最激动、最愤怒的事情时的处理方式来考查其自我控制能力与情绪稳定性。自我控制能力不好的人，遇到上级批评指责、工作有压力或是个人利益受到冲击时，往往不能克制、容忍、理智地对待，常会因情绪波动而影响工作，在工作中一般也缺乏耐心和韧劲。

（8）事业进取心。事业进取心强的人，一般都有事业上的奋斗目标，并愿意为之积极努力。他们会努力把现有工作做好，且不安于现状，工作中常有创新；相反，事业进取心不强的人，一般都安于现状，无所事事，不求有功，但求无过，对什么事都不热心。求职者的事业进取心，可以通过其工作愿望、工作要求、工作成就、奖励情况等进行了解。

（9）分析判断和综合概括能力。在面试中，通过考查应试者对主考官所提的问题能否抓住本质，说理是否透彻，分析是否全面，条理是否清晰来判断应聘者的分析能力；通过考查应试者对不同意见和观点的概括是否全面得当、中心是否突出，可以判断其综合概括能力。

（10）兴趣与爱好。主考官通过询问应聘者爱好从事什么运动、喜欢阅读什么书籍、观看什么样的电视节目、如何安排自己的业余生活等，可以了解应试者的兴趣与爱好，这对录用后的工作安排有好处。

（11）人际交往能力。在面试中，通过询问应试者经常参与哪些社团活动，喜欢同哪种类型的人打交道，在各种社交场合扮演什么角色，可以了解应试者的人际交往倾向和与人相处的技巧。

2. 面试的类型

面试即当面测试，是用人单位对应聘者进行选拔而采取的诸多方式中的一种，也是应聘者取得求职成功的关键一步。按其形式可分为以下几种。

（1）结构化面试与非结构化面试。根据面试的结构化（标准化）程度，面试可以分为结构化面试和非结构化面试。所谓结构化面试，是指面试题目、面试实施程序、面试评价、考官构成等方面都采用统一明确的规范而进行的面试，公务员录用面试即为结构化面试。所谓非结构化面试，是对与面试有关的因素不做任何限定的面试，也就是通常没有任何规范的随意性面试。目前，非结构化的面试越来越少。

（2）单独面试与集体面试。根据面试对象的多少，面试可分为单独面试和集体面试。

所谓单独面试，指主考官个别地与应试者单独面谈。单独面试又有两种类型：一是只有一个主考官负责整个面试过程；二是由多位主考官参加整个面试过程，但每次均只与一位应试者交谈。公务员面试大多属于这种形式。所谓集体面试又叫小组面试，指多位应试者同时面对面试考官的情况。在集体面试中，通常要求应试者做小组讨论，相互协作解决某一问题，或者让应试者轮流担任领导主持会议、发表演说等。

(3) 压力性面试与非压力性面试。根据面试目的的不同，可以将面试区分为压力性面试和非压力性面试。压力性面试是将应试者置于一种人为的紧张气氛中，让应考者接受诸如挑衅性的、非议性的、刁难性的刺激，以考查其应变能力、压力承受能力、情绪稳定性等。非压力性面试是在没有压力的情景下考查应试者有关方面的素质。

(4) 一次性面试与分阶段面试。根据面试的进程来分，可以将面试分为一次性面试和分阶段面试。所谓一次性面试，是指用人单位对应试者的面试集中于一次进行。应试者是否能面试过关，甚至是否被最终录用，就取决于这一次面试表现。所谓分阶段面试又可分为两种类型，一种叫依序面试，另一种叫逐步面试。依序面试一般分为初试、复试与综合评定三步。初试的目的在于从众多应试者中筛选出较好的人选。初试合格者则进入复试，复试一般由用人部门主管主持，以考查应试者的专业知识和业务技能为主，衡量应试者对拟任工作岗位是否合适。复试结束后再由人事部门会同用人部门综合评定每位应试者的成绩，确定最终合格人选。逐步面试一般是由用人单位的主管领导、处（科）长及一般工作人员组成面试小组，按照小组成员的层次由低到高，依次对应试者进行面试。

(5) 常规面试、情景面试与综合性面试。根据面试内容设计的重点不同，可将面试分为常规面试、情景面试和综合性面试。所谓常规面试，就是主考官和应试者面对面以问答形式为主的面试。情景面试则突破了常规面试考官和应试者那种一问一答的模式，引入了无领导小组讨论、公文处理、角色扮演、演讲、答辩、案例分析等人员甄选中的情景模拟方法。综合性面试兼有前两种面试的特点，而且是结构化的，内容主要集中在与工作职位相关的知识技能和其他素质上。

3. 面试的特点

与其他人力资源测评方式相比，面试具有以下几个显著特点。

(1) 面试信息的综合性。与笔试、心理测评等方式相比，面试对任何信息的确认都不是通过单一的器官或渠道进行的，而是通过主考官对应试者的问（口）、听（耳）、察（眼与脑）、析（脑）、觉（第六感官）综合进行的。也就是说，对同一素质的测评，既要收集它的语言形式信息，又要注意它的非语言形式信息。

(2) 面试交流的直接互动性。与其他人员甄选方式相比，面试是主考官和应试者之间的一种双向沟通过程。在面试过程中，主考官可以通过观察和谈话来评价应试者，应试者也可以通过主考官的行为来判断主考官的价值判断标准、态度偏好、对自己面试表现的满意度等，并以此来调节自己在面试中的行为表现。同时，应试者也可以借此机会了解所应聘单位和职位的情况，以此决定是否接受该工作。

(3) 面试内容的灵活性。在面试中，面试内容对于不同的应试者来说是相对变化的、灵活的面试的问题会准备很多，并且事先都会进行认真的设计，因此绝不会向每一个应试者都问同样的问题，也不会按照同样的步骤和内容进行。根据应试者的个人经历、背景等的不同，面试的内容也会有所不同。工作岗位不同，其工作内容、职责范围、任职资格条件等就有所不同，面试的内容自然也应有所不同。另外，面试内容还会根据应试者在面试过程中的面试表现及时进行调整。

(4) 面试对象的单一性。面试的形式可以分为单独面试和集体面试两种。在集体面试中可能有数位应试者同时接受面试，但是主考官也只是一个一个地进行提问和测评。即使在面试中引入辩论、讨论，评委们也是逐个观察应试者的表现的。面试对象的单一性还表现在：面试的问题一般因人而异，测评内容侧重个别特征。

4. 面试前的准备

真正的面试是从面试前就开始了，而不只是与招聘者交谈的十几分钟而已。面试前的准备工作作为面试的前奏往往也会决定面试的成败。面试前应该做好以下几点准备。

（1）深入了解招聘单位。接到面试通知后首先要迅速查找该企业的原始招聘广告，还要查阅当时的自荐信和简历，了解用人单位对员工的工作要求、职责以及给予员工的报酬、培训等情况。

（2）准备面试材料。要准备一个公文包，将面试所需资料有条不紊地放在公文包中，以便随时查看。对于参加面试的人，准备一个井然有序的公文包会使你看上去办事得体大方，值得信赖。

有些行业在学历、能力、年龄各方面都有限制，事先要核查一下自己的资格是否符合条件，如果你觉得自己符合应聘条件，还得确定自己可以胜任哪种职位。然后，要准备好自己的毕业证书、学位证书、专业资格任职证书、获奖证书、身份证、推荐信等材料。如果应聘外资企业，最好将自荐信、个人简历等材料准备为中英文对照格式。即使曾经发过求职信和个人简历，也应该再带上一份材料，以备用人单位查看。

（3）搜集主试人的有关信息。首先要打听到主试人的姓名，并且要会正确地说出他们的姓氏。若有可能的话，要尽可能了解到主试人的性格、为人方式、兴趣、爱好，他的背景如何，在近期生活中有什么重大变故，在变故中他是什么心境，你和主试人有何共同之处，等等。只有对主试人的情况了如指掌，你才能在面试时易守易攻，自始至终立于不败之地。

（4）查找交通路线。接到面试通知后，查找交通路线，以免面试迟到。一般通知上会标有交通路线，要搞清楚究竟在何处上下车、转换车。要留出充裕的时间去搭乘或转换车辆，包括一些意外情况都应考虑在内。如果对交通不熟悉的话，最好把路线图带在身上，以便问询查找。

（5）做好着装准备。参加面试，在衣着方面虽不要特别讲究、过分花哨华丽，但也要注意整洁大方，不可邋遢。男士衬衫要换洗干净，皮鞋要擦亮；女士不能穿过分前卫新潮的服装。还有，着装要协调统一，同所申请的职位相符，头发要梳齐，男士要把胡须刮干净。女士若感觉脸色不佳则可化淡妆，不可修饰过度。

（6）做好身心准备。求职中，要加强锻炼身体，保证睡眠，保持充沛的精力。应聘前的几周内，不做过于劳累辛苦的事情，也不从事过于紧张、刺激的活动，保持心态稳定与心情愉悦。

※ 知识链接

克服面试怯场十招

（1）要以一颗平常心正确对待面试，要做好承受挫折的心理准备。即使面试一时失利，也不要因一次失败而气馁。

（2）对招聘单位和自己要有一个正确的评价，相信自己完全能胜任此项工作。"有信心不一定赢，没信心一定输。"

（3）适当提高服装档次，穿得整洁大方，以改变自身形象，增强自信心。

（4）面试前做几次深呼吸，心情肯定会平静得多，勇气也会倍增。

（5）与主考官见面时，要主动与对方进行亲切有神的目光交流，消除紧张情绪。在心里尽量建立起与招聘者平等的关系。如果心里害怕，有被对方的气势压倒的感觉时，就鼓起勇气与对方进行目光交流，待紧张情绪消除后，再表述自己的求职主张。

（6）当出现紧张的局面时，不妨自嘲一下，说出自己的感受，可使自己变得轻松些。

（7）感到压力大时，不妨借助间隙去发现招聘者的诸如服饰、言语、体态方面的缺点，借以提高自己的心理优势，这样就会在自觉不自觉间提升自信，回答问题时也就自如多了。

（8）当与对方的谈话出现间隔时，不要急不可耐，这样可以给自己留下思考的空间，抓紧理清头绪，让对方感觉你是一位沉着冷静的人。

（9）回答问题时一旦紧张，说话就可能结结巴巴或越说越快，紧张也会加剧；此时，最好的办法就是有意放慢自己的说话速度，让字一个一个地从嘴里清晰地吐出来，速度放慢了，心情也就不紧张了；也可加重语尾发音，说得缓慢响亮，用以缓解紧张。

（10）进入考场，见到主考官时，不妨有意大声地说几句有礼貌的话，做到先声夺人，紧张的心情就会自然消失。

二、面试交谈技巧

1. 掌握答问技巧

面试的过程中，求职者应掌握回答问题的技巧，具体来讲，面试时的答问技巧有以下几方面的内容。

（1）把握重点，条理清晰。一般情况下回答问题要结论在先，议论在后，先将中心意思表达清楚，然后再作叙述。

（2）讲清原委，避免抽象。招聘者提问是想了解求职者的具体情况，切不可简单地仅以"是"或"否"作答，有的需要解释原因，有的则需要说明程度。

（3）确认问题，切忌答非所问。面试中，招聘者提出的问题过大，以致不知从何答起，或求职者对问题的意思不明白是常有的事。求职者可将问题复述一遍，确认其内容，才会有的放矢，不至于南辕北辙、答非所问。

（4）讲完事实以后适时沉默。保持最佳状态，好好思考你的回答。

（5）冷静对待，宠辱不惊。招聘者中不乏刁钻古怪之人，可能故意挑衅，令人难堪。这不是"不怀好意"，而是一种战术提问，让你不明其意。故意提出不礼貌或令人难堪的问题，其意在于"重创"应试者，考查你的适应性和应变性。你若反唇相讥，恶语相加，就大错特错了。

（6）要知之为知之，不知为不知。面试中常会遇到一些不熟悉、曾经熟悉现在忘了或根本不懂的问题。面临这种情况，回避问题是失策，牵强附会更是拙劣，诚恳坦率地承认自己的不足之处，反倒会赢得招聘者的信任和好感。

※ 案例导入

面试中要坦诚相待

某招聘现场，某公司正对十余位求职者进行最后一轮面试。

"你觉得自己有什么缺点？"主考官突然问一位姓邓的求职者。"我工作过于投入，人家都说我是工作狂。"邓先生不加思考便脱口而出。主考官笑了笑："工作投入可是优点啊，你说说你的缺点吧。"邓先生仍未察觉考官态度上的细微变化，颇为自得地喋喋不休："我是个急性子，为人古板，又好坚持原则，所以易得罪人。另外，我还……"考官"嘿"了声，脸色不悦，手一挥，终止了问话。

邓先生的求职结果是不言而喻的：有谁会喜欢一个自作聪明、耍滑头的人呢？

2. 注意提问技巧

面试时若招聘者问你有没有问题，你可以适当问一些问题，并且应该把提问的重点放在招聘者的需求以及你如何能满足这些需求上。通过提问的方式进行自我推销是十分有效的，所提问题必须是紧扣工作任务、紧扣职责的。

你可以询问诸如以下的问题：应聘职位所涉及的责任以及所面临的挑战；在这一职位上应该取得怎样的成果；该职位与所属部门的关系以及部门与公司的关系；该职位具有代表性的工作任务是什么。当然也要注意不要问一些通过事先了解能够获得的有关公司的信息，这会让人对你的面试目的是否明确表示怀疑，也不能一开始就轻易问及薪水及福利方面的问题。

3. 注意谈话技巧

面试中的谈话和朋友间的谈话不同，需要掌握以下几点技巧。

（1）谈话应顺其自然。不要误解话题，不要过于固执，不要独占话题，不要插话，不要说奉承话，不要浪费口舌。

（2）留意对方反应。交谈中很重要的一点是把握谈话的气氛和时机，这就需要随时注意观察对方的反应。如果对方的眼神或表情显示对你所涉及的某个话题已失去了兴趣，应该尽快找一两句话将话题收住。

（3）有良好的语言习惯。不仅要表达流利，用词得当，同样重要的还有说话方式，如发音清晰、语调得体、声音自然、音量适中、语速适宜等。

4. 注意交谈心态

作为应届毕业生初次参加招聘，如何摆正自己的心态在很大程度上关系着招聘的成败。

（1）展示真实的自己。面试时切忌伪装和掩饰，一定要展现自己的真实实力和真正的性格。有些毕业生在面试时故意把自己塑造一番，有的毕业生明明很内向，不善言谈，面试时却拼命表现得很外向、健谈。这样既不真实，也很难逃过有经验招聘者的眼睛，不利于自身的应聘成功。

（2）以平等的心态面对招聘者。面试时如果能够以平等的心态对待招聘者，就能够避免紧张情绪。特别是在回答案例分析问题时，一定要抱着"我是在和招聘者一起讨论这个问题"的心态，而不是觉得他在考自己，这样就会做出很多精彩的论述。

（3）态度要坦诚。招聘者一般都认为做人优于做事。所以，面试时求职者一定要诚实地回答问题。一位企业的人事主管说，以前曾经面试过一个女孩，面试时她说自己有男友，进入公司后又说没有男友。问她原因，她说曾在一些书里看到，如果说有男朋友就会给人稳重、有责任感的印象。实际上这样做非常不好，面试时的欺骗行为是不利于以后发展的。

※ 案例导入

李艳冰的面试经历

大三找工作的这半年里，李艳冰参加过很多招聘会，投过数不清的简历，也有过不少面试的机会。目前李艳冰已与一家不错的企业签订了协议,下面就来谈一次李艳冰在面试中的经历。

李艳冰是学会计专业的,成绩优异,还是校健美操队的领导,每年都是校三好生……这些经历让李艳冰的履历表比其他同学显得更有分量。因此,刚开始找工作时,李艳冰自信找一份月薪2 000元的工作应该不成问题。

可一旦投身在滚滚的就业大潮中,李艳冰立即意识到,自己的想法太天真了。那么多名牌大学的优秀大学生乃至研究生都为了一个小小的职位抢破了头,李艳冰的学校牌子又不那么"硬",拿什么和人家竞争?自信开始变为忐忑,在矛盾与不安中李艳冰接到了一家知名高薪企业的面试通知。

这让李艳冰既高兴又紧张,因为李艳冰从来没有面试的经验。李艳冰在图书馆里泡了好几个晚上,啃《面试轻松过关》《面试宝典》之类的书,看得头昏脑涨,满脑子都是该如何应对主考官的刁难问题,感觉自己像一只可怜的羊羔,拼命躲着猎人的圈套。

真正面试的那一天终于来到了。李艳冰走进考场后才发觉,与李艳冰一同面试的其他五个人都是男生。考场是一个很小的会议室,中间是一张圆桌。考官坐在圆桌一边,李艳冰等几个人坐在另外一边。还好,不是"三堂会审"。李艳冰庆幸不已。心想,这样的考场气氛应该还算融洽吧。

服务员拿来六杯水,其他几个男生直接拿起自己面前的水杯就开始喝。李艳冰一转念,不对啊,几个考官都还没有水喝呢,他们怎么可以抢先呢?于是很有礼貌地把杯子递给离李艳冰最近的一个考官。

"还是女孩子心细啊。"坐在中间的一位考官说,另几个正在喝水的男生立刻窘住了,面面相觑。李艳冰暗暗自得,不忘对考官们露出谦逊的微笑。

由于刚开始的表现就得到面试官的赞赏,这给了李艳冰极大的自信,所以在以下的面试环节中,李艳冰积极表现,与面试官侃侃而谈,使整个面试都处在一个融洽的氛围中。而另外几位男同学由于刚开始的窘态,使他们在后来的环节中过于谨慎小心,颇有些"大姑娘上轿"的样子,结果该表现的都没有表现,表现了的也不尽如人意。

最后,主考官握着李艳冰的手说:"欢迎你加入我们公司。"

5. 把握交谈原则

应聘者与招聘者交谈应该把握"四个度"原则。

(1) 体现高度,在交谈中展示自己的水平。一方面是政治思想水平和强烈的敬业精神,另一方面是专业水平。对问题回答不能满足于"知其然",还要答出"所以然"。

(2) 增强诚信度,在交谈中展示自己的真诚。首先,态度要诚恳,交谈不要心不在焉;然后,表达要准,少用"可能""也许""大概"等模棱两可的词语;最后,内容要真实,尤其对自己的优缺点要一分为二,实事求是。

(3) 表现风度,在交谈中展示自己的气质。一方面要体现自身的外在美,另一方面更要体现内在气质。言语是一个人内在气质、涵养的外在体现,要注意用自己的语言魅力展示自己。

(4) 保持热度,在交谈中展示自己的热情。要注意做到精神饱满,用心聆听。

※ 案例导入

过分谦虚要不得

小史是某名牌大学工业自动化专业的毕业生,在开发区一家美资企业应聘面试动力设备部经理助理时,公司考官问他:"你觉得你能胜任你应聘的职位吗?"小史谦虚地答道:"现在我还谈不上能胜任,但我可以多向领导请教,向同事学习,在实践中边干边学,积累经验。"考官又带他到生产车间实地参观,小史显得有点惊讶地说:"哇,这么先进的设备,我还从没有见过呢,如果我能应聘上,一定好好学习,钻研这些先进设备和技术,希望公司能给我一个学习的机会。"就因为小史的这些谦虚话,他应聘失败。公司考官对他说:"我们招聘的是能胜任本职位工作的人才,要能立即派上用场,而不是招收培训生。"小史从考官的话语中领悟到含义,悔之晚矣。

实际上,小史是名牌大学的高才生,专业知识和技术功底扎实,在实习时也接触过类似的先进设备,完全有能力胜任那家美资企业动力设备部经理助理一职。只不过小史受"做人要谦虚"这一传统美德的熏陶较深,试图以谦虚博得考官的好感,没想到弄巧成拙。

6. 注意面试结束技巧

面试接近尾声时,求职者也不能放松,仍需注意以下两点。

(1)适时告辞。面试不是闲聊,也不是谈判。从某种意义上讲,面试是陌生人之间的沟通。谈话时间的长短要视面试内容而定。招聘者认为该结束面试时,往往会说一些暗示的话语,如"我很感激你对我们公司这项工作的关注""谢谢你对我们招聘工作的关心,我们一做出决定就会立即通知你"。求职者听了诸如此类的暗示语之后,就应该主动告辞。

(2)礼貌再见。面试结束时的礼节也是公司考察录用的一个砝码。首先,不要在招聘者结束谈话前表现出浮躁不安、急欲离去的样子。其次,告辞时应感谢对方花时间同你面谈。走时,如果有秘书或接待员接待过你或招待过你,也应向他们致谢告辞。

7. 注意面试禁忌

面试在求职过程中占有非常重要的位置,切忌以下几点。

(1)忌好高骛远,不切实际。眼高手低,站这山望着那山高是求职之大忌。找一份理想的职业是每个求职者的愿望,无可厚非。但美好的愿望应根植于自身素质和客观现实之上。审时度势,准确定位是求职成功的关键所在。

(2)忌妄自菲薄,患得患失,招聘单位所聘岗位和专业很可能与自己所学专业或原先从事的职业不同,这时你切不可把自己禁锢于原有小天地中"守株待兔"。只有增强自信,勇于挑战和超越自我,及时调整自我心态,适应周围环境,才能到达成功的彼岸。

(3)忌盲目应试。要分清单位的性质和对求职者的要求,如果没有任何准备就去进行某些特殊行业或岗位的面试,一般不会成功。

8. 面试结束后的注意事项

面试结束后,求职者应注意回顾总结和向招聘人员致谢。

(1)回顾总结。面试一结束,应该对自己在面试时遇到的难题进行回顾。重新考虑一下,如果他们再一次向你提问时,该如何更好地回答这些问题。尽量把你参加面试的所有细节记下,一定要记下面试时与你交谈的人的名字和职位。万一通知你落选了,你也应该虚心地向招聘者请教你有哪些欠缺,以便今后改进。这样,就可以知道自己到底为什么落选。一般来说，能得到这样的反馈不容易，你应该好好抓住机会。

（2）面试后致谢。在面试后的一两天内，求职者可以给某个具体负责人写一封短信。在信里应该感谢他所花费的精力和时间，感谢他提供的各种信息。如果在一个星期内，或者依据他们作决策所需的一段合理时间之内没有得到任何音讯，可以给负责人打个电话，问他"是否已经做出决定"，这个电话可以表示出求职者的兴趣和热情，还可以从他的口气中听出自己是否有希望得到那份工作。

※ 知识链接

16个经典面试回答思路

面试过程中，面试官会向应聘者发问，而应聘者的回答将成为面试官考虑是否接受他的重要依据。对应聘者而言，了解这些问题背后的"猫腻"至关重要。

问题1："请你自我介绍一下。"

思路：①这是面试的必考题目；②介绍内容要与个人简历相一致；③表述方式尽量口语化；④要切中要害，不谈无关、无用的内容；⑤条理要清晰、层次要分明；⑥事先最好以文字的形式写好背熟。

问题2："谈谈你的家庭情况。"

思路：①家庭情况对于了解应聘者的性格、观念、心态等有一定的作用，这是招聘单位问该问题的主要原因；②简单地介绍家庭成员；③宜强调温馨和睦的家庭氛围；④宜强调父母对自己教育的重视；⑤宜强调各位家庭成员的良好状况；⑥宜强调家庭成员对自己工作的支持；⑦宜强调自己对家庭的责任感。

问题3："你有什么业余爱好？"

思路：①业余爱好能在一定程度上反映应聘者的性格、观念、心态，这是招聘单位问该问题的主要原因；②最好不要说自己没有业余爱好；③不要说自己有一些庸俗的、令人感觉不好的爱好；④最好不要说自己仅限于读书、听音乐、上网，否则可能令面试官怀疑应聘者性格孤僻；⑤最好能有一些户外的业余爱好来"点缀"你的形象。

问题4："你最崇拜谁？"

思路：①最崇拜的人能在一定程度上反映应聘者的性格、观念、心态，这是面试官问该问题的主要原因；②不宜说自己谁都不崇拜；③不宜说崇拜自己；④不宜说崇拜一个虚幻的或是不知名的人；⑤不宜说崇拜一个明显具有负面形象的人；⑥所崇拜的人最好与自己所应聘的工作能"搭"上关系；⑦最好说出自己崇拜的人有哪些品质，哪些思想感染着自己、鼓舞着自己。

问题5："你的座右铭是什么？"

思路：①座右铭能在一定程度上反映应聘者的性格、观念、心态，这是面试官问这个问题的主要原因；②不宜说那些易引起不好联想的座右铭；③不宜说那些太抽象的座右铭；④不宜说太长的座右铭；⑤座右铭最好能反映出自己某种优秀品质；⑥参考答案："只为成功找方法，不为失败找借口。"

问题6："谈谈你的缺点。"

思路：①不宜说自己没缺点；②不宜把那些明显的优点说成缺点；③不宜说出严重影响所应聘工作的缺点；④不宜说出令人不放心、不舒服的缺点；⑤可以说出一些对于所应聘工作"无关紧要"的缺点，甚至是一些表面上看是缺点，从工作的角度看却是优点的缺点。

问题7："谈一谈你的一次失败经历。"

思路：①不宜说自己没有失败的经历；②不宜把那些明显的成功说成失败；③不宜说出严重影响所应聘工作的失败经历；④所谈经历的结果应是失败的，宜说明失败之前自己曾信心百倍、尽心尽力；⑤说明仅仅是由于外在客观原因导致失败；⑥表明失败后自己很快振作起来，以更加饱满的热情应对以后的工作。

问题8："你为什么选择我们公司？"

思路：①面试官试图从中了解你求职的动机、愿望以及对此项工作的态度；②建议从行业、企业和岗位这三个角度来回答；③参考答案，"我十分看好贵公司所在的行业。我认为贵公司十分重视人才，而且这项工作很适合我，相信自己一定能做好。"

问题9："对这项工作，你有哪些可预见的困难？"

思路：①不宜直接说出具体的困难，否则可能令对方怀疑应聘者能力不行；②可以尝试迂回战术，说出应聘者对困难所持有的态度。例如，"工作中出现一些困难是正常的，也是难免的，但是只要有坚韧不拔的毅力、良好的合作精神以及事前周密而充分的准备，任何困难都是可以克服的。"

问题10："如果我录用你，你将怎样开展工作？"

思路：①如果应聘者对于应聘的职位缺乏足够的了解，最好不要直接说出自己开展工作的具体办法；②可以尝试采用迂回战术回答，如"首先听取领导的指示和要求，然后就有关情况进行了解和熟悉，接下来制订一份近期的工作计划并报领导批准，然后根据计划开展工作"。

问题11："与上级意见不一致时，你将怎么办？"

思路：①一般可以这样回答："我会给上级以必要的解释和提醒，在这种情况下，我会听从上级的意见。"②如果面试你的是总经理，而你所应聘的职位另有一位经理，且这位经理当时不在场，可以这样回答："对于非原则性问题，我会服从上级的意见，对于涉及公司利益的重大问题，我希望能向更高层领导反映。"

问题12："我们为什么要录用你？"

思路：①应聘者最好站在招聘单位的角度来回答；②招聘单位一般会录用这样的应聘者；基本符合条件、对这份工作感兴趣、有足够信心；③参考答案："我符合贵公司的招聘条件，凭我目前掌握的技能、高度的责任感和良好的适应能力及学习能力，完全能胜任这份工作。我十分希望能为贵公司服务，如果贵公司给我这个机会，我一定能成为贵公司的栋梁。"

问题13："你能为我们做什么？"

思路：①基本原则上"投其所好"；②回答这个问题前应聘者最好能"先发制人"，了解招聘单位期待这个职位所能发挥的作用；③应聘者可以根据自己的了解，结合自己所在专业领域的优势来回答这个问题。

问题14："你是应届毕业生，缺乏经验，如何能胜任这项工作？"

思路：①如果招聘单位对应届毕业生的应聘者提出这个问题，说明招聘单位并不真正在乎"经验"，关键看应聘者怎样回答；②对这个问题的回答最好体现出应聘者的诚恳、机智、果敢及敬业；③参考答案："作为应届毕业生，在工作经验方面的确会有所欠缺，因此在读书期间我一直利用各种机会在这个行业里做兼职。我也发现，实际工作远比书本知识丰富、复杂。但我有较强的责任心、适应能力和学习能力，而且比较勤奋，所以在做兼职时均能圆满完成各项工作，从中获取的经验也令我受益匪浅。请贵公司放心，学校所学及兼职的工作经验一定能使我胜任这个职位。"

问题 15："你希望与什么样的上级共事？"

思路：①通过应聘者对上级的"希望"可以判断出应聘者对自我要求的意识，这既是一个陷阱，又是一次机会；②最好回避对上级具体的希望，多谈自己的要求；③参考答案："作为刚步入社会的新人，我应该多要求自己尽快熟悉环境、适应环境，而不应该对环境提出什么要求，只要能发挥我的专长就可以了。"

问题 16："你在前一家公司的离职原因是什么？"

思路：①最重要的是：应聘者要使招聘单位相信，应聘者在过往的单位的"离职原因"在此家招聘单位里不存在；②避免把"离职原因"说得太详细、太具体；③不能掺杂主观的负面感受，如"太辛苦""人际关系复杂""管理太混乱""公司不重视人才""公司排斥我们某某员工"等；④不能闪躲、回避，如"想换换环境""个人原因"等；⑤不能涉及自己负面的人格特征，如不诚实、懒惰、缺乏责任感、不随和等；⑥尽量使解释的理由为应聘者个人形象添彩；⑦参考答案："我离职是因为这家公司倒闭。我在公司工作了三年多，有较深的感情。从去年开始，由于市场形势突变，公司的局面急转直下。到眼下这一步我也觉得很遗憾，但还要面对形势，重新寻找发挥我能力的舞台。"

同一个面试问题并非只有一个答案，而同一个答案并不是在任何面试场合都有效，关键在于应聘者掌握了规律后，对面试的具体情况进行把握，有意识地揣摩面试者提出问题的心理背景，然后投其所好。一个能了解别人心理活动的人永远不必为自己的前途担心。

※ 项目实训练习

场景

北方某学院热门专业的应届毕业生李凌峰，接到国内一所大型企业研发部门招聘系统工程师职位的面试通知。李凌峰大学三年成绩优秀，并且在国内有影响的学术刊物上发表过论文，动手操作能力较强，很适合从事研发工作。尽管如此，由于竞争者众多，李凌峰对面试并没有十足的把握。

公司人力资源部的两位主管先问李凌峰是否了解本公司，然后就问李凌峰身高多少、有无女朋友等与职位无关的问题。略显孤傲的李凌峰，态度由尊敬转化为轻视，并且在神情中不自觉地流露出来。

随着面试过程的深入，李凌峰逐渐放松下来，他习惯地撸起袖管，嘎吱嘎吱地捏着手中的塑料水杯，双腿不停抖动，好几次碰响了桌子。两位考官似乎略有分工，人事主管问完后，由招聘专员单独与李凌峰交流。

突然，那位人事主管暂时离场，李凌峰认为主管对他失去了兴趣，心思有点乱了，好几次需要对方重复提问。轮到李凌峰提问了，李凌峰问了一些与系统工程师职位有关的问题，考官似乎不太了解，用略显厌烦的语气敷衍李凌峰。

整个面试过程，李凌峰一直低着头，回答问题时，才偶尔抬一下头。

李凌峰又参加了商务英语笔试。李凌峰没学过商务英语，看了3分钟以后，什么也没有写，便交了试卷，脸色阴沉沉的，也没有和考官道别。

考官对李凌峰的面试评价："……有较强的专业研究能力和较大的发展潜力；面对压力，心理素质较差，在人际交往方面有较大缺陷；对公司不够重视。"

看到此番情景，请思考并解决以下问题：

（1）讨论李凌峰求职应聘失败的主要原因。他在哪些方面需要改进？

（2）结合本章内容和自身实际情况，谈一谈笔试和面试过程中应该注意的问题和应该掌握的技巧。

项目十一
大学生就业权益

※ 学习目标

1. 了解与大学生有关的权益保障政策和法律。
2. 了解就业协议书的主要内容和签订程序，熟悉签订就业协议书的注意事项、就业协议书的解除、违约责任及违约后果等知识。

※ 素养目标

1. 通过学习就业协议书和劳动合同的相关内容，培养诚实守信、遵纪守法的良好品质。
2. 熟悉大学生就业相关法律法规和政策，学会用法律武装自己，积极维护自身合法权益。

※ 案例导入

警惕试用期陷阱

某学院应届毕业生季明明第一次找工作时非常顺利，在人才招聘会上一次性成功就业。公司负责招聘的工作人员告诉她试用期为3个月，并且一律没有工资，待转正后才有工资。"公司多年来一直是这样安排用人的，你可以选择不来，来就按照公司的规章办。"迫于这句话的压力，季明明无可奈何地签了约。后来感觉面子上过不去，她编了一个试用期月薪800元的故事来告诉自己的朋友。但因为不懂法律，她也没有向朋友们咨询。转眼3个月试用期即将结束，度过双休日后，像往常一样回到公司上班的季明明发现，这里已经大门紧闭。有一个人过来，向聚在门口的人通知，公司已经倒闭了。3个月后，季明明再一次路过这里时发现，还是原来那些人在用另一个公司的名称在这里办公，包括招聘者都是当初面试自己的那个人。当季明明上前想问个明白时，此人却说没有见过她。附近有人指出，这一伙人一直在用这种方式骗取大家的免费劳动。

任务一　就业协议书与劳动合同签订

就业协议是明确毕业生、用人单位和学校在毕业生就业工作中的权利和义务的书面表现形式，一般由教育部或各省、市、自治区的就业主管部门统一制表。目前普遍采用的就业协议是教育部统一制定的全国普通高等学校毕业生就业协议书。根据国家规定，在达成就业意向后，毕业生、用人单位、学校三方必须签订就业协议书。就业协议书俗称三方协议，经毕业生（甲方）、用人单位（乙方）、学校（丙方）三方签署后生效。

一、就业协议书的内容

就业协议书由规定条款及协议表格两部分构成，以下是这两部分的详细介绍。

1. 全国普通高等学校毕业生就业协议书主要条款

全国普通高等学校毕业生就业协议书有以下五项主要条款。

（1）毕业生应按国家法规就业，向用人单位如实介绍自己的情况，了解用人单位的使用意图，表明自己的就业意见，在规定的时间内到用人单位报到。若遇到特殊情况不能按时报到，需征得用人单位同意。

（2）用人单位要如实介绍本单位的情况，明确对毕业生的要求及使用意图，做好各项接收工作。

（3）学校要如实向用人单位介绍毕业生的情况，做好推荐工作，用人单位同意录用后，经学校审核列入建议就业计划，报主管部门批准，学校负责办理派遣手续。

（4）各方应严格履行协议，任何一方若违反协议，应承担违约责任。

（5）其他补充协议。

2. 协议表格

就业协议如表 11-1-1 所示。

表 11-1-1　就业协议

毕业生情况及意见	姓名		性别		年龄		民族	
	政治面貌			培养方式		健康状况	
	专业			学制		学历	
	家庭地址						
	应聘意见：		毕业生签名：			年　月　日	
用人单位情况及意见	单位名称			单位隶属			
	联系人		联系电话			邮编	
	通信地址			所有制性质		全民、集体、合资、其他	
	单位性质	党政机关、科研事业单位、学校、商贸公司、厂矿企业、部队、其他					
	档案转寄详细地址						
	用人单位意见 签章 年月日			用人单位上级主管部门意见 （有用人自主权的单位此栏可略） 签章 年月日			

续表

学校意见	学校联系人		联系电话		邮箱编码	
	学校通信地址					
	院（系、所）意见 签章 年月日			学校毕业生就业部门意见 签章 年月日		

备注：

一、本协议书限非定向毕业生使用。

二、请毕业生填写：我已报考/我没有报考研究生。

三、毕业生若被录取为研究生，学校视为协议自行取消。

不同意　　　　用人单位：同意　　　　毕业生签字　　用人单位签章

四、其他约定：

注1：毕业生情况及意见、用人单位情况及意见、学校意见分别由毕业生、用人单位、学校按照相关规定如实填写。

注2：就业协议书中的备注栏是为毕业生、用人单位、学校三方约定其他条款所设计的，其内容视为协议的一部分，也具有法律意义。三方在签订就业协议书时，如有一些其他的事项或特殊的约定，应当在就业协议书的备注栏中写明，如薪资标准、保险待遇、住房安排、违约责任、试用期等。毕业生应该好好利用备注栏，更好地争取和保障自己的权益，在与用人单位就某一条协议达成一致意见的情况下，可将该条协议写入备注栏，其内容可为"如本人出国留学，该协议终止""公司愿意为本人承诺怎样的住房待遇"及"本人的试用期是多长时间"等。

二、签订就业协议书的程序

为了保障毕业生和用人单位的合法权益，国家和各省市教育主管部门都制定了签订就业协议的相关程序，应当严格按照以下程序签订就业协议。

（1）学校向毕业生发放就业协议书。每个学生仅能领一式三份，不得多领、冒领。

（2）毕业生和用人单位在供需见面、双向选择的基础上确定用人意向，并在双方在场的情况下填写协议内容，明确就业的具体工作部门或岗位，明确工作条件和生活条件。

（3）毕业生本人在协议书上以文字的形式，签署自己同意到选定单位工作的意见，同时签署本人姓名。

（4）用人单位签字盖章，并签署同意接收该毕业生的意见。用人单位在协议书上注明可以接收毕业生档案的单位名称和地址。无人事权的单位，除了用人单位需在协议书上签字盖章，还必须加盖用人单位上级主管部门的公章，以示同意录用。

（5）用人单位或毕业生将协议书传递到学校毕业生就业工作主管部门。

（6）毕业生所在院（系）和学校毕业生就业部门对就业协议签署意见并签字盖章，留存一份。

(7) 毕业生自己保留一份并及时将就业协议书返还用人单位。

※ 案例导入

就业协议的签订程序很重要

毕业生田贵龙不愿在单位与学校间来回奔波，便一再要求学院就业指导中心老师先在他的空白就业协议书上盖章，老师提醒他如果学院事先签字盖章可能会对他产生不利影响，但是田贵龙充耳不闻，还是再三要求老师先盖章，老师经不起田贵龙的软磨硬泡，便在他写下责任承担书的情况下给他加盖了学院公章。结果用人单位拿到盖了章的协议书后，告诉田贵龙公司总经理外出，单位公章拿不到，要他第二天来拿就业协议书。第二天田贵龙一拿到协议书便傻眼了，公司曾许诺的待遇全部没有，还规定了5年内不得提出住房要求，10年内不能离开公司，工资也降了下来，违约金由1 800元变成了8 000元！田贵龙还未走出校门，就被用人单位"生动"地上了一堂不按程序签订就业协议的教育课。田贵龙的遭遇告诉了我们，按程序签订就业协议是对我们自己权利的一种保护。

三、签订就业协议书应注意的问题

1. 认真审查用人单位的资格是前提

签订就业协议的当事人是否具有合法的主体资格是协议书是否具有法律效力的前提。用人单位不管是机关、事业单位还是企业，都必须具有录用毕业生的自主权。如果其本身不具备用人的自主权，则必须经其具有用人权利的上级主管部门批准。因此，毕业生在签订就业协议前，一定要先仔细了解用人单位的基本情况，审查用人单位的主体资格，这样才有利于做出正确的判断。

2. 认真审查协议书的内容是关键

协议书的内容是整个协议书的关键部分，毕业生一定要认真审查。首先，审查协议内容是否合法，是否符合国家相关法律和政策；其次，审查双方权利和义务是否合理；最后，要审查清楚除主协议外是否有附件即补充协议，并审查清楚其内容。如果确有必要对协议书条款进行变更或增减，毕业生可以和用人单位协商，就原协议书中未能体现的具体权利和义务用补充协议的形式表达出来，在协议书的"备注"栏中加以确定，但涉及的内容一定要具体、明确，不会产生歧义；如无附加条款，应当将协议书中空白部分划去，或注明"以下空白"。必须指出，补充协议书和主协议书具有同等法律效力。

3. 就业协议与劳动合同应相衔接

现行的毕业生就业协议属于"格式合同"，但"备注"部分允许三方根据实际约定相应的权利义务。因此，毕业生可以充分利用"备注"的合法空间及相关规定来进行自我保护。由于就业协议书签订在先，为了避免到就业单位签订劳动合同时发生争议，毕业生在就业过程中应与用人单位就服务期限、试用期、工作岗位和工作内容、劳动保护和工作条件、工作报酬、福利待遇等劳动合同的主要条款与用人单位协商，在就业协议书备注条款中予以注明，并约定就业时签订的劳动合同应包括这些内容，以保证毕业生就业前签订的就业协议与就业时签订的劳动合同相一致。

4. 预先约定解除就业协议的条件

就业协议的解除分为单方解除和三方解除。

所谓单方解除，包括单方擅自解除和单方依法或依协议解除。单方擅自解除协议，属违约行为，解约方应对另外两方承担违约责任。单方依法或依协议解除，是指一方解除就业协议有法律上或协议上的依据。此类单方解除，解除方无须对另外两方承担法律责任。

所谓三方解除，是指毕业生、用人单位、学校三方经协商一致，废除原订立的协议，使协议不发生法律效力。此类解除因是三方当事人真实意思表示一致的体现，三方均不承担法律责任。三方解除应在就业计划上报主管部门之前进行，若在就业派遣计划下达后三方解除，还须经主管部门批准办理调整改派。

※ 案例导入

未预先约定解除就业协议的条件酿成损失

某高职毕业生与用人单位签约时，没有对自己专升本的问题进行约定，也没有向用人单位做说明。后来专升本录取名单公布，该毕业生被录取为某大学的本科生，该毕业生便与用人单位协商解除就业协议，而用人单位不同意。最后，该毕业生只得向用人单位交了3 000元的违约金，以违约的方式来实现自己深造的愿望。

5. 违约责任必须明确

违约责任是指协议当事人因过错，不履行或不完全履行协议规定的义务而应承担的法律责任，它是保证协议履行的有效手段。在签订协议时，应详细表述当事人双方的违约情形及违约后应负的责任，同时还应写明当事人违约后通过何种方式、途径来承担责任。这样才能更有利于当事人双方履行协议，也有利于以后违约纠纷的解决。

※ 知识链接

如何办理违约手续

签订完就业协议，经过一段时间的考虑，大学毕业生也许会觉得所签的单位不一定适合，或者有其他的原因导致要改变所签协议，这就不可避免地涉及违约问题。在就业协议签订以后，三方中某一方由于自身的原因，需要终止就业协议，那么这一方就被判定为违反就业协议书的约定，也就是违约。一般而言，学校这一方不会出现违约的情况。

对于大学毕业生而言，违约一般可以分为两种情况。已经将协议书交给单位，单位签字盖章后，要求解除就业协议的。如果就业协议上漏盖了学校的公章，又没有及时与该学校主管老师联系并补盖公章，学生利用这份协议书与单位签约的，学生如果要求解除协议，也将视为违约。违约方需要承担的责任主要体现在违反协议赔偿金（简称违约金）方面。假如毕业生是违约方，与单位的违约金按照毕业生与单位在备注栏中签署的相关条款执行。如果没有签署相关条款，将由毕业生与用人单位协商解决，学校不收取学生违约金。

假如单位违约，违约金也按照毕业生与单位在备注栏中签署的有关条款执行。如果没有签署相关条款，同样将由毕业生与用人单位协商解决，学校也不收取用人单位违约金。

在解除就业协议后，毕业生将面临换发新协议书的问题，换发新协议书前毕业生需要征得单位的同意，如果单位同意与毕业生解除就业协议，毕业生需要与单位协商并处理违约事宜。随后，应该请单位根据实际情况给毕业生出具解除协议的公函。公函中应该包括解除协议的原因，学校将以此作为依据之一来判定哪一方违约。

首先，如果单位不同意与毕业生解除就业协议，那么违约程序中止，继续执行签订的原就业协议；其次，在单位保留的协议书全部要返还回来；最后，毕业生需要准备一份要求解除就业协议的申请书，申请书上要写明毕业生要求变更协议的具体原因。

四、规范填写就业协议书

1. 关于填写项目

就业协议书的填写项目有如下内容。

（1）毕业生填写项目：专业名称应准确，不得误写、简写；应明确自己的应聘意见，并亲笔签名；其他基本情况如实填写。

（2）单位填写项目：单位名称、通信地址、单位性质及所有制性质、档案转寄详细地址。单位名称必须完整填写（与公章一致），不能简写。通信地址一栏应完整准确地填写。单位性质及所有制性质应如实在协议书相关项目上打钩。档案转寄详细地址应为县级以上有档案接收权的部门。

（3）学校填写项目：学校要如实向用人单位介绍毕业生的情况，做好推荐工作。

（4）其他情况按协议书要求如实填写。备注栏建议内容如服务期、见习期、有关福利、有关违约情况，毕业生和用人单位双方针对毕业生专升本、攻读研究生、报考国家公务员、未获毕业证书或学位，用人单位对毕业生有何特殊的体检要求以及其他有关事项协商达成附加条款，应填写清楚。

2. 关于"用人单位上级主管部门意见"

用人单位按所有权性质可分为国有企事业单位和非国有企业两类。一般来说，国有企事业单位基本上有人事权，即可接收毕业生档案、户口关系，在签约时，单位会告知可接收档案、户口关系，这种情况就不需要在"用人单位上级主管部门意见"栏盖章；但也有些国有企业是下属公司与毕业生签约，这种情况单位一般会请上级主管部门盖章。而非国有企业（如外资、民营、集体企业等），一般不能够独立管理毕业生人事档案、户口关系，通常要通过当地人事部门代为管理，所以与这些单位签约时，必须提请用人单位到上级主管部门盖章，否则无法列入建议就业方案。如这些用人单位无法解决档案和户口关系，请用人单位在协议书上注明。

签订劳动合同

劳动合同亦称劳动契约，是劳动者与用人单位（包括企业、事业单位、国家机关、社会团体、雇主）确立劳动关系、明确双方权利和义务的协议。根据《劳动合同》等法律法规订立的劳动合同受国家法律的保护，对订立合同的双方当事人产生约束力，是处理劳动争议的直接证据和依据。

一、劳动合同的内容

劳动合同的内容可以分为必备条款和其他协商条款两部分。

1. 必备条款

必备条款也称法定条款，是指劳动合同必须具备的由法律法规直接规定的内容。根据《劳动法》的规定，劳动合同的法定条款包括以下七项：①劳动合同期限；②工作内容；

③劳动保护和劳动条件；④劳动报酬；⑤劳动纪律；⑥劳动合同终止的条件；⑦违反劳动合同的责任。

2. 其他协商条款

《劳动法》第十九条规定，用人单位与劳动者签订劳动合同时，除订立上述七项必备条款外，还可以协商约定其他内容。主要有约定试用期和约定保守用人单位商业秘密等条款。试用期最长不超过6个月。保守商业秘密条款是劳动者与用人单位双方约定劳动者保守用人单位商业秘密的有关事项。

二、劳动合同的订立原则和程序

1. 劳动合同的订立原则

订立劳动合同应当遵循合法、公平、平等自愿、协商一致、诚实信用的原则。依法订立的劳动合同具有约束力，用人单位与劳动者应当履行劳动合同约定的义务。

2. 劳动合同的订立程序

一般而言，劳动合同的订立程序如下所述。

（1）劳动合同的双方当事人，一方是劳动者，一方是用人单位。

（2）用人单位招用劳动者时，应当如实告知劳动者工作内容、工作条件、工作地点、职业危害、安全生产状况、劳动报酬，以及劳动者要求了解的其他情况；用人单位有权了解劳动者与劳动合同直接相关的基本情况，劳动者应当如实说明。用人单位招用劳动者，不得扣押劳动者的居民身份证和其他证件，不得要求劳动者提供担保或者以其他名义向劳动者收取财物。

（3）用人单位自用工之日起即与劳动者建立劳动关系。用人单位应当建立职工名册备查，建立劳动关系，应当订立书面劳动合同。已建立劳动关系，未同时订立书面劳动合同的，应当自用工之日起一个月内订立书面劳动合同。用人单位与劳动者在用工前订立劳动合同的，劳动关系自用工之日起建立。

（4）劳动合同由用人单位与劳动者协商一致，并经用人单位与劳动者在劳动合同文本上签字或者盖章生效。劳动合同文本由用人单位和劳动者各执一份。

（5）劳动合同分为固定期限劳动合同、无固定期限劳动合同和以完成一定工作任务为期限的劳动合同。

用人单位自用工之日起满一年不与劳动者订立书面劳动合同的，视为用人单位与劳动者已订立无固定期限劳动合同。

三、签订劳动合同的注意事项

1. 了解用人单位的情况，防止签订无效合同

毕业生应详细了解用人单位是否具有法人资格，从事的工作是否合法，是否有能力兑现合同的约定，以防止签订无效合同而蒙受损失。同时毕业生也应该详细地了解用人单位的其他情况，如用人单位的发展前景，用人单位给员工的福利待遇以及提供的培训机会等，以确定该用人单位确实有利于求职者的发展。

2. 应当签订书面合同，口头合同不可取

建立劳动关系，应当订立书面劳动合同。毕业生切不可因求职心切而相信某些用人单位

关于工资水平、福利待遇等事项的口头许诺，这些口头许诺是靠不住的，一旦有争议，毕业生也难以真正维护自己的权益，口头许诺也会化成泡影。

3. 详细阅读合同条款，识别并拒绝霸王条款

劳动合同牵涉就业者的切身利益，在订立合同的时候，就业者应仔细研读合同的条款，看合同条款是否符合国家的相关法律和政策、合同签订双方的权利和义务是否合理、是否存在霸王条款等，就业者对违规条款应予以拒绝。

4. 收取押金或者证件是违法的

一些用人单位在签订合同前擅自向劳动者索要押金或者扣押劳动者的诸如身份证、毕业证等重要证件，毕业生在签订合同时应对此类行为予以警惕。押金是不可以交的，证件可以让用人单位看，但是决不可以让用人单位将原件带走。

5. 试用期的长度

目前多数企事业单位签订的合同为三年期限，依照规定，试用期最长不可以超过6个月。毕业生在签订合同时应对有关试用期长度的规定清醒地认识，以更好地保障个人利益。

6. 待遇条款要明确

签订合同时，工资水平、工作条件、职务、保险等有关自己利益的待遇条款要明确，切不可含糊。如合同规定用人单位提供保险，但未指明是哪几类保险，这样就属于模糊条款，按其规定，仅仅提供一份保险也算是符合合同，所以劳动者在签订协议时应对此类条款予以明确。

7. 注意就业协议和劳动合同的衔接

就业协议是毕业生和用人单位达成意向后签订的协议，当毕业生到用人单位报到并建立正式劳动关系时，应当签订劳动合同。劳动合同签订后，就业协议自动失效，因此毕业生在签订劳动合同时，要注意使劳动合同与就业协议保持一致，尤其要把就业协议里的约定在劳动合同里表达明确，防止协议中的条款因未写入劳动合同而无法得到法律保障。

四、劳动合同与就业协议的区别

就业协议和劳动合同都是毕业生就业时与用人单位签订的书面协议，都具有法律效力，但是两者签订于就业过程中的两个不同阶段，有着不同的主体、签订时间、时效性、内容及适用的法律。

1. 主体不同

就业协议俗称"三方协议"，是毕业生与用人单位达成就业意向时签订的协议，协议明确了毕业生、用人单位和学校在毕业生就业工作中的权利和义务。签订者是毕业生、用人单位和学校三方，缺少任何一方，协议均无效。学校在毕业生与用人单位之间起着指导推荐、就业监督和就业派遣的作用。劳动合同是毕业生与用人单位确定劳动关系时签订的书面协议，与就业协议不同，劳动合同签订时只有毕业生和用人单位，学校并不在其中。

2. 签订时间不同

一般而言，就业协议签订在先，劳动合同签订在后，毕业生在与用人单位达成就业意向时签订就业协议，通常发生在毕业前；到用人单位报到并建立劳动关系时，签订劳动合同。

3. 时效性不同

就业协议的效力始于签订之日，终止于毕业生与用人单位签订劳动合同之时，也就是

说，劳动合同一旦签订，先前签订的就业协议就不再具有法律效力，一切以劳动合同为准，就业协议中的约定只有在写入劳动合同之后才继续有效，这一点毕业生应特别注意。劳动合同的有效期，是劳动者与用人单位以合同方式确定的，除法律规定的情形外，双方不得随意变更、终止。

4. 内容不同

就业协议的内容主要包括毕业生情况及意见，用人单位情况及意见、学校意见，备注四个部分：毕业生如实介绍自己的情况，并表示愿意到用人单位工作；用人单位如实介绍单位的情况，并表示愿意接收该毕业生；学校同意派遣，在备注栏中可补充一些其他约定。

劳动合同的内容则更加翔实，合同包括必备条款和其他协商条款，双方还可以就法定条款及试用期、培训、保守秘密、补充保险和福利待遇等其他事项进行约定。

5. 适用的法律不同

就业协议适用于《民法通则》《合同法》和国家有关毕业生就业分配的法律法规以及其他相关政策规定，一经签订，各方应严格履行。劳动合同依据的是《劳动合同法》等法规，受《劳动合同法》的约束。

任务二 就业协议书与劳动合同的解除

劳动合同的解除是指劳动合同当事人在劳动合同期限届满之前终止劳动合同关系的法律行为，可分为协商解除、用人单位单方解除、劳动者单方解除等。

1. 双方协商解除劳动合同的法律规定

当事人双方协商解除劳动合同必须符合下列条件：一是双方自愿，二是平等协商，三是不得损害第三方利益。双方协商解除劳动合同，应由当事人双方按照要约、承诺的程序达成解除劳动合同的书面协议。

2. 用人单位单方解除劳动合同的法律规定

（1）劳动者有下列情形之一时，用人单位有权解除劳动合同：第一，在试用期间被证明不符合录用条件的；第二，严重违反劳动纪律或者用人单位规章制度的；第三，严重失职，营私舞弊，对用人单位利益造成重大损害的；第四，被依法追究刑事责任的。

（2）劳动者有下列情形之一时，用人单位有权解除劳动合同，但是应当提前30日以书面形式通知劳动者本人：第一，劳动者患病或者非因工负伤，医疗期满后，不能从事原工作，也不能从事由用人单位另行安排的工作的；第二，劳动者不能胜任工作，经过培训或者调整工作岗位，仍不能胜任工作的；第三，劳动合同订立时所依据的客观情况发生重大变化，致使原劳动合同无法履行，经当事人协商不能就变更劳动合同达成协议的。

（3）用人单位因法定情况，需裁减人员而引起劳动合同的解除。用人单位濒临破产进行法定整顿期间或者生产经营状况发生严重困难，确需裁减人员的，应当提前30日向工会或者全体职工说明情况，听取工会或者职工的意见，经向劳动行政部门报告后，可以裁减人员。用人单位依据本条规定裁减人员后，在6个月内再次录用人员的，应当优先录用被裁减的人员。

在以上（2）、（3）类情形下解除劳动合同的，用人单位应依照国家有关规定对劳动者给予经济补偿。用人单位解除劳动者劳动合同后，未按规定给予劳动者经济补偿的，除必须全额发给经济补偿金外，还须按欠发经济补偿金数额的50%支付额外经济补偿金。

3. 劳动者单方解除劳动合同的法律规定

劳动者解除劳动合同，应当提前30日以书面形式通知用人单位。但有下列情形之一的，劳动者可以随时通知用人单位解除劳动合同：第一，在试用期内的；第二，用人单位以暴力、威胁或者非法限制人身自由的手段强迫劳动的；第三，用人单位未按照劳动合同约定支付劳动报酬或者提供劳动条件的。

※ 项目实训练习

场景一

高职毕业生董元在一次学校举办的招聘会上，与某民营企业达成了意向性协议，该企业工作待遇和环境都很不错，董元很满意，同时该企业又很欣赏董元的能力。招聘会后，董元很快与该企业签订了正式的就业协议书。但董元报到后，企业却迟迟没有与董元签订劳动合同，董元委婉地提出要签劳动合同的意见后，人事部经理却告诉她，有了就业协议书，就用不着签订劳动合同了。董元很奇怪，难道就业协议可以取代劳动合同吗？

看到此番情景，请思考并解决以下问题：

（1）人事部经理的回答对吗？就业协议能代替劳动合同吗？为什么？

（2）讨论签订就业协议和劳动合同时分别应注意哪些问题。

场景二

欧阳文兵是一个口才不错的男孩，常常因为口才好而受到别人夸奖。但是，再好的口才，在黑纸白纸面前也会"哑口无言"。欧阳文兵找工作的过程就像是做游戏，学装饰设计的他没有去人才市场，而是直接骑车在自己喜欢的路段上寻找大的家装公司，上门直接求职。在经过四家公司的入门咨询与谈判后，欧阳文兵签了约，合同上说试用期一个月，试用期内工资1 500元，转正后工资提到1 900元。因为老板亲自面试，在签署合同时老板还强调等欧阳文兵转正之后每天会另加10元的餐补和10元的车补；如果工作满两年，还可以考虑解决电话费等问题。老板还说，欧阳文兵结婚时公司可以考虑以五折优惠为他装饰新房。老板的话让欧阳文兵感觉美滋滋的。

可是，试用期结束后欧阳文兵并没有在自己的工资单里看到餐补、车补的内容，于是，他就去询问公司的人事部经理。人事部经理说，公司合同中并没有此类内容，欧阳文兵马上告诉人事部经理这是老板亲口说的，人事部经理像看一头怪物一样看着欧阳文兵。后来欧阳文兵才知道，他们老板的遗忘速度要比说话速度快，这几乎是各个企业老板在招揽人才时的通病。回忆起签约时自己曾经问过老板这些内容在合同里如果没有的话公司会不会否认，老板说这么大的公司不会在乎这几个钱。而现在，对于人事部经理的解释，欧阳文兵真不知道该如何是好。

看到此番情景，请思考并解决以下问题：

（1）你认为欧阳文兵的问题出在哪里？如果是你，你将如何处理这件事？

（2）在求职就业过程中，大学生应当怎样维护自己的合法权益？全班讨论并各抒己见。

项目十二
大学生自主创业

※ 学习目标

1. 了解创业的概念、种类、作用及其对大学生的意义。
2. 了解大学生创业的条件。

※ 技能目标

1. 熟知大学生创业的实施步骤及风险应对。
2. 了解我国大学生的创业现状。

※ 素养目标

1. 掌握创业机会的识别方法。
2. 能够对创业机会进行评估。

※ 案例导入

雷军与他的小米公司

雷军，1969年出生于湖北仙桃，北京小米科技有限责任公司（简称小米科技）创始人、董事长兼首席执行官，著名天使投资人。2014年2月，小米科技创始人雷军首次以280亿元财富进入"胡润全球富豪榜"，跃居大中华区第57名，全球排名第339位。

1987年，雷军毕业于原沔阳中学（现湖北省仙桃中学），同年考上了武汉大学计算机系。武汉大学是当时国内最早一批实施学分制的大学，按照学校的要求，只要修完一定的学分就可以毕业。刚上大学时，对自己要求比较严的雷军选修了不少高年级的课程。仅用了2年的时间，雷军就修完了所有学分，完成了大学毕业设计。一读完大学，雷军便开始闯荡计算机市场，并从事过各种各样的工作。

在大学四年级的时候，雷军和同学一起创办了三色公司，但三色公司的发展步履维艰，半年以后便解散了。1992年年初，雷军加盟金山软件公司，先后出任金山软件公司北京开发部经理、珠海公司副总经理、北京金山软件公司总经理等职务。1998年8月，雷军担任金山软件公司总经理；2000年年底，金山软件公司股份制改组后，雷军出任北京金山软件股份有限公司总裁。2007年，雷军辞去了金山软件公司的CEO职务。雷军从22岁进入金山软件公司，一直工作到38岁，整16个年头，其间完成了金山软件公司的首次公开募股（initial public offerings，IPO）上市工作。

2010年4月，雷军作为创始人之一创建了小米科技。这是一家专注于智能产品自主研发的移动因特网公司。"为发烧而生"是小米科技的产品理念。小米科技首创了用因特网模式开发手机操作系统、发烧友参与开发改进的模式。经过5年的发展，小米手机已经成为中国国产手机的领导品牌。在2014年的天猫"双十一"活动中，小米科技在天猫平台上销售手机116万台，销售额达15.6亿元，约占天猫当天销售总额的3%，成功卫冕单店第一。

2014年11月12日，优酷土豆集团在上海宣布与小米科技达成资本和业务方面的战略合作，合作内容包括两个方面：一是双方将在因特网视频领域开展内容和技术的深度合作，共同研发视频移动端播放等技术；二是小米科技将向优酷土豆集团投资，并在自制内容及联合制作、出品和发行方面紧密合作。

2014年12月14日晚，美的集团发出公告称，已与小米科技签署战略合作协议，小米科技以12.7亿元入股美的集团。

2014年12月29日，雷军在微博透露，小米科技上周刚完成最新一轮融资，估值450亿美元，总融资额达11亿美元。

2015年10月19日，小米发布了60寸（1寸≈3.33厘米）小米电视3，并推出了九号平衡车产品。

2015年11月24日，小米发布了红米Note3、小米平板2及小米空气净化器2。

随着知识经济和科技的不断发展，社会物质产品得到了极大的丰富，追求个人价值和获得社会尊重将成为大学生的就业期望之一，越来越多的大学生会选择能够展示个人魄力的就业方式创业，即通过自己创办企业、开创自己的事业来实现自己的人生价值。在创业的过程中，创业者只有不断地创新才能使创业之路走得更长远，才能使所创事业发展得更加强大。

任务一　大学生创业概述

一、创业的概念

《辞海》对"创业"的解释是"创立基业"，《现代汉语词典（第7版）》对"创业"的解释是"创办事业"。

法国经济学家理查德·坎蒂隆对创业首次做出定义，他将创业者和在经济中承担的风险联系起来，提出创业代表着承担风险。自此以后，学术界对创业有多种解释，赋予了创业丰富的内涵。有人认为创业是创新、变化、驱动和冒险、创造和增长。也有人认为创业是一种以机会为中心的思维、推理和行动，创业过程以机会识别和创造为核心，目的在于价值的创造和获取，其过程具有整体性，其领导决策具有权衡的特征。

哈佛商学院创业课程的先锋人物霍华德·斯蒂文森对创业做如下定义："在哈佛，我们把创业定义为不局限于目前拥有的资源，寻找机遇，整合资源，利用和开发机会并创造价值的过程。"

二、创业的种类

（一）传统式创业和新兴创业

传统意义上的创业大多指创造新企业、创建新公司，把创新的想法发展成一个高增长的企业，如福特、大众、亚马逊、微软、麦当劳等数百个家喻户晓的企业。新兴创业超越了传统的创办新企业的概念。创业可以发生在大企业和小企业、老企业和新企业、高增长企业和低增长企业、私营企业、非营利性组织和政府公共部门，以及不同的地理位置、不同的经济发展阶段、不同的政治制度之中。

（二）生存型创业和机会型创业

生存型创业是指出于生存目的不得不选择创业的一种创业形态，如因失业、下岗、找不到合适的就业岗位或其他生活变故等失去生活来源，谋生的需要使得人们用创业的方式来就业，创业的目的是获得或者改善个体的基本生存条件。生存型创业在租赁、零售、个人服务等行业较为多见。机会型创业是指通过发现或创造新的商业机会，为了追求更大的利益或发展空间而进行的创业活动。其基本特征是把创业作为个人发展的一种更好的选择，寻求更大的事业发展和价值创造。它具有创新性强的特点，通常集中在高科技领域、金融保险、房地产等商业服务行业中。

（三）个体创业和公司创业

个体创业是指基于个体的或团队的创业行为。公司创业是指已有组织发起的组织创新、创业活动。

（四）创新型创业和模仿型创业

创新型创业是指创业者能够识别具有创新性的创业机会，通过创造和使用新技术、新工艺、新方法等向市场提供新产品和新服务，并创造价值的创业活动。其明显特征是具有新的商业模式，创造一个新行业或新产品，能够实现高速成长和创造更大价值等，对经济和社会发展的贡献比较大。模仿型创业是在已有模式的基础上完全模仿别人的技术、运营方式、产品等建立自己的企业，并没有创造自己的新产品、新技术和新服务。

（五）商业创业和社会创业

商业创业和社会创业是基于价值创造进行分类的。商业创业是以商业利益为出发点的创业行为。社会创业是以公益为出发点的创业行为，是创业精神和创业技能在非营利性组织和非政府部门的体现与应用。

（六）加盟创业

加盟创业是通过加盟某个成熟企业的经营活动而实现创业的方法，一般的方式是加盟开店，加盟商（受许人）与连锁总部（特许人）之间缔结契约关系。根据契约，连锁总部向加盟商提供独特的商业经营特许权，并给予人员训练、组织结构、经营管理、商品采购等方面的指导和帮助；加盟商向连锁总部支付相应的费用，依赖总部拥有的品牌、商标、经营管理技术和现有影响力。相比独创事业，加盟创业在时间、资金和精神上负担更少一些，创业者可在更短时间内入行。此外，奥地利经济学家约瑟夫·熊彼特按创新活动的领域将创业分为五类,即新产品创业、新资源创业、新市场创业、新生产方法创业和企业组织创业。

三、创业的作用

(一) 创业对经济的作用

1934年,约瑟夫·熊彼特在其著作《经济发展理论》中提到,创业者开发新产品、新技术,并随时间推移不断淘汰当前的产品和技术。这样的"创造性破坏"有效提高了消费性需求,大大刺激了经济活力,从而把经济推上新的台阶。这样的小企业被称为"创新者"或"变革推进者"。

20世纪70年代中后期,美国创业活动日趋活跃,中小企业蓬勃发展。在此后的15年间,美国新注册的公司多达60万家,是20世纪五六十年代经济繁荣时期的7倍。至此,美国的经济体系发生了深刻变化,从管理型经济转向创业型经济,创业现象也成为学者研究的焦点和国家发展的战略。

(二) 创业对就业的作用

创业型企业多属于年轻的企业,提供了大量的就业岗位,吸纳了众多的劳动力,在一定程度上解决了就业问题。在美国创业型经济发展时期(1970—1984年),500强企业的固定工作逐年减少,减少了约600万个就业岗位,而新创不足20年的中小企业则提供了不少于1 000万个就业岗位。截至2018年年底,我国中小企业已经超过3 000万家,中小企业提供了大约80%的新岗位,是解决就业问题的主力军。

随着我国高校的不断扩招,毕业生人数也越来越多。大学毕业生的就业形势愈加严峻,党和国家十分重视,实行"积极鼓励自主创业,实施创业带动就业"的就业政策,这不仅解决了大学生就业难的问题,缓解了社会就业压力,而且创业的活力也形成了带动就业的倍增规模效应。一个具有创业能力的大学生通过自主创业不仅解决了自己的就业问题,还能通过创业活动培养出许许多多的就业增长点,从而为社会增加就业岗位。

(三) 创业对教育的作用

大学生创业有利于提高大学生的综合素质,深化教育改革,是提高大学生实践能力极好的途径。培养创新型人才,推进"双流"建设,能为国家的教育事业和民族发展做出重要贡献。2015年5月发布的《国务院办公厅关于深化高等学校创新创业教育改革的实施意见》(国办发〔2015〕36号),从促进经济提质增效升级、实施创新驱动发展战略、推进高等教育综合改革及促进高校毕业生更高质量创业就业的高度,明确了深化高等学校创新创业教育改革的指导思想、基本原则和总体目标。创新与创业教育伴随时代发展应运而生,而它的出现也体现了人们对于创新与创业之间关系的进一步思考。

(四) 创业对个人的作用

创业对个人有以下作用:

(1) 创业者能够选择从事自己喜欢的事业,从中感到快乐。

(2) 创业活动不同于受雇于人的按部就班和循序渐进,能带给人巨大的经济回报,可以使人白手起家,在短时间内拥有财富,实现财务自由。

(3) 在创业的过程中,产品从无到有,事业从小到大,充分发挥了创业者的个性,展露了个人才能,带给人的自我实现感是巨大的。在创业过程中,创业者感受到的无穷变化、挑战和机遇及征服困难的过程都将成为创业者丰富的人生体验。

张瑞敏曾说："我们每个人都想得到别人的尊重，得到社会的认同，都想展现自我价值，那么创业无疑是一条最好的路。"

四、创业对大学生的意义

随着高等教育从"精英教育"向"大众教育"迈进，大学毕业生数量越来越多。因此，在今后一段时期内，大学生面临着严峻的就业形势。因此，大学生自主创业具有十分重要的意义。

（一）有利于大学生自身素质的提高

在提高大学教育管理水平与大学生素质的各类实践探索中，大学生自主创业无疑是最经济最有效的办法之一。通过创业与创业实践，大学生可以充分调动自己的主观能动性，改变自身的就业心态，自主学习，独立思考，并学会自我调节与控制。也只有这样，大学生自主创业才能成功。一个能自我学习、懂得管理自己的时间与财务、善于拓展人际关系并能主动调适工作心态、积极适应社会的大学生，其就业将不存在任何问题。

（二）有利于大学生创新精神的培养

创新是一个民族的灵魂，是一个国家兴旺发达的不竭动力。大学生作为最具活力的群体，如果失去了创造的冲动和欲望，那么中华民族将失去发展的动力。大学生的创业活动有利于培养敢于开拓创新的精神，把就业压力转化为创业动力，培养出越来越多的各行各业的创业者。美国作为世界上的发达国家之一，其大学生的创业率在20%以上。美国前总统里根曾说："一个国家最珍贵的精神遗产就是创新，这是国家强大与繁荣的根源。"中国的未来在于大学生，在于大学生旺盛的创造力与创新追求。

任务二　大学生创业条件

大学生自主创业需要具备一定的条件，如自身条件及创业资金创业团队、社会关系方面的条件。

一、大学生创业的自身条件

创业之路并非坦途，凡事预则立，不预则废。大学生在创业之前要问自己四个问题：我创业的目的是什么？我有创业的能力吗？我具备创业的条件吗？我能承受创业的压力和失败吗？因此，大学生创业必须做好充分的思想和基本条件的准备。

（一）合理的知识结构

大学生想要创业，应具备扎实深厚的专业知识和广博的非专业知识，以及相关的商业知识、管理知识、法律知识、风险投资常识等。

（1）扎实深厚的专业知识和广博的非专业知识。大学生创业者只有具备扎实深厚的专业知识和广博的非专业知识，才能正确分析形势，把握事业发展全局，捕捉商业机会，才能提出精辟独到的见解和谋略，才能认清事物的本质、把握事物的规律，实现自己的创业目标。

※ 案例欣赏

某大学机械专业的小王毕业后盲目创业，学着别人卖菜、卖水果、卖服装，几经波折，没有干成一件事。正当小王垂头丧气时，恰好社区组织个体经营者进行自我创业资源分析。经过分析，小王发现自己最大的长处还是所学的专业。此后，小王开了一家汽车修理店，生意十分红火，他感到一下子有了广阔的空间。创业并不是一件容易的事，除了付出艰辛和努力外，还需要对自己的优势和不足有一个正确的评价，只有这样，才能走向成功。小王学的专业是机械，修理汽车是他的专长，他在认识到自己的长处后及时调整方向，最终获得了成功。

（2）商业知识。大学生创业者要掌握商品交换、商品需求、商品流通等方面的知识，在经济活动过程中实现价值的提升。

（3）管理知识。市场经济充满了竞争和风险，大学生创业者要使自己的创业实践活动获得成功，必须高度重视管理，具备资金财务管理、物资管理、生产管理、市场营销管理和人事管理等方面的知识，并且必须通过学习不断改进管理方法、提高管理水平、提高效益。

（4）法律知识。大学生创业者必须掌握注册登记知识、经济合同知识、劳动法知识、税务知识等法律知识，这些知识可以帮助创业者顺利进行创业。

（5）风险投资常识。风险投资是在没有任何财产抵押的情况下，以资金与公司创业者所持有的公司股份相交换。其投资是建立在对创业者特有的技术、理念认同的基础之上的。风险投资投入周期长，一般需要3～7年的时间，这种投资不但为企业提供资金，而且参与企业的战略决策和经营管理。由于风险投资业务的失败率高达80%，因此，为筹集到创业所需要的足够资金，在创办企业之初，创业者就要选择技术含量高、市场急需且前景好、利润高的项目，这样才能引起风险投资公司更大的兴趣。另外，大学生创业还存在健康风险、家庭风险和市场风险，对于这些风险都要注意避免。

（二）积极的心态

积极的心态与大学生创业的成功有密切的关系。拿破仑·希尔曾经说过："人生成败全在于心态。"心态是指人们对待事物的心理态度，是人的心理对各种信息刺激作用做出反应的趋向。大学生创业要有积极的心态，即要有主动的自我意识、明确的自我价值观念、良好的自我状态及优秀的自我心理品质等。虽然有了积极的心态不一定能保证事事顺利、事事成功，但是它至少可以改变一个人的生活态度；若没有积极的心态，则一定不能创业成功。

（三）健全的人格特质

创业首先是一种艰苦的历练，迷人的人格魅力和良好的心理素质是大学生创业者不可缺少的人格特质。

（1）迷人的人格魅力。人格魅力似乎是个很神秘的东西，人们时常能感觉到它的存在，它像一个神秘的磁场，既引人向往追随又让人捉摸不定。人格魅力是指一个人在性格、气质、能力、道德品质等方面具有的很吸引人的力量。如果大学生创业者能够塑造出迷人的人格魅力，那么成功便在其眼前了。

（2）良好的心理素质。创业成功需要良好的心理素质，创业心理素质对创业实践具有调节作用。

① 创业需要开拓进取的勇气。要取得创业的成功，没有开拓进取的勇气和胆略，不敢

越雷池半步，那是不行的。因为任何一个创业过程都是一个从无到有、从小到大、从弱变强的过程。在这个过程中，创业者要面对之前没有走过的路、没有做过的事情、没有见过的人，并且其中充满了荆棘和坎坷，充满了危机。创业者每前进一步都会有困难和阻力。因此，创业者要有开拓进取的勇气和胆略，要有敢为天下先的魄力，要有顽强的毅力和锲而不舍、持之以恒的精神。

②创业者要有自信心。自信心是发自内心的自我肯定，创业者要相信自己的选择是正确的，相信自己能成功。自信是成功的第一秘诀。一个人没有自信就会自卑，会看不到自己的优势；相反，一个人若有很强的自信心，那么对他来说，几乎没有跨越不了的难关，因为他充分相信自己的能力，并且会全身心地投入，使原本不可能的事情变为可能。当然，自信绝不是盲目地自我感觉良好，而是建立在理性分析的基础上的。创业者在确认自己的目标后，不要瞻前顾后，要通过自己的努力去达成目标，要努力去改革创新。

③创业者要有承受压力和挫折的心理准备。创业中会面临很多压力和不可预知的情况，会遇到一系列的失败，有时候这些巨大的压力和挫折可能会影响创业者的判断能力与决策能力，甚至会影响其身心健康。对此，创业者必须坚持住，牢牢记住：人生不可能一帆风顺，创业中出现失败或挫折是非常正常的，只要自己坚持下去、克服困难、总结经验，就会渡过难关，一步一步走向成熟、走向成功。

（四）杰出的综合能力

创业是极具挑战性的社会活动，是对创业者自身智慧、能力、气魄和胆识的全方位考验。对创业者来说，具备各种能力是创业成功的前提条件。因此，大学生在开始创业前或在创业过程中必须不断培养和提高自身的综合能力。

（1）学习能力。创业者具备的学习能力即获取知识的能力，包括对知识的接受、转化与应用的能力。创业者要能够把在创业过程中遇到的实际问题转化为自身的工作经验。

（2）开拓创新能力。对一个企业来说，创新不但有利于促进企业的发展，而且是企业有效化解风险和取得竞争优势的有效途径。

（3）科研动手能力。创业者要能够将自己头脑中的思想、创意和灵感转化为现实的科技发明成果与产品。

（4）管理能力。创业者要有过人的经营决策能力、分析判断能力、指挥协调能力、抵御和化解风险的能力及信息处理能力。一个优秀的创业者能够对整个创业项目进行计划、组织、领导和控制。

（5）组织领导能力。创业者要有出色的领导水平，具备统率和用人能力。创业者要有对自己员工的指挥、调动、协调及对非人力资源的集中分配、调度、使用能力，还要有对企业组织机构的设计与再设计能力，主要表现为对组织机构的设计、人员的配置，如对组织成员的任命安排、明确其职责范围等。组织领导能力是创业者应当具备的重要素质，是开办企业、使企业正常运转的保证。

（6）协作能力。协作是创业者事业成功的重要支持力量，是一种能设身处地为他人着想，善于理解对方、体谅对方，善于合作共事的心理品质。协作与创业者独立思考、自主行动并不矛盾。创业者需要的是自立自强，而不是孤僻、独来独往。培养协作能力是创业者获得别人和社会的帮助与认同的重要前提。

（7）良好的沟通能力。无论是与团队核心人员还是与公司普通员工、合作伙伴等，沟通是最关键的。创业者要能够随机应变，在人际交往中做到热情、真诚待人，能研究和理解对方的心理，促使相互间心灵沟通、情感融洽，以建立长久、理想的人际关系。

（五）丰富的社会阅历

丰富的社会阅历能够提高大学生创业的成功率。受年龄及相应学识的限制，大学生很难拥有关于创业的直接经验，创业知识一般也限于纸上谈兵。在这种情况下，大学生在创业中一定会遇到各种不可预见的问题，以致创业困难。因此，大学生创业者需要不断丰富自己的社会阅历，以应对创业中遇到的各种困难。

（六）科学合理的创业观

创业是一种职业选择，也是一种生活方式的选择。对于打算创业的人来说，要树立正确的创业观，要辩证地看待创业；既要看到创业成功的收获、鲜花和掌声，也要充分认识和评估创业的风险；充分评估这一选择是否是自己内心的渴望与追求，实事求是地分析自己所具备的创业能力，从而做出一个适合自己的决定。

创业是一个过程，而不仅仅是一个单独的事件。这个过程可以进行管理，成功的创新与创业需要系统化地全面管理，管理的是整个过程而不是过程的某个部分。创新与创业的真正意义不是获得一次成功，而是在整个发展过程中获得成长。创业者的管理能力会在此过程中不断得以开发，并形成独特的竞争力。

二、大学生创业的其他条件

大学生创业除了需要自身的条件之外，还需要创业资金、创业团队和社会关系三方面的条件。充分利用这些条件是创业者打开创业局面、顺利进入创业角色的基础。

（一）具有创业资金

创业资金是指创业者进行创业时的资本投入，包括创业者能力提高的就业培训、店铺租赁、店面装修、店面展示商品所需的资金及数量不等的流动资金；创业的项目无论大小都需要一定的资金，尤其是启动资金，也需要一些最基本的开支，如产品定金、代理费用或店铺租金等。因此，对于创业者来说，快速、高效地筹集到资金是创业成功至关重要的因素。

※ 知识链接

如何提高创业融资的成功率

对于创业，融资是一件非常重要的事情，不懂得融资或不融资，创业将会变得无比困难。小企业在融资的过程中，为了保证融资的成功率更高，应当注意以下几个方面。

（1）客观认识先入优势。需要注意的是，先入者并不能保证长久的优势，如果你强调先入优势，则必须讲清楚为什么先入是一种优势，是先入者能够有效地阻碍新进入者，还是用户并不轻易更换供应商。

（2）明确是根据市场需求量还是根据销售能力预测销售。预测的一个常见错误是先估算整个市场容量，然后说自己的企业将获得多少份额，据此算出期望的销售额。另一个错误是先预计每年销售额的增长幅度，据此算出今后若干年的销售额。比较可信的方法是计划投入多少资源，调查面向市场有多少潜在客户、有哪些竞争产品，然后根据潜在客户成为正式用户的可能性和单位资源投入量所能够产生的销售额，做出企业的销售预测。

（3）客观认识市场规模。一个常见的错误是对市场规模的描述太过空泛，或没有依据地说自己将占有百分之几十的市场份额,这样并不能让投资者相信你的企业可以做到很大规模。

(4) 拥有独特竞争优势。只有好的创意还不够,还需要有独特的"竞争优势",这个优势可保证即使整个世界都知道你有这样一个创意,你也一定会成功。除了有好的创意或某种竞争优势以外,企业人人能建,但你会经营吗?如果你能用不多的几句话阐明这些问题,并引起投资者的兴趣,那么你就可以告诉他们你计划需要多少资金、希望达成什么目标。

(5) 不刻意回避竞争对手。有些创业者为了强调企业的独特性和独占优势,故意不提著名的竞争对手,或强调竞争对手很少、很弱。事实上,有成功的竞争对手存在正说明产品的市场潜力,对于创业投资企业来说,有强势对手同行,就有了将来被收购套现的潜在机会。

(6) 注重市场。对一些新兴企业,尤其是高科技企业,其领导者都是工程师或科学家出身,由于有专业背景和工作经历,他们对技术的高、精、尖十分感兴趣,但是投资人关注的是创业者的技术或产品的盈利能力,产品必须是市场所需要的。技术的先进性当然是重要的,但只有向投资商说明自己的技术有极大的市场或极大的市场潜力时他们才会投资。很多很有创意的产品没能获得推广是因为发明人没有充分考虑客户真正需要什么,没有选准目标市场或做好市场推广。投资者是商人,他们向你投资不是因为你的产品很先进,而是因为你的企业能赚钱。

(7) 要善于与投资者讲价钱。一方面,投资者对创业企业的报价往往类似于升价拍卖,如果投资者真的很看好这家企业,他们会提高对企业的估价,到双方达成一致意见为止。一方面,创业企业在融资时的报价行为类似于降价拍卖,刚开始时自视甚高,期望不切实际的高价,随着时间的推移,企业资金越来越吃紧,投资意向一直确定不下来,锐气逐渐磨钝,最后只能接受现实的价格。

(二) 具有创业团队

创业团队是指由少数具有技能互补的创业者组成,为了实现共同的创业目标和一个能使他们彼此担负责任的程序而努力的团体。创业一般不是单打独斗,与他人共同创业是很多创业者采取的方式。一项针对创业者能力的研究报告指出,团队创业成功的概率远高于个人独自创业。团队创业要注意以下几个问题。

(1) 团队成员要知己知彼。大学生在创业时应该寻找自己的创业合作伙伴,尤其是志同道合的同学。团队创业要求团队成员有共同的创业理想和追求,创业者各有优势,做事情和思考问题能从团队的角度出发,团队成员沟通协调较好。

《孙子兵法》中说:"知己知彼,百战不殆。"在创业团队中,团队成员要非常清楚地认识到自身的优势与劣势,同时对其他成员的长处和短处也一清二楚,这样可以很好地避免团队成员之间因为相互不熟悉而造成各种矛盾、纠纷,能迅速增强团队的向心力和凝聚力。

(2) 团队成员要才华各异、相得益彰。组建创业团队时,要着重考虑成员之间的知识资源、能力或技术上的互补,以充分发挥个人的知识和经验的优势,这种互补将有助于强化团队成员间彼此的合作。一般来讲,团队成员的知识、能力结构越合理,团队创业的成功率就越高。相对来说,一个优秀的创业团队必须包括以下几个方面的人员。

① 创新意识非常强的成员。这类人可以决定企业未来发展的方向,相当于企业的战略决策者。

②策划能力极强的成员。这类人能够全面周到地分析整个企业面临的机遇与风险，考虑成本、投资、收益的来源及预期收益，甚至还能胜任包括制定企业的管理规范章程，制订长远规划等工作。

③执行能力较强的成员。这类人负责具体的执行过程，包括联系客户、接触终端消费者拓展市场等。

（3）必须有优秀的领导者。创业团队中必须有优秀的领导者，且这种领导者并不是单凭资金技术、专利来决定的，也不是谁出好的点子谁当领导者的。这种领导者需要获得团队成员发自内心的认可。

团队创业有很多优势，但是在创业过程中不可避免地会出现一些摩擦，有时会出现一些内部矛盾，如各自投入资金的多少、是否有明确的分工、能否健全合作机制、是否具有团结一致的创业精神等，这些问题如果处理不当都有可能使合作伙伴之间的关系产生裂痕，发生的矛盾如果没有得到及时的协调处理就会逐步激化，并有可能导致不可收拾的局面出现。

※ 知识链接

从唐僧师徒谈领导者的魅力

《西游记》里的师徒四人历尽磨难，实现了最终的目标。在中国的"四大名著"中，只有《西游记》中的师徒四人是一个成功的团队。

其根本原因是他们拥有一个好的领导者——唐僧。

唐僧的领导者魅力表现为以下几点：

（1）"没本事"。唐僧不过高估量自己，有自知之明，不用自己的短处来应对这个世界，这就是他的长处。领导者不需要专业技能特别优秀，但要善于把最优秀的人集合起来，让他们为自己工作。

（2）宽容。唐僧对自己的徒弟很宽容，特别是对最重要的也是最有个性的孙悟空。

（3）善于用人。一个团队需要个性化的成员共存，唐僧让每个下属都有施展的空间，很好地发挥了他的三个徒弟的长处。

（4）有远景目标。有位管理学家说过："用一句话来概括，领导的作用就是为团队成员提供一个远景目标。"唐僧对团队的目标坚定不移，信心坚定。

（5）心态平和，不急功近利。唐僧遇到阻碍时不灰心，取得成绩时不沾沾自喜，始终保持良好的心态，一步一步接近自己的目标。这是领导者魅力的核心部分，因为一个领导者遇到的困难要比任何一个下属遇到的困难都要多，都要严重。

（6）对下属恩威并重。唐僧对每个徒弟都有恩情，但对他们从来都是赏罚分明。

（7）有很好的人际关系。人际关系是一个领导者可被利用的资源，充分利用这个资源有利于团队目标的实现。观音菩萨屡屡在关键时刻出手，帮助唐僧师徒实现目标。

（8）形象好。团队最主要的形象取决于领导者的形象，这个形象是外在和内在的结合。保持良好的形象是领导者必备的素质之一。

（三）具有良好的社会关系

斯坦福研究中心曾经发表过的一份调查报告指出：一个人赚的钱，12.5%来自知识，87.5%来自人际关系，一个人事业的成功，80%归因于与别人相处，20%来自自己的心灵。创业者能否编织出属于自己的高效的人际关系网络决定其创业的成败。社会关系在创业活动中被放在一个很重要的位置上，社会关系网络会或多或少地帮助创业者，是其创业成功的因素之一。

在很多情况下，社会关系使创业者受益匪浅。在创业的时候，创业者若能够客观地去发掘别人的优点并真诚地尊重和欣赏别人，那么其在社会交往中便能如鱼得水了。

任务三　大学生创业过程

一、大学生创业的实施步骤

（一）熟悉国家的相关政策

国家为了引导个体经营的健康发展，颁布了一系列的政策法规，鼓励大学生自谋职业、自主创业。熟悉这方面的政策，有助于大学生以国家为后盾实现自己的理想，更好地为自主创业制定目标。

（二）进行市场调查

想要成功创业，不可或缺的一步就是进行市场调查，包括对社会环境的调查和对市场要素的调查。社会环境调查包括对政治、经济、文化和科技的变化及导向的调查。市场要素调查包括对行业需求、消费群体、合作伙伴、竞争对手、地域环境等内容的调查。市场调查的精确与否会直接影响创业者的决策，因此创业者要掌握科学、正确的调查方法。

（三）确定创业项目

准备从事个体经营活动的大学生应根据自己的专业特长和所在地区的实际情况，选择当地群众急需而又紧缺的行业大众需要而国有企业和集体企业尚未经营或经营不当的行业，从事个体经营。

创业是高风险的经营活动，创业企业的成功率很低，而大学生的创业成功率远低于一般企业的创业成功率。创业需要启动资金，需要投入大笔资金，少则数万元，多则数十万元甚至数百万元。投资失败则血本无归，倾家荡产，负债累累。因此，创业者要在市场调查的基础上，结合社会发展需要和自身条件，正确识别创业机会，明确创业构思，通盘考虑项目的风险性、可行性、正当性、持续性、扩张性，最终确定经营项目。创业项目的选择是创业成功的核心。为了减小投资失误的风险、提高创业成功的可能性，在形成创办企业项目的构思以后，创业者在创业之前一定要对创业项目进行全方位的分析。

※　知识链接

大学生选择创业项目的注意事项

大学生选择创业项目不要人云亦云，总挑一些目前最流行、最赚钱的行业。要知道，这些行业往往市场已经饱和，即使还有一点空间，利润也不如早期大。

（1）要选择适合自己的项目。俗话说，隔行如隔山。应尽量选择与自己的专业、经验、兴趣、特长相关的项目。

（2）要看准所选项目或产品的市场前景和利润。有些产品需求很大，但成本高、利润低。

（3）要从实际出发，不贪大求全。当瞄准某个项目时，最好适量介入，以较少的投资来了解和认识市场，等到自认为有把握时，再大量投入，放手一搏。不要嫌投入太少、利润小，船小好掉头，投入少时，即使出现失误，也有挽回的机会。

（4）要尽量选择发展潜力较大的项目。选择创业项目时不要从众，要选择有发展前景、有市场空间的项目，认真进行评估。

（5）要周密考察和科学取舍。要对获取的信息认真分析，如要看信息发布者的实力和信誉（最好向当地市场监督管理等部门了解情况），要看项目成熟度、有无设备、服务情况如何、能不能马上生产上市等，还要看目前此项目的实际实施者在全国有多少、其经营情况如何等。

（四）编写创业计划书

创业计划书主要用于描述与拟创办企业相关的内、外部环境条件和要素特点，为业务的发展提供指示图和衡量业务进展情况的标准。一份良好的创业计划书往往成为吸引风险投资的"敲门砖"。

※ 案例欣赏

小徐一门心思想做老板。经过两年的努力工作和省吃俭用，她积蓄了一笔资金，又向亲戚朋友借了一些钱，其中10万元做了注册资金，5万元用于流动资金。她认为，个人创业必须有丰富的工作经验，所以在过去的工作中，她总是分内分外的事全都抢着干，从不计报酬。尤其是经营方面的事，她更是竖着耳朵听，目的就是多学点儿本事，为自己开公司做准备。另外，她认为个人创业必须有一个好的项目。她选择了一个当时的朝阳项目房地产租赁咨询。

在办齐所有手续后，她努力工作，可怎么也没想到，最初的3个月几乎没有生意，直到第6个月才稍有收入，生意还很不稳定。半年来，她赔了3万元。她开始动摇了，觉得自己是在靠运气吃饭。她认为做生意不应该是赌博，肯定是哪儿弄错了。她不想再这样干下去了，认为不能等到这15万元都赔光的时候才行动。她要去弄明白问题到底出在哪里。在第7个月，她关掉了公司。

导致小徐失败的原因很复杂，但一条重要原因就是没有一个完整的创业计划。小企业抗风险能力很低，自然危机重重。要想创业成功，还要学会怎样避免资金"打水漂"。

1. 创业计划书的内容

在现实生活中，由于计划侧重点各有差异，创业者编制的创业计划书在内容、结构特点和写作风格上也不尽相同。但从总体来看，创业计划书应包含以下几部分内容。

（1）封面与扉页。创业计划书封面应整洁美观，要有审美性和艺术性。封面内容可包含企业名称、创业者姓名、日期、通信地址、联系方式等相关信息。扉页一般为保密承诺，旨在说明创业计划书属于商业机密，未经同意不得复印、影印或泄露。

（2）计划摘要。计划摘要往往是整个创业计划精华的浓缩，涵盖了创业所有的要点，主要产品和业务范围、目标市场、销售计划、生产管理计划、管理团队、财务计划及企业长期发展目标等。计划摘要文字要简练，篇幅最好控制在一页纸之内，让读者一目了然。

（3）企业介绍。该项目主要包含企业创业理念和企业的基本情况两个方面的内容。企业创业理念向阅读者阐明企业创业的思路、出发点、方向目标、经营理念及企业文化。企业的基本情况主要介绍企业的名称、成立时间、注册地点、公司性质、创业组织、法人代表、注册资本、目标和发展战略、未来经营情况及团队竞争力等内容。

（4）产品和服务。该项目要尽可能用通俗易懂的语言进行表述，包括产品的概念、性能和特性、应用领域、独特性及优越性、研究和开发过程、市场竞争力、市场前景预测、产品的品牌和专利等。要实事求是地介绍产品和服务，如果允许，可附上产品原型、技术样图和生产过程等相关照片。

（5）管理团队。风险投资家信奉这样的箴言："宁投一流的人才、二流的项目，不投二流的人才、一流的项目。"另外，北京大学风险投资研究会的调查报告表明，风险投资家拒绝投资的理由有40%是对创业管理团队的能力和素质不满意，对创业者能够带领企业在竞争环境中成为市场的主导持怀疑态度。从中可看出，企业拥有一支高效的、富有凝聚力的管理队伍，将在很大程度上影响企业的成功。在创业计划中，要注意阐明人才队伍的组成结构、教育背景、分工状况等，向投资者展示团队的凝聚力和战斗力。

（6）市场分析。市场分析是对市场供需变化的各种因素及其动态、趋势的分析，内容主要包括市场的特征、消费者需求情况、目标顾客和目标市场、产品销售趋势、销售渠道、竞争优劣势、竞争对手情况及如何开拓新市场等。

（7）生产计划。生产计划是企业进行生产管理的重要依据，应包含生产方式、生产设备、生产技术、质量监控，还应包含原材料采购渠道、供应商情况介绍、劳动力队伍构成情况、厂房场地等。

（8）融资计划。创业融资是创业者获得大量资金的重要途径。新企业可利用不同的融资工具，从多个渠道筹集到企业发展所需要的资金。这些融资渠道共同构成了企业的融资体系，为企业提供有力的资金支持。创业计划书中要对融资的渠道进行描述，以增加潜在投资者的信心。

（9）财务计划。战略伙伴和投资者往往对企业的财务收益状况与企业对市场的预测最关心，往往以此决定是否要加盟或投资。这些内容需在财务计划中展现，具体应包含经营规划与资金预算、现金流量表、预计损益表、资产负债表等内容。

（10）风险与风险分析。创业风险是指创业环境的不确定性、创业机会与创业企业的复杂性，创业者、创业团队与创业投资者的能力和实力的有限性导致创业活动偏离预期目标的可能性。

一般来说，创业计划中的风险分析应包括市场风险分析、技术风险分析、经营风险分析、财务风险分析、人力资源风险分析、自然灾害风险分析及其他不可预见的风险分析，创业者要针对所提出的各种风险逐项进行风险应对分析。对于企业可能面临的各种风险，创业者最好采取客观、实事求是的态度，不能因为其产生的可能性小就忽略不计，也不能为了增大获得投资的机会就故意缩小、隐瞒风险因素，而应该对企业所面临的各种风险都认真地加以分析，并针对每种可能发生的风险制定相应的防范措施，这样才能取得投资者的信任，也有利于引入投资后双方的合作。

2. 编制创业计划书的注意事项

编制创业计划书的目的是引起战略伙伴和投资者的注意，只有呈现竞争优势和丰厚的投资回报，以客观、准确的数据加以佐证，目标才能更好地实现。因此，在编制创业计划书时要注意以下四个事项。

（1）言简意赅，突出重点。在追求时效性的今天，阅读者不会花费太多时间来阅读创业计划书，因此创业计划书必须用真实、精练的语言进行透彻的论述，开门见山、切入主题，突出投资者利益，展示企业未来前景，让阅读者在最短时间内捕捉到最有用的信息。

（2）首尾呼应，内容一致。由于创业计划书内容繁杂，在编制过程中可能有多人参与，容易出现前后不一、自相矛盾、写作不连贯、文风迥异等问题，因此，在完成创业计划书的大致框架后，应由一人协调定稿。

（3）数据精准，操作性强。在创业计划书中使用数据、图表、案例等材料，往往比通篇纯文字阐述更有说服力。预计销量、企业占地面积、流动资金金额、员工数量等要准确罗列；同时，组织结构、管理措施、市场调查、开业流程、促销方式、宣传形式等要具有可行性和可操作性。

（4）排版合理，装订美观。创业计划书的各项内容具有关联性和整体性，在排版方面要注意编排合理，突出层次性、合理性。一份整洁而美观的创业计划书往往能增加阅读者的好感和信任度，因此对字体、颜色、纸张及印刷效果等各种细节也要重视。

综上，创业者要在掌握市场信息和行业信息的基础上编写创业计划书，要将市场调查的结果，行业发展状况，项目可行性、风险性和操作性，企业组织结构，生产形式等重要内容真实地反映到创业计划书中。创业计划书完成后，要多征求他人意见，经反复审阅修改后方可定稿。

（五）准备创业资金

对于大学生而言，在创业之初如何筹措启动资金往往成为最棘手的问题。一般来说，大学生创业筹措资金的渠道有四种：一是自筹资金，通过自己打工的方式积累原始创业资金；二是亲友资助，即向亲属、朋友等借，其优势在于向亲友借钱一般不需要承担利息，具有速度快、风险小、成本低的特点；三是向银行贷款，目前的银行贷款有抵押贷款、信用贷款、担保贷款和贴现贷款等形式，创业者要提前对其类别和程序进行了解；四是风险投资，又称创业投资，主要是指投资企业向初创企业提供资金支持并取得该企业股份的一种融资方式，风险投资家以参股的形式向创业项目投资，实现增值后便会自动退出。

（六）选择创业地址

一个好的地理位置对于企业成功至关重要。创业者要根据创业项目的特点选择合适的地址进行经营，要考虑目标客户、竞争对手、交通状况、能源供应、基础设施、劳动力成本、租金成本、政策导向等。

（七）进行企业注册

创办新企业要注册登记，就像办理户口一样。我国相关法律规定，新办企业必须经市场监督管理部门批准登记后获得营业执照，并获得有关部门颁发的经营许可证，如卫生许可证、环保许可证、特种行业许可证等。

企业只有注册登记，领取了营业执照才是合法的企业，才能取得法人资格，得到国家法律法规的保护，享受国家有关的优惠政策。企业申请登记的事项是指企业在申请登记时应填报的项目，其主要事项包括企业名称、住所、法定代表人、注册资金、经营范围、所有制形式、经营形式、从业人数、经营期限等。

市场监督管理部门对企业法人申请登记注册事项的核定是企业法人登记注册程序中最重要的一个环节；其意义是企业法人登记注册一经核定，企业即具备法人资格，其权利能力和行为能力随之产生。

（八）挂牌营业

在所有的前置手续全部完成后，创业者就可以择日开业了。在这里需要考虑的是开业时间的选择。选择开业时间，一般要考虑有关部门人员是否有时间参加、天气是否晴好、是否在节假日等因素。

（九）进行企业的日常管理

企业的日常管理主要包括建立组织机构、设备安装与调试、员工招聘与培训、做好管理的各项基础工作、材料采购与试产试销、重新确立产品设计、开展具体的生产经营活动。

二、大学生创业的风险应对

创业风险是指在创业过程中，由于市场需求量、技术成熟度、资金流转、同行竞争、团队协作能力、人才去留、投资者能力及资源整合等各方面因素存在不确定性，从而导致创业活动偏离预期目标的可能性及后果。

（一）创业风险的特点

创业风险具有以下特点。

（1）客观性。在创业过程中，创业者会面临许多内外部的不确定影响因素，这些因素往往是客观存在的，因而创业风险也必然存在。实际上，创业本身就是一个识别风险和防范风险的过程，无论创业者对风险的认知程度如何、冒险偏好如何，这些风险都是不以人的意志为转移的。

（2）不确定性。创业过程中所依赖和影响的各种因素（如政策、市场需求、竞争对手、原材料价格等）具有不确定性，这些因素在不断变化和发展，创业者很难预知，因此造成了创业风险的不确定性。

（3）相关性。创业风险的预知和防范程度往往与创业者的认知水平、性格偏好、能力大小、资源多寡有关，同时与其采取的应对策略有紧密联系。同一事件对不同的创业者会产生不同的风险，同一创业者采取不同的应对策略会产生不同的风险结果。

（4）双重性。创业有成功与失败之分，创业风险亦有盈利与亏损的双重性。风险越高，收益可能越大。

（5）可变性。当创业的内、外部条件发生变化时，创业风险的大小、性质和程度也会随之变化。例如，如果投资方临时减少原有投资金额，就会增加创业风险。

（6）可识别性。创业风险是可以被识别和划分的。预测和评估可通过定性或定量的方法进行，有时会出现预测与实际结果出现偏离的现象。

※ 课堂活动

风险意识测评

下面的每个问题有可供选择的 5 种答案，请你从中选择一个适合自己情况的答案。"是"用 5 表示，"倾向于是"用 4 表示，"不知可否"用 3 表示，"倾向于否"用 2 表示，"否"用 1 表示。请根据得分情况对自己进行风险意识测评。

（1）在时速 150 千米的火车上，你敢立在车厢门口的踏板上吗？

（2）河里的水非常凉，你敢第一个下水泅渡吗？
（3）假如驯兽师事先告诉你保证安全，你敢和他一起进入关着狮子的铁笼里吗？
（4）没有经过训练的你敢驾驶帆船吗？
（5）在具备专门技术的工人带领下，你敢爬到工厂里高大的烟囱上去吗？
（6）惊马狂奔，你敢抓住它的缰绳吗？
（7）外出旅行，驾驶汽车的是你熟悉的司机，不久前他发生过严重的车祸，你敢坐他的车吗？
（8）站在10米高的楼房上，下面是张开的消防救护帆布大篷，你敢往下纵身一跳吗？
（9）久病卧床需动手术，而手术又有生命危险，你同意这样治疗吗？
（10）电梯的载重量只限6个人，你敢和另外7个人同乘这部电梯吗？
（11）权威人士告诉你裸露的高压电线里没有电流，并吩咐你用手触摸它，你敢这样做吗？
（12）听过几次驾驶直升机的技术讲座，你认为你有把握驾机飞行吗？

结果分析：假如你的答案累计得分在50分及以上，那么你就是一个敢冒风险的人；假如你的得分为26～49分，那么你就是一个既不敢冒风险也不小心谨慎的人；假如你的得分在25分及以下，那么你就是一个小心谨慎的人。

（二）创业风险的类型

创业风险有以下几种类型。

（1）机会风险。机会风险源于创业者放弃了原本的职业所面临的机会成本风险。另外，受主客观因素的影响，因信息获取量不足、把握市场规律不准确、对创业项目不熟悉等，创业者还面临着创业机会识别与评估的风险。

（2）技术风险。技术风险是指由于技术方面的因素及其变化的不确定性而导致创业失败的可能性，创业者在技术创业过程中，由于技术创新所需的相应配套设施不成熟、不完善，以及对技术创新市场预测不充分等，可能面临技术不足、技术开发、技术保护、技术使用、技术取得和技术转让等方面的风险。

例如，美国杜邦公司曾对一种称为corfam的皮革替代品进行开发并上市销售，亏损了近1亿元，成为该公司历史上罕见的一次失败。在科技成果转化过程中，可能面临科技成果与市场需求脱节的问题。科技含量越高，价格可能越贵，消费者越难以承受。

（3）项目风险。项目风险是指导致项目损失的可能性。美国项目管理大师马克思·怀德曼将项目风险定义为"某一事件发生给项目目标带来不利影响的可能性"。创业者在选择创业项目过程中可能存在对项目可行性分析不全面、对产品定位不准确、对市场把握不清、对项目不熟悉、创业时机把握不当、项目进度不合理等问题，加上对行业外在环境变化、地域文化差异把握不准等因素，从而造成创业方向失误。另外，创业者还可能因项目保护不当而面临成果被窃取、项目侵权等风险。

（4）市场风险。市场风险是指市场主体从事经济活动所面临的盈利或亏损的可能性和不确定性。创新企业自开业之日起就面临与同行业的市场竞争，创业者如果不能准确预知市场对产品的需求量、消费者对产品的喜好程度、竞争对手的实力和多寡及产品导入市场的时间等，就会面临较大的市场风险。例如，1959年，IBM公司预测施乐914复印机在10年内仅销售5 000台，从而拒绝了与研制该产品的哈罗德公司合作。结果由于复印技术被迅速采用，改名为施乐公司的哈罗德公司10年内销售了该产品近20万台。IBM公司由于对市场估计不准确而错失了盈利机会。

（5）资金风险。资金风险主要是指资金的运转不能满足企业正常的营业而面临的创业失败风险。健康的资金链是企业存活的根本。创新企业若不能处理好资金流入和流出的关系，对出现的资产负债情况不能准确、及时地采取应对策略，则很可能会造成创业夭折。而老企业若盲目扩张，也会面临资金周转不到位等风险。

（6）管理风险。管理风险主要指企业管理不善而产生的风险。管理者决策水平的高低对新创企业的成败影响巨大。据美国兰德公司估计，世界上破产的大企业，85%是企业家决策失误造成的。张瑞敏也坦言："海尔最关键的是不能出现战略决策失误。"由此可见，创业者的管理水平对企业的发展具有重要影响。

管理风险与两个方面的因素有关：一是创业者的综合素质和经验，包括技术水平、管理方法、决策水平、企业家精神等；二是管理机制的成熟度，如企业文化、企业组织机构设置、人力资源等。如果创业者缺乏专业的管理知识，企业就容易出现经营决策的不科学、人员激励机制的不健全、与外部合作的不畅通等问题，使企业面临较大的管理风险。

（7）环境风险。由于企业不可能处于真空状态，因此不可避免地会受到社会环境和自然环境的影响。社会环境中的政治、政策、法律和市场规律等因素都会作用于企业，如创业者可能在项目审批、资金筹措、补贴申请、政策变化等方面面临行政风险。而自然环境中的自然灾害、气候等不可抗因素也会对企业造成不同程度的影响。

（8）人才流失风险。人才是企业的命脉。人才的流失，特别是骨干人才的流失往往会增加该岗位的成本。企业重新招聘人才、培养人才会费时、费力、费钱。另外，人才的流失还可能带来企业商业机密泄露、项目中断、人才演变为竞争对手等情况。

（三）创业风险的识别

创业风险的识别是指创业者依据企业活动的迹象，运用各种方法对企业面临的显性风险和隐性风险加以鉴定与辨别的过程。创业风险识别是风险管理的第一步，创业者要掌握风险识别的能力，及时、准确地感知风险和分析风险。

（1）创业风险识别的方法。创业风险识别的方法包括信息源调查法、数据对照法、资产损失分析法、环境扫描法、"风险树"分析法、情境分析法、风险清单法、头脑风暴法、德尔菲法等。

（2）创业风险识别的步骤。

①收集信息。创业者通过调查法、观察法、询问法、讨论法等多种途径对各类现象和问题进行系统整理、归纳和分析。

②筛选识别。根据信息分析结果确定风险范围及风险大小，建立初步清单。

③评估重点。根据风险识别结果进行风险分类，评估各类风险事件对创业的影响程度并推测其结果。

④拟订计划。对于各类风险事件特别是关键事件，要及时、准确地制定风险防范和应对方案。

（四）创业风险的预防

风险经济学和行为经济学认为，风险认知和风险承担对创业行为具有重要的作用。许多创业者因不能提前预知风险和有效应对潜在风险而导致创业成功率较低。想要成功创业，就要加强对创业风险的防范和管理，学会权衡风险和收益之间的关系，在实现目标的前提下进行管理风险、控制风险、规避风险。

（1）谨慎选择创业项目。创业者在决定创业前，选择既符合市场需求又适合自己的创业项目至关重要。创业者要综合分析各方面因素，既要立足自身创业条件这一主观因素，又要分析创业的市场环境、技术成熟度、政策支持力度、客户需求度、气候等各方面的客观因素。创业者最好选择自己最熟悉、最擅长、掌握资源最多的项目进行创业，切忌盲目跟风。

（2）科学利用创业资金。在创业过程中特别是创业初期，创业者需要科学管理资金，严格控制资金流，否则项目很可能会因资金周转不畅而夭折。因此，创业团队中要有专门的财务管理人员对资金进行管理，做好财务预算编制和财务报表。

（3）妥善管理创业团队。创业团队的凝聚力是否强大、各类技术人才是否齐全，关系到创业能否成功。创业者要任人唯贤，唯才是用，合理分配工作职责，妥善处理创业者之间的利益。

（4）规范经营企业事务。"不以规矩，不能成方圆。"创业者必须建立一套完善的企业规章制度，如合同管理、知识产权保护、财务管理、人力资源管理等制度，使各项业务有章可循、有序开展，员工各司其职、通力协作。为此，创业者要注意学习企业相关管理知识、法律知识，做到规范经营、诚信经营和守法经营。

（5）稳步扩大经营规模。因盲目扩张而使企业陷入危机的案例比比皆是。无论是新创企业还是成熟企业，都不能因急于收回成本或追求更大利润而盲目扩大企业规模和经营领域，否则很可能使企业陷入债务危机甚至破产。

（6）准确评估经营风险。创业者要树立风险意识，做好市场调查工作，要对投资方案进行可行性分析，要学会预测风险带来的收益和亏损，同时制定风险防范策略，在经营过程中要留有余地，做到心中有数，准确预防风险、降低风险、规避风险和转移风险。

※ 项目实训练习

一、实训目的

通过搜集和阅读相关创新创业的案例，初步了解创新创业的相关概念，锻炼学生搜集分析资料、团队合作和口头表达能力。

二、实训内容

以小组为单位，通过网络搜集创新创业案例。选择小组成员认为与本专业学生实际情况最为相近的创新创业案例，小组代表以个人陈述的方式将该案例介绍给全班同学。分析指出本组所陈述的案例中创业成功或失败的主要原因，在校大学生可以从中吸取哪些经验或教训。

三、实训组织与实施

（1）教师布置实训项目及任务，并提示相关注意事项及要点。

（2）将班级成员划分为4~5个小组。小组成员既可以自由组合，也可以由教师指定组合。小组人数视班级总人数而定。每组选出组长1名，案例陈述代表1名，案例总结代表1名。

（3）以小组为单位，通过网络搜集创新创业案例若干。仔细阅读案例资料，充分展开讨论（课堂讨论或课外讨论均可）。选择其中最有启发性的案例作为实训的陈述对象。

（4）陈述之前，小组组长对本组的成员及各自承担的任务进行介绍，案例陈述代表以PPT形式进行案例陈述。

（5）自由讨论期间允许并鼓励其他小组成员提问，该组成员做出有针对性的解答。

（6）案例总结代表进行案例总结。

（7）各组组长组成评审团，对各组的表现进行评分。

（8）教师进行最后总结及点评，并分条进行评分。

附 录

附录 1　教育部关于举办首届全国大学生职业规划大赛的通知

中华人民共和国教育部

教学函〔2023〕1 号

教育部关于举办首届全国大学生
职业规划大赛的通知

各省、自治区、直辖市教育厅（教委），新疆生产建设兵团教育局，有关省、自治区人力资源社会保障厅，部属各高等学校、部省合建各高等学校，分行业就业创业指导委员会：

为贯彻落实党中央、国务院关于高校毕业生就业工作的决策部署，落实《国务院关于印发"十四五"就业促进规划的通知》（国发〔2021〕14 号）精神，加强高校生涯教育和就业指导，增强大学生生涯规划意识，指导其及早做好就业准备，促进高校毕业生高质量充分就业，定于 2023 年 9 月至 2024 年 5 月举届全国大学生职业规划大赛。现将有关事项通知如下。

一、大赛主题

筑梦青春志在四方，规划启航职引未来。

二、大赛目标

努力将大赛打造成强化生涯教育的大课堂、促进人才供需对接的大平台、服务毕业生就业的大市场。通过举办大赛，更好实现以赛促学，引导大学生树立正确的成才观、就业观和择业观，科学合理规划学业与职业发展，提升就业竞争力；以赛促教，促进高校提高大学生生涯教育水平，做实做细毕业生就业指导服务；以赛促就，广泛发动行业企业和高校参与赛事活动，推动人才供需有效对接，全力促进高校毕业生高质量充分就业。

三、大赛内容

（一）主体赛事。包括学生成长赛道和就业赛道，每个赛道设高教组和职教组；另设大学生职业发展与就业指导课程教学赛道。

1. 成长赛道。面向中低年级学生，考察其职业发展规划的科学性和围绕实现职业目标的成长过程，通过学习实践持续提升职业目标达成度，增强综合素质和能力。（详见附件1）

2. 就业赛道。面向高年级学生，考察其求职实战能力，个人发展路径与经济社会发展需要的适应度，就业能力与职业目标和岗位要求的契合度。（详见附件2）

3. 大学生职业发展与就业指导课程教学赛道。面向高校就业指导教师，考察课程实施效果和教师教学水平，有关事项另行通知。

（二）同期活动。各地各高校要围绕主体赛事广泛开展各类就业指导和校园招聘活动，全国总决赛期间将举办校企供需对接、职业体验等系列活动。

四、组织机构

（一）大赛由教育部、上海市人民政府共同主办。全国总决赛由上海市教育委员会、复旦大学、上海交通大学、上海理工大学、上海师范大学、上海工艺美术职业学院承办。

（二）大赛设立组织委员会（以下简称大赛组委会），负责大赛的组织实施。大赛组委会秘书处设在教育部学生服务与素质发展中心。

（三）大赛设立专家委员会，负责评审等工作。

（四）大赛设立纪律与监督委员会，负责对赛事组织、评审等相关工作进行监督，对违反大赛纪律行为予以处理。

（五）各省级高校毕业生就业工作部门可成立相应的赛事机构，负责本次比赛的组织实施、评审和推荐等工作。

五、大赛赛制

（一）大赛采用校赛、省赛、全国总决赛三级赛制。

（二）校赛由各高校负责组织，省赛由各地负责组织。各地各高校参照大赛成长、就业赛道方案，自主确定参赛名额、比赛环节、评审方式和奖项设置等。各地完成省赛选拔后，择优推荐全国总决赛参赛选手（本科生、研究生、专科生须保持合适比例），并按要求向大赛组委会报送总结材料。

（三）全国总决赛参赛学生选手约600人，其中成长赛道约300人，就业赛道约300人。各赛道每所高校入围选手不超过2人。大赛组委会将综合考虑各地参赛人数、就业指导和招聘活动情况、用人单位参与数量等因素向各地分配全国总决赛参赛名额。

（四）全国总决赛设金奖、银奖、铜奖，另设单项奖、地方和高校优秀组织奖、优秀教师奖等奖项。

六、赛程安排

（一）参赛报名（2023年9月—2024年1月）。参赛选手通过全国大学生职业规划大赛平台（以下简称大赛平台，网址：zgs.chsi.com.cn）或指定通道进行报名，在大赛平台登录页面可下载学生操作手册。

大赛平台开放时间为2023年9月20日，报名截止时间由各地根据省赛安排决定，但不得晚于2024年1月31日。

（二）校赛省赛（2023年9月—2024年3月）。各地各高校按要求设省级、校级管理员，使用大赛组委会分配的账号登录大赛平台进行省赛和校赛的管理及信息查看。各地应在2024年3月15日前完成省赛组织工作。

大赛平台成长赛道设生涯闯关功能，就业赛道设职业适配度测评功能，参赛选手可根据需要选择参与。

（三）全国总决赛（2024年4月或5月）。参加总决赛选手通过现场比赛决出各类奖项，具体安排另行通知。

七、参赛要求

（一）大赛成长、就业赛道参赛选手须为普通高等学校全日制在校学生。每名选手结合自身条件选择符合要求的一个赛道报名参赛。

（二）参赛选手应按要求在大赛平台准确填写报名信息，提交材料应坚持真实性原则，不得含有违法违规内容，否则将丧失参赛资格、所获奖项等相关权利，自负一切法律责任。

（三）各地各高校应认真做好参赛选手资格审查和提交材料审查工作，确保符合参赛要求。

八、工作要求

（一）充分发动。各地各高校要认真做好大赛宣传动员工作，把大赛作为促就业的重要载体，让更多大学生了解和参与大赛。各省级高校毕业生就业工作部门要指定一名工作人员作为联络员，负责赛事的沟通交流工作。大赛平台生涯闯关功能面向全体在校大学生开放，鼓励高校广泛动员学生参与，与学校就业指导课程有机结合。

（二）精心组织。各地各高校要高度重视、周密部署，为举办赛事和相关活动提供必要的场地、经费支持，确保安全有序推进。将大赛与各类就业指导、线上线下招聘等同期活动统筹推进，广泛动员用人单位参与大赛，助力更多大学生在参赛过程中实现就业。各分行业就业创业指导委员会要协助组织推荐用人单位和相关专家参与大赛。

（三）广泛宣传。各地各高校要充分利用校园媒体、新媒体等多元传播渠道，联动地方卫视等媒体，全方位对赛事进行宣传推广，营造全社会关心支持大学生就业的良好氛围。

九、其他事项

（一）本通知所涉及内容的最终解释权，归大赛组委会所有。

（二）大赛组委会联系人：

教育部高校学生司毕业生就业处 李龙翔

联系电话：010-66097455

电子邮箱：xssjyc@moe.edu.cn

地址：北京市西城区大木仓胡同37号

邮编：100816

教育部学生服务与素质发展中心

李玉洁

联系电话：010-68352207

电子邮箱：qgzgs@chsi.com.cn

地址：北京市西城区西直门外大街18号金贸大厦C3座

邮编：100044

上海市教育委员会学生处 余梦梦
联系电话：021-23116737
电子邮箱：xsc@shec.edu.cn
地址：上海市大沽路 100 号
邮编：200003
复旦大学学生职业发展教育服务中心 蒋梦莹
联系电话：021-65643879
电子邮箱：fdcareer@fudan.edu.cn
地址：上海市邯郸路 220 号叶耀珍楼 211 室
邮编：200433
附件：1. 首届全国大学生职业规划大赛成长赛道方案
2. 首届全国大学生职业规划大赛就业赛道方案

教育部
2023 年 8 月 29 日

（此件主动公开）

部内发送：有关部门领导，办公厅、学生中心

教育部办公厅　　　　　　　　　　　　　　　　2023 年 9 月 7 日印发

附录 2　首届全国大学生职业规划大赛成长赛道方案

一、比赛内容

考查学生职业发展规划的科学性和围绕实现职业目标的成长过程，通过学习实践持续提升职业目标的达成度，增强综合素质和能力。

二、参赛组别和对象

成长赛道设高教组和职教组，参赛对象为普通高等学校全日制中低年级在校学生。高教组面向普通本科一、二、三年级学生，职教组面向职教本科一、二、三年级学生和高职（专科）一、二年级学生。

三、参赛材料要求

选手在大赛平台（网址：zgs.chsi.com.cn）提交以下参赛材料：

（一）生涯发展报告：介绍职业发展规划、实现职业目标的具体行动和成果（PDF 格式，文字不超过 1 500 字，如有图表不超过 5 张）。

（二）生涯发展展示（PPT 格式，不超过 50MB；可加入视频）。

四、比赛环节

成长赛道设主题陈述、评委提问和天降实习 offer（实习意向）环节。

（一）主题陈述（8 分钟）：选手结合生涯发展报告进行陈述和展示。

（二）评委提问（5 分钟）：评委结合选手陈述和现场表现进行提问。

（三）天降实习 offer（3 分钟）：用人单位根据选手表现，决定是否给出实习意向，并对选手做点评。

五、评审标准

指标	说明	分值
职业目标	1. 职业目标体现积极正向的价值追求，能够将个人理想与国家需要、经济社会发展相结合。 2. 职业目标匹配个人价值观、能力优势、兴趣特点。 3. 准确认识目标职业在专业知识、通用素质、就业能力等方面的要求，科学分析个人现实情况与目标要求的差距，制订合理可行的计划。	20
行动成果	1. 成长行动符合目标职业在通用素质、就业能力、职业道德等方面的要求。 2. 成长行动对弥补个人不足的针对性较强。 3. 能够将专业知识应用于成长实践，提高通用素质和就业能力。 4. 成长行动内容丰富，取得阶段性成果。	40
目标契合度	1. 行动成果与职业目标的契合程度。 2. 总结成长行动中存在的不足和原因，对成长计划进行自我评估和动态调整。	30
实习意向	现场获得用人单位发放实习意向情况	10

六、奖项设置

成长赛道设置金奖 50 个、银奖 100 个、铜奖 150 个，以及若干单项奖、优秀指导教师奖。

附录 3　首届全国大学生职业规划大赛就业赛道方案

一、比赛内容

考查学生的求职实战能力，个人发展路径与经济社会发展需要的适应度，就业能力与职业目标和岗位要求的契合度。

二、参赛组别和对象

（一）就业赛道设高教组和职教组，每组均设 5 个分赛道。其中，针对企业职能岗位，设产品研发、生产服务、市场营销、通用职能分赛道（按相近行业分小组）；针对公共服务岗位，设公共服务分赛道。

（二）就业赛道参赛对象为普通高等学校全日制高年级在校学生。高教组面向普通本科三、四年级（部分专业五年级）学生和全体研究生，职教组面向职教本科三、四年级学生和高职（专科）二、三年级学生。

三、参赛材料要求

选手在大赛平台（网址：zgs.chsi.com.cn）提交以下参赛材料：

（1）求职简历（PDF 格式）。

（2）就业能力展示（PPT 格式，不超过 50MB；可加入视频）。

（3）辅助证明材料，包括实践、实习、获奖等证明材料（PDF 格式，整合为单个文件，不超过 50MB）。

四、比赛环节

就业赛道设主题陈述、综合面试、天降 offer（录用意向）环节。

（一）主题陈述（7 分钟）：选手陈述个人求职意向和职业准备情况，展示通用素质与岗位能力。

（二）综合面试（8 分钟）：评委提出真实工作场景中可能遇到的问题，选手提出解决方案；评委结合选手陈述自由提问。

（三）天降 offer（3 分钟）：用人单位根据选手表现，决定是否给出录用意向，并对选手做点评。

五、评审标准

指标		说明	分赛道分值				
一级指标	二级指标		产品研发	生产服务	市场营销	通用职能	公共服务
通用素质	职业精神	具有家国情怀，有爱岗敬业、忠诚守信、奋斗奉献精神等	35	35	45	45	45
	心理素质	具备目标岗位所需的意志力、抗压能力等					
	思维能力	具备目标岗位所需的逻辑推理、系统分析和信息处理能力等					
	沟通能力	具备目标岗位所需的语言表达、交流协调能力等					
	执行和领导能力	能够针对工作任务制订计划并实施，具备目标岗位所需的团队领导、协作、激励和执行能力等					

续表

指标		说明	分赛道分值				
一级指标	二级指标		产品研发	生产服务	市场营销	通用职能	公共服务
岗位能力	岗位认知程度	全面了解目标行业现状、发展趋势和就业需求，准确把握目标岗位的任职要求、工作流程、工作内容等	20	20	15	15	15
岗位能力	岗位胜任能力	具备目标岗位所需的专业能力、实习实践经历、解决实际工作问题的能力等	25	25	20	20	20
发展潜力	—	职业目标契合行业发展前景和人才需求	10	10	10	10	10
录用意向	—	现场获得用人单位提供录用意向情况	10	10	10	10	10

六、奖项设置

就业赛道设置金奖 50 个、银奖 100 个、铜奖 150 个，以及若干单项奖、优秀指导教师。

附录4　职业规划大赛闯关指导手册

全国大学生职业规划大赛 生涯闯关指导手册					
关卡序号	总关卡名称	关卡名称	关卡要点	文本内容	关卡填写字数建议
第一关	生涯愿景	引导语		"吾生也有涯，而知也无涯"，"生涯本漫漫，神理暂超超"。你想成为怎样的人？你的生涯梦想是什么？你期待追求怎样的人生？有没有那么一些人，他们曾经照亮你追寻人生梦想前行的路？让我们从这里出发，开启生涯规划之旅程，带上"成为独一无二的自己"的智慧和勇气，志存高远，成就人生	—
第一关	生涯愿景	新知	生涯楷模探索	青春由磨砺而出彩，人生因奋斗而升华。生涯楷模是我们奋斗征程中的引路人，是我们探寻人生意义路上的领航员。他们的故事，他们身上所闪耀的担当力量，是指引我们生涯发展的点点炬火，是陪伴我们奋勇前行的精神宝藏	—

附 录

续表

关卡序号	总关卡名称	关卡名称	关卡要点	文本内容	关卡填写字数建议
	全国大学生职业规划大赛 生涯闯关指导手册				
第一关	生涯愿景	新知	生涯楷模探索	我们可以通过多渠道的信息收集，多维度的人物分析，找寻自己的良师与榜样，走进生涯楷模的故事，总结选择TA作为楷模的原因，以及带给自己的思考与启发。生涯楷模可以是行业精英、高光人物，也可以是身边的榜样。不同行业、不同工作年限的生涯楷模，将有助于带给你不同的认知体验	—
第一关	生涯愿景	笃行	1. 填写生涯楷模信息	我的生涯楷模是？填写：姓名；职业/身份。 生涯楷模不清晰？去看看学长学姐生涯案例（链接地址：ht-tps：∥xz.chsi.com.cn/occucase/index.action）	50字以内
第一关	生涯愿景	笃行	2. 生涯楷模分析	选择其中你最想成为TA的样子的生涯楷模，认真进行人物信息分析，并填写以下信息： （1）请简要介绍一下你的生涯楷模。 （2）你选择TA的原因是什么？ （3）生涯楷模的品质、事迹所带给你的思考和启发是什么	100~300字
第一关	生涯愿景	领悟		生涯愿景：生涯楷模的榜样力量定能成为你追寻梦想之途上的明灯和导航。畅想未来，你的生涯愿景是什么？你希望拥有怎样的人生	100~500字
第二关	专业探索	引导语		专业是校园和职场的初步链接，也在一定程度上决定未来的求职方向。你了解自己的专业吗？知道它承载的社会价值与意义吗？我们将能从该专业收获什么呢？将会获取到哪些核心技能和发展优势呢	—
第二关	专业探索	新知	探索专业的方法	1. 专业探索的三种方法（三种方法的信息获取难度、信息准确度逐渐增加）： （1）资料查阅法：通过网站、公众号、书籍等资料，如：学职平台——专业洞察、各校就业质量报告、院系网站及人才培养方案、教学计划等，获得专业介绍、主修课程、就业去向等方面的信息。 （2）访谈法：通过向职业咨询师、院系专业教师、辅导员、学长学姐等人请教，获得专业相关信息。 （3）实践法：通过参加专业类研究实践、学术沙龙与讲座、学术会议、创新创业论坛等专业实践活动，全面深入地了解专业内容	—

续表

关卡序号	总关卡名称	关卡名称	关卡要点	文本内容	关卡填写字数建议
				全国大学生职业规划大赛 生涯闯关指导手册	
第二关	专业探索	新知	探索专业的方法	2. 专业探索锦囊： （1）访谈方法及注意事项： 【访谈流程】 访谈准备：思考并结合目标职业信息设计访谈问题。 选取并预约访谈对象：在感兴趣的专业领域选取有经验的访谈对象，如专业老师、学长/学姐等。提前联系告知访谈目的、访谈形式和时间等信息。 开展访谈：结合访谈提纲对访谈对象进行访谈，并做好记录，如需录音等需提前征求访谈对象意见。 访谈内容整理与总结：及时对访谈内容进行梳理总结，认真思考访谈带给自己的启发。 致谢、印证与反馈：对访谈对象表示感谢。如有未解决的问题可以进行求证或补充。 【注意事项】 访谈人数：2至3位，这样有助于你收集到尽可能多的信息。 访谈方式：最佳方式——面对面；电话次之；其他方式：邮件、社交媒体。 访谈时间：30至60分钟。 （2）访谈提纲（供参考）： 访谈对象基本信息。 您认为这个专业最吸引您的地方是什么？为什么？ 您认为这个专业还有哪些您觉得不满意的地方？为什么？ 这个专业未来的职业选择有哪些？发展前景如何？ 这个专业的主修课程有哪些？ 这个专业的细分专业方向有哪些？ 这个专业的前沿领域有哪些是您比较了解和感兴趣的？ 如果要学好这个专业，您有哪些建议？ 在专业学习阶段如何进行生涯规划/职业准备？ （3）微课学习： 【学职平台－专业洞察】链接地址： https：//xz.chsi.com.cn/speciality/index.action 【学职平台－学职报告】链接地址： https：//xz.chsi.com.cn/xz/xzbg	—

续表

关卡序号	总关卡名称	关卡名称	关卡要点	文本内容	关卡填写字数建议
第二关	专业探索	笃行	专业探索	学习掌握了专业探索的方法，请你开始对心仪专业（1~5个专业）开展初步探索，并将探索的成果填入以下表格吧。 【专业探索记录】 专业名称： 该专业主要课程： 你通过资料查阅法获得了哪些专业信息？有哪些收获？ 你通过访谈法采访了哪些生涯人物？有怎样的启发？ 你通过实践开展了哪些专业探索？获得了哪些新的认识	100~300字
		领悟	思考并填写下方内容	1. 在专业探索之前，你对目标专业有怎样的认识？通过系统的专业探索后，现在你有何新的理解？ 2. 如果它不是你最想要学习的专业，那你最心仪的是什么专业？为什么？（选填） 对所学专业还有疑惑，点击参与【专业认同度测评】 https：xz.chsi.com.cn/cp/sph/fmxx.do？surveyId=f4ediwycn6qj8nm4&from=xzpt	200~500字
第三关	职业瞭望	引导语		欢迎来到职业世界！每个职业不仅仅是一个简单的名词，而是由行业、组织、职位等构成的。它们承载着你最初的梦想，更在国家发展和社会运转中起着重要作用。在这里，让我们打开心中职业梦想大门，看看你心中的心仪职业是什么样子？你对他们的期待是怎样的？在情怀和热爱之间，让我们尽情挥洒青春、大展才华，去迎接未来的挑战	—
		新知	学习探索职业世界	让我们通过全方位的资料来了解一下职业世界的样子： 1. 初识职业世界 学职平台–职业探索 https：//xz.chsi.com.cn/occupation/index.action 2. 请通过全方位的资料来了解职业世界 （1）国家重点领域行业和各类职业的介绍 学职平台–就业指导课 https：//xz.chsi.com.cn/jyzdk/index.action 学职平台–职业微视频 https：//xz.chsi.com.cn/video/index.action	—

续表

				全国大学生职业规划大赛 生涯闯关指导手册	
关卡序号	总关卡名称	关卡名称	关卡要点	文本内容	关卡填写字数建议
第三关	职业瞭望	新知	学习探索职业世界	（2）国家基层就业项目介绍 国家大学生就业服务平台 – 资讯动态 – 就业政策 https：∥www.ncss.cn/zcxw 国家大学生就业服务平台 – 最美青春在基层 https：∥www.ncss.cn/ncss/zt/jcjy.shtml 学职平台 – 《我与基层的距离》专题 https：∥xz.chsi.com.cn/xz/zt/wyjcdjl.shtml （3）学习"专业榜样"和"行业先锋"事迹 学职平台 – 职业人物 https：∥xz.chsi.com.cn/occucase/index.action	
		笃行	通过查阅资料、访谈专业人士，对专业相关的职业方向有所了解	通过微课和相关资料的学习，相信你对职业世界有了较为全面的了解，也产生了新的好奇。接下来，你可以通过以下方式继续探索你的专业和其他心仪专业有可能的职业去向。 1. 查阅你所在高校/院系/相关专业的就业质量报告，了解本专业和其他心仪专业的职业发展数据概况。 2. 你还可以访谈辅导员老师、院系专业教师、学校就业指导中心老师、生涯规划咨询师等，了解专业相关的职业方向，获取相关信息，并将访谈成果记录下来。（可添加1～10份） 【职业方向探索记录】 被访谈人职务/职位：（20字以内）；探索专业：（20字以内）；专业可能的职业去向（含行业/职业/岗位）：（100字以内）；你有哪些启发和收获？（100～500字）	100～500字
		领悟	初步确定可能的职业方向	通过以上探索，你认为自己所在专业（包括心仪专业）有可能的职业去向有哪些？请列出2～5个职业（含行业/职业/岗位）。 职业1：（行业/职业/岗位） 职业2：（行业/职业/岗位） ……	30字以内
第四关	兴趣揭秘	引导语		知之者不如好之者，好之者不如乐之者。兴趣是推动人认识事物、探索真理的重要动机；是无论能力高低，也无论外界评价如何，个体依然会乐此不疲的事情。将理想职业与个人兴趣动态匹配的过程，可以帮助个人更好地进行方向选择。请你结合自我成长经历和相关职业兴趣测评等方法，梳理自身的职业兴趣要素，思考兴趣和专业、职业之间的关系	—

续表

关卡序号	总关卡名称	关卡名称	关卡要点	文本内容	关卡填写字数建议
				全国大学生职业规划大赛生涯闯关指导手册	
第四关	兴趣揭秘	新知	学习《职业兴趣》文本	学习《职业兴趣》文本： 兴趣是对一件事情持久的动力，对一件事情的兴趣通常源于人们认为自己能够胜任，并且预估到行动能产生有价值的结果。兴趣是个体内心动力和快乐的最终来源，而不仅仅是无所事事或单纯的享乐游玩，也会直接影响一个人的职业目标，个人的幸福感、满足感往往来自从事某种活动，这也正是工作的意义所在。因此，兴趣与工作满意度、职业稳定性和职业成就感之间都存在明显关联。培养工作兴趣，提升工作技能，就是一种工作适应能力。大学生职业兴趣中存在的常见问题包括，兴趣过于宽泛而无法聚焦。对什么都感兴趣也不排斥、对本专业找不到兴趣点等，而兴趣的弥散或丧失都会导致学习动力不足或迷茫。 一、兴趣的定义 兴趣是一个心理学名词，它是指人认识某种事物或从事某种活动的心理倾向，以认识和探索外界事物的需要为基础，是推动人认识事物、探索真理的重要动机。兴趣可以是个体在生活中长期形成的，也可以是在一定的情景下由某一事物偶然激发出来的。兴趣会对人的认识和活动产生积极影响，但却不一定有利于提高工作的质量和效果。兴趣具有社会制约性，人所处的历史条件不同，社会环境不同，其兴趣就会有不同的特点。简而言之，兴趣就是无论能力高低，也无论外界评价如何，个体依然会乐此不疲的事情。所以，兴趣是我们可以持续投入做某件事的内在动力，是内心动力和快乐的最终来源 二、兴趣的层级 兴趣金字塔理论认为，兴趣分为三个级别：直观兴趣（感官兴趣）、自觉兴趣（乐趣）与潜在兴趣（志趣）。直观兴趣顾名思义是通过直观的感官刺激产生的兴趣，也是人类最原始的兴趣。自觉兴趣又称为乐趣，是指被快乐强化，并且乐在其中的兴趣。因为思维的加入，个体具有自我认知，使得兴趣可以更加持久并定向在一个领域，在脑子里形成回路。第三个级别是潜在兴趣、潜在兴趣又称为志趣，即人可以产生持续发展的兴趣，可以使得个体在某一个领域内乐此不疲，且可以带领人们贯穿一生的乐趣。除了较强的思维和认知能力，更深层次起作用的是因为有内在动力—志向和价值观的推动。志趣会让人们找到内在价值，即对我们	一

续表

				全国大学生职业规划大赛 生涯闯关指导手册	
关卡序号	总关卡名称	关卡名称	关卡要点	文本内容	关卡填写字数建议
第四关	兴趣揭秘	新知	学习《职业兴趣》文本	来说最为重要和有意义的东西。这种信息能够维持个体的恒心和动力，并为之持续努力。兴趣的三个层级由低到高逐层递进，简而言之即为"好之者不如乐之者，乐知者不如志之者"。需要说明的是，学生制作的简历常会有"兴趣爱好"一栏。兴趣指的是个人感官兴趣，然而感官兴趣不确定也不持久并且与能力没有太大关联。如果这里只是停留在感官兴趣层面，对用人单位来说信息含金量就不大。因此，"兴趣爱好"应尽量上升到自觉兴趣层面，或者着重强调由兴趣发展形成的能力和个人特长。 兴趣在职业中的表现是职业兴趣，这里区别于生活兴趣和休闲兴趣（爱好），它是人们对某种职业具有的比较稳定而持久的心理倾向，使人对某种职业给予优先注意并心向往之。职业兴趣是一个人对待工作的态度，对工作的适应能力，表现为有从事相关工作的愿望和兴趣。兴趣是一种无形的动力，每个人都会对他感兴趣的事物给予优先注意和进行积极的探索，并表现出心驰神往。 有几点需要注意： (1) 不是所有的兴趣都能发展成职业兴趣。只有那些经过精心训练和优先培养的才有可能发展成职业兴趣，大学生可以通过参加专业学习、社会实践、志愿服务、科技创新、社团活动等来识别和培养自己的兴趣，使之发展成职业兴趣； (2) 职业兴趣是影响职业规划的重要因素。不同的人有不同的兴趣模式，表现为个体差异性，需要根据个人的兴趣倾向选择相应的职业； (3) 职业兴趣深刻影响着人们的生涯发展。职业兴趣对一个人的生活和活动有巨大的作用，拥有职业兴趣将增加个人的工作满意度、职业稳定性和职业成就感。	
		笃行	1.《职业兴趣》测评（霍兰德六种兴趣类型呈现，学生选择相符的词条）	请阅读下面的兴趣类型介绍，依据自己的经验和感受，匹配个人兴趣类型和具体词条描述： 1. 从6种兴趣类型中选择符合自身兴趣的词条； 2. 从6种兴趣类型中，选择最符合自己的1～3个类型，并按符合程度排序（序号1为最符合）。 【实际型】：情绪稳定，有耐性，朴实坦诚，宁愿行动，不喜多言，喜欢用实际行动表达自己的关心和爱，喜欢讲求实际、动手操作，从事明确固定的工作，制造完成有实际用途的物品，对机械与各种工具使用等较有兴趣；生活上很务实，比较喜欢独自工作，相对于未来的想象更重视眼前的事，相较于与人打交道更擅长与"事物"打交道，适合从事机械、电子、建筑、农业等相关行业的工程师、设计师或外科医生、厨师等工作。	50字以内

续表

关卡序号	总关卡名称	关卡名称	关卡要点	文本内容	关卡填写字数建议
第四关	兴趣揭秘	笃行	1.《职业兴趣》测评（霍兰德六种兴趣类型呈现，学生选择相符的词条）	【研究型】：善于观察、思考、分析与推理，对未知问题的挑战充满兴趣，喜欢用头脑依自己的步调来解决问题并追根究底，不喜欢别人给指引，工作时不喜欢有很多限制和时间压力，做事时喜欢运用复杂或者抽象的思考，创造性地解决问题，对实际解决问题的细节兴趣不大，喜欢和有相同兴趣或专业背景的人讨论，宁愿自己看书或思考，适合从事的职业为生物、化学、医药、数学、天文、哲学等相关领域的科研工作。 【艺术型】：直觉敏锐，喜欢自我表达与创新，希望借文字、声音、色彩等形式来表达创造力和美的感受，喜欢自由自在地工作，不喜欢管人和被人管，在无拘无束的环境下工作最开心；生活的目的就是创造不平凡的事物，喜欢与众不同的新创意，个性自由、开放，和朋友的关系比较随性，适合从事音乐、写作、戏剧、绘画、摄影、设计、舞蹈等工作。 【社会型】：与人和善，容易相处，关心自己和别人的感受，喜欢倾听和了解别人，愿意付出时间和精力去解决别人的冲突，喜欢教导别人，帮助他人成长，不爱竞争，喜欢与大家一起做事，一起为团体尽力；喜欢融洽和睦的和谐氛围，交友广泛，愿意承担社会责任，适合从事教师、志愿者、社会工作、护师、心理咨询师等相关工作。 【管理型】：精力旺盛，生活节奏快，喜好冒险竞争，喜欢掌控全局，善于领导与组织，擅长领导、说服或推销自己的观念、产品达到个人和组织的目的；希望拥有权利去改善不合理的事，成就一番事业，敢于承担风险，目标导向，具有行动力，不愿花太多时间仔细研究，希望自己的表现被他人肯定，成为团队的焦点人物；不以现阶段的成就为满足，要求别人跟自己一样努力，适合从事律师、公务员、销售、管理、保险代理、制片人等工作。 【常规型】：个性踏实、谨慎，做事讲求规则与准确；喜欢固定、有秩序的工作或活动，希望明确工作的要求与标准，愿意在规范的机构中处于从属地位；对文字、数据和事物进行细致有序的系统处理以达到特定的标准，尤其热爱整理工作；做事按部就班，计划性强，精于精打细算，给人的感觉是有效率、精确、仔细、可靠而有信用；生活哲学是稳打稳扎，不喜欢改变或创新，也不喜欢冒险或领导，安安稳稳、踏踏实实就好。适合从事文字编辑、会计、税务员、秘书、计算机操作员、办公室事务等相关工作 您选择的兴趣类型是：	

续表

				全国大学生职业规划大赛 生涯闯关指导手册		
关卡序号	总关卡名称	关卡名称	关卡要点	文本内容		关卡填写字数建议
第四关	兴趣揭秘	笃行	2. 职业兴趣探索（对照第三关中初步确定可能的职业方向进行探索）	【常规型】：个性踏实、谨慎，做事讲求规则与准确；喜欢固定、有秩序的工作或活动，希望明确工作的要求与标准，愿意在规范的机构中处于从属地位；对文字、数据和事物进行细致有序的系统处理以达到特定的标准，尤其热爱整理工作；做事按部就班，计划性强，精于精打细算，给人的感觉是有效率、精确、仔细、可靠而有信用；生活哲学是稳打稳扎，不喜欢改变或创新，也不喜欢冒险或领导，安安稳稳、踏踏实实就好。适合从事文字编辑、会计、税务员、秘书、计算机操作员、办公室事务等相关工作 您选择的兴趣类型是：		100字以内
		领悟	结合个人经历，形成自我兴趣分析报告，并思考个人兴趣与专业和职业对应关系	1. 兴趣是职业选择的重要依据，是职业发展的重要动力，也是影响职业稳定的重要因素。下方文本框中展示了你的兴趣词条，请结合个人经历，撰写你的兴趣分析报告。2. 请进一步思考兴趣，并反思个人兴趣是怎么影响现在的专业和未来的职业选择		100~500字

续表

关卡序号	总关卡名称	关卡名称	关卡要点	文本内容	关卡填写字数建议
		\multicolumn{3}{c	}{全国大学生职业规划大赛生涯闯关指导手册}	
第五关	目标锚定	引导语		根据职业世界的探索和对自我价值观与兴趣的了解,相信你的内心对于未来要从事的工作已经有了更加明确的想法,接下来,需要锚定目标职业进一步聚焦,看看是否有新的发现帮助你澄清问题、明确方向	—
		锚定	进一步聚焦目标职业	首先,请将你最想从事的第一和第二职业写下来。(提示:请对之前关卡所填内容进行认真思考后确定职业1和职业2。) 职业1:____ 职业2:____ 职业方向不明确?去学职平台查看我的职业推荐清单(链接地址:https://xz.chsi.com.cn/occupation/index.action)	50字以内
		笃行	对锚定的目标职业进行更加深入的探索	锚定一个当前向往的职业目标,可以开始对你感兴趣的职业进行深入的探索和信息搜集。与专业探索相似,更为深入的职业探索同样有以下几种途径:(图) 推荐探索资料:【学职平台-职业探索】【学职平台-职业人物】【学职平台-职业微视频】【24365-实习岗位】 https://xz.chsi.com.cn/occupation/index.action https://xz.chsi.com.cn/occucase/index.action https://xz.chsi.com.cn/video/index.action https://www.ncss.cn/student/shixi.html 请综合运用各种方法围绕职业目标进行全面、系统的职业探索: 一、资料搜集 1. 请填写所查阅信息平台的名称及链接 2. 请上传与目标职业相关的真实招聘简章(可上传1~5份) 3. 请认真阅读至少一本与目标职业相关的书籍(必填),并填写阅读体会(选填)(可添加1~5份) 二、访谈实践 1. 请结合以下指导内容,针对每个职业目标完成生涯人物访谈,并上传生涯人物访谈报告。 【访谈流程】:1. 访谈准备:思考并结合目标职业信息设计访谈问题。2. 选取并预约访谈对象:在感兴趣的目标职业领域选取有经验的访谈对象,如家人、亲密朋友、针对性访谈对象等。提前联系告知访谈目的、访谈形式和时间等信息。3. 开展访谈:结合访	上传PDF文件

续表

				全国大学生职业规划大赛 生涯闯关指导手册	
关卡序号	总关卡名称	关卡名称	关卡要点	文本内容	关卡填写字数建议
第五关	目标锚定	笃行	对锚定的目标职业进行更加深入的探索	谈提纲对访谈对象进行访谈，并做好记录，如需录音等需提前征求访谈对象意见。4. 访谈内容整理与总结：及时对访谈内容进行梳理总结，认真思考访谈带给自己的启发。5. 致谢、印证与反馈：对访谈对象表示感谢。如有未解决的问题可以进行求证或补充。 【注意事项】：(1) 目的：获得从大众传媒得不到的深入信息、个性化信息。(2) 访谈人数：2~3 位，在本领域工作 3 年以上。(3) 访谈方式：面对面（最佳）、电话、邮件、社交媒体。(4) 访谈时间：30~60 分钟。 【生涯人物访谈提纲】（供参考）：这个工作的性质、任务或工作内容有哪些？这个工作的环境如何？这个专业需要怎样的教育、培训背景或经验？这个专业需要怎样的资格、技能？这个工作的收入和福利如何？这个工作需要经常加班吗？这个工作有哪些发展机会？这个工作处于怎样的组织文化中？这个工作未来有怎样的前景？您是否喜欢这个工作？为什么？您对进入这个领域工作有何建议？ 【上传"职业目标 1"的生涯人物访谈报告】【上传"职业目标 2"的生涯人物访谈报告】 2. 实习实践包括企业参访、社会实践、工作跟随、工作实习等方式，请写出你准备通过怎样的实习实践方式探索感兴趣的职业，并填写实习实践记录（可添加 1~5 份）。 【实习实践报告提纲】（供参考）：实习实践单位情况简介、实习实践岗位简介、实习实践工作主要内容、实习实践工作具体安排、实习实践工作反思与建议、实习实践工作收获与体会 三、请对以上各种方式搜集的资料进行整理，填写职业信息整理表 【职业目标 1】：价值观、兴趣的满足；工作环境；工作报酬；工作与生活平衡；获得目标职业的渠道与机会；获得目标职业应具备的资格和准备；备注/注意事项（选填）；短期内，我应达成的目标；其他（选填）	

续表

			全国大学生职业规划大赛 生涯闯关指导手册		
关卡序号	总关卡名称	关卡名称	关卡要点	文本内容	关卡填写字数建议
第五关	目标锚定	领悟	澄清目标职业的再认识，并思考目标职业的社会意义	围绕职业目标，经过系统的职业探索，你对目标职业有哪些新的认识？（提示：可以尝试从国家、社会、个人等多个层面阐述，不做硬性要求）	100～500字
第六关	能力盘点	引导语		能力，是指顺利完成一项活动任务的个性心理特征，按照其获得的方式可以分为"能力倾向"和"技能"两类。"能力倾向"是指每个人先天展示的才能特长，如音准、运动能力等，它是与生俱来的。"技能"则是人们后天通过实践习得的能力。本文聚焦探索在后天实践中可提升的能力——技能。 确认自己现在拥有的技能，发现自己需要进一步拓展的技能，是职业生涯规划中的关键环节，大家快来挑战吧	—
		新知	学习《技能的分类》文本	1. 技能的分类 为方便探索与针对性提升，通常将技能分为三种类型：专业知识技能、可迁移技能、自我管理技能。先来了解下三种类型技能的概念及特征吧。 【专业知识技能】 概念解析：描述需要通过教育或者培训获得的特别的知识或技能，需经过有意识的、专门的学习才能掌握。 典型描述：××专业知识背景、××资格认证、××软件、××专业技术、××外语…… 【可迁移技能】 概念解析：描述一个人能做、会做的事，是可以在多种职业中运用的技能。 典型描述：沟通合作、组织协调、学习、调研、项目管理、团队管理…… 【自我管理技能】 概念解析：描述人具有的某些特征、品质，影响个体在不同的环境下如何管理自己。 典型描述：乐于奉献、吃苦耐劳、乐于助人、团结合作、创新精神……	—

续表

关卡序号	总关卡名称	关卡名称	关卡要点	文本内容	关卡填写字数建议
				全国大学生职业规划大赛 生涯闯关指导手册	
第六关	能力盘点	新知	学习《技能的识别与表达》文本	不论从职业规划还是求职就业的角度分析，技能既是受雇者的实力体现和底气所在，更是雇主关注的人力资源核心要素。清晰地识别个人技能并进行有效表达，成为技能探索环节重要的学习内容。个人职业生涯发展中的成就事件是对个人技能最真实有效的展示。接下来，让我们一起学习"成就故事"中技能的识别与表达，即运用 STAR 法则撰写成就故事。 STAR 法则是一种常常被面试官用来收集面试者与工作相关的具体信息和能力的工具，是一种从背景、任务/目标、行动/态度、结果四个方面讲述事件的方法。 背景（Situation）：事情是在什么情况下发生？（可以从挑战、危机、重要程度等方面表述） 任务/目标（Task/Target）：具体的任务是什么？（是个人承担的角色任务，即具体要达到什么目标） 行动/态度（Action/Attitude）：针对这样的情况分析，你采用了什么行动方式？（推荐动宾短语表述相关行动） 结果（Result）：事件结果怎样（可使用数据或显示度成果进行展示） 3. 技能的测量： 【学职平台－职业测评－能力/素养测评】 https://xz.chsi.com.cn/survey/index.action	
		笃行	分析意向专业、职业对于三种技能的要求	通过前面环节充分的探索，学习掌握了三种技能的概念及特点，请你开始对心仪职业与专业所需要的技能开展探索，并将探索的成果填入以下表格吧（分别填写有哪些专业知识技能、可迁移技能、自我管理技能）。 1. 我的心仪专业需要哪些技能？ 2. 我的心仪职业需要哪些技能？ 想要了解心仪职业需要的技能，可参考【学职平台－职业探索】职业详情页相关内容 https://xz.chsi.com.cn/occupation/index.action 3. 为了实现目标，我需要提升的全部技能：	100字以内

续表

全国大学生职业规划大赛生涯闯关指导手册					
关卡序号	总关卡名称	关卡名称	关卡要点	文本内容	关卡填写字数建议
第六关	能力盘点	笃行	使用STAR法则撰写成就故事，分析已具有的技能（可添加1~3个）	回忆自己取得的成就，也就是那些自己做过的、自认为比较成功或是感觉不错的事情。只要它们符合以下两条标准，它们就可以被视为"成就"：（1）你喜欢做这件事时体验到的感受。（2）你为完成它所带来的结果感到自豪。 成就故事1： 1. 成就故事的背景（Situation）：（必填）20~200字 2. 成就故事中我的任务/目标（Task/Target）：（必填）20~100字 3. 成就故事中我的行动/态度（Action/Attitude）：（必填）50~200字 4. 成就故事的结果（Result）：（必填）20~100字 5. 成就故事展示了我的哪些专业知识技能：（必填）10~100字 6. 成就故事展示了我的哪些可迁移技能：（必填）10~100字 7. 成就故事展示了我的哪些自我管理技能：（必填）10~100字	10~200字不等
		领悟	对标意向专业、职业的技能要求，评估个人技能	这里展示了你希望提升的各项技能，相信你的成就故事已经证明你具备了其中一些技能，但仍有许多技能需要在实践中提升，对标需要提升的各项技能，你有何提升思路呢？ 推荐参考资料：【学职平台－综合测评报告－能力素养解析】 https://xz.chsi.com.cn/cp/report/index.action	100~500字
第七关	技能提升	引导语		实践出真知，实践长真才。只有在实践中不断提升个人技能，才能真正让青春之花绽放在祖国最需要的地方，在实现中国梦的伟大实践中书写别样精彩的人生。未来，你将通过哪些实践提升个人技能？需要何种资源支持？又该如何应对变化呢？	—
		新知	学习《技能的提升》文本	各类技能典型的提升途径。 专业知识技能提升途径：可以通过在校教育、自学相关课程、相关竞赛、科研项目、专业会议、讲座、研讨会、资格认证考试培训、岗位实习、在职教育培训等途径收获并提升。 可迁移技能提升途径：可以通过参加学生活动、岗位实习、社会实践、科研活动等途径收获并提升。 自我管理技能提升途径：在实践中通过领悟，随时随地进行培养	—

续表

关卡序号	总关卡名称	关卡名称	关卡要点	文本内容	关卡填写字数建议
				全国大学生职业规划大赛 **生涯闯关指导手册**	
第七关	技能提升	笃行	探索技能提升途径	探索技能提升途径 经过新知环节学习，我们了解到三类技能典型的提升路径。对标心仪专业和职业的技能需求，你需要在大学期间提升哪些技能？具体要完成哪些事件、做出哪些行动？需要哪些资源支持呢？快来探索吧！（目标不宜过多，每个技能类型下最多添加10个技能） 1. 你希望提升的技能类型：（必填） 2. 你希望提升的技能名称：（必填）不超过20字 3. 能够提升该技能的典型事件：（必填）20~100字 4. 你需要做的具体行为：（必填）50~200字 5. 该事件的预期成果：（必填）50~200字 6. 完成该事件的预计时间：（必填） 7. 完成该事件需要的资源：（必填）20~200字	20~200字不等
			大学时期技能提升事件库	根据充分的探索，大学期间你期待完成以下事件，是否还需要补充？（系统自动带入之前填写的事件）	—
		领悟	大学期间职业生涯发展规划的思考与感悟	这里展示了你希望完成的典型事件，大学生涯充满不确定性，职业目标及生涯规划均在不断变化调整中，如果职业生涯路径发生了变化，你将以何种策略应对？ 推荐参考资料：【学职平台-《哪个才是我的选择》专题】【学职平台-职业决策风格测评】【学职平台-生涯适应力测评】 https：//xz.chsi.com.cn/xz/zt/sxjy.shtml https：//xz.chsi.com.cn/cp/sph/fmxx.do?surveyId=2b3uypw4mrs1logh&from=xzpt https：//xz.chsi.com.cn/cp/sph/survey.do?surveyId=e1feihqgt8vbey6f&reportId=&pageType=&from=xzpt	100~500字
第八关	生涯启航	引导语		一份完整、切实可行的职业规划书是职业规划的指南针，它可以帮助我们确立职业目标，厘清规划路径，制定行动策略，快来了解职业规划书的基本内容吧	—

续表

关卡序号	总关卡名称	关卡名称	关卡要点	文本内容	关卡填写字数建议
第八关	生涯启航	新知	学习《职业规划书基本内容》文本	职业规划书基本内容介绍	—
		笃行	生成《我的生涯探索成长单》	系统自动生成《我的生涯探索成长单》：包含前七关的标题+"悟"内容，可以一键导出word文档	—
		领悟	撰写个人职业规划书并上传	恭喜你对自己和职业世界都有了充分的了解，请基于职业规划书基本内容，结合"我的生涯探索成长单"，撰写属于自己的职业规划书吧！ 请根据《我的生涯探索成长单》内容，结合《职业规划书基本内容》介绍，撰写并上传个人职业规划书	—

附录 5　MBTI 性格测试详解

一、MBTI 性格类型介绍

人们的性格塑成期通常在青春期，在这之后人们具有了较为稳定的个性类型，并在随后的岁月中动态发展与完善。通常，我们觉得一个人随着年龄的增长，性格也发生了变化。然而，依据荣格的理论，人的性格一旦成型，就很难发生变化，之所以展现不同的表现方式，正是由于环境、经历等因素的变化，性格在动态地发展，之前不太使用的功能也得到了相应的发挥。如果用左手和右手来做一个比喻的话，一个人的 MBTI 倾向就是他最熟悉使用的那只手，随着阅历的增加，他也开始练习使用另外一只手。MBTI 有四个子量表，分别是：外倾、内倾（E/I）；感觉、直觉（S/N）；思维、情感（T/F）；判断－知觉（J/P）。你是 16 种性格中的哪一种呢？点击下面链接测试一下吧！

https：∥mbti.ycyshang.cn/pages/assessment/assessment？id = 31080737&timestamp = 1706749988850#MBTI 性格测试；

其他常用的测评网站：学信网；学职平台

附录6　大学生职业生涯规划（过程）档案表

分院：　　　　班级：　　　　姓名：　　　　电话：　　　　学号：

1. 生源信息（填表时间：　　　年　　月）

（1）考入我校之前的毕业学校名称：＿＿＿＿＿＿＿＿＿班任姓名电话：＿＿＿＿

（2）招生报考方式：A. 高考　B. 对口升学　C. 五年一贯制　D. 单独招生　E. 参军归来

（3）报考我校原因：A. 招生人员宣传　B. 班主任宣传讲解　C. 家长或亲朋介绍　D. 自己看报考指南　E. 其他因素：＿＿＿＿

（4）选择报考本专业原因：A. 好找工作　B. 喜欢这个专业　C. 家长或亲朋让报考本专业　D. 和同学一起报考的这个专业　E. 自己和家长都选择了本专业　F. 其他原因：＿＿＿＿

（5）性别：＿＿＿　身高：＿＿＿厘米　体重：＿＿＿千克　电子邮箱：＿＿＿＿

（6）爱好与特长：＿＿＿＿＿＿＿＿＿＿＿＿＿＿＿＿＿＿＿＿＿＿＿＿

（7）家庭详细住址：＿＿＿＿＿＿＿＿＿＿＿＿＿＿＿＿＿＿＿＿＿＿＿＿

（8）家庭主要成员及与本人的关系：

父亲姓名		职业		母亲姓名		职业	
兄弟姐妹等其他成员							

2. 自我认知

（1）自我性格特征分析。

	用词语表述	列举能说明此项特征的具体事例（各条40字以上）
我的突出性格特征		

（2）已有的生活、学习、工作、活动经历中成就事件分析（各条100字以上）。

时间、地点、内容	积累了什么经验	培养了什么能力	取得了哪些成绩和技能提高

（3）以下列出了职业院校的学生未来选择工作时通常面临的10种因素。现在请你在其中选出最重要和最不重要的两项因素，并将填入下面相应空格上。

最重要：_____ 次重要：_____ 最不重要：_____ 次不重要：_____

附：工作价值标准

①工资高、福利好的倒班工作。

②工作环境（物质方面）舒适。

③人际关系良好。

④工作稳定有保障。

⑤能提供较好的受教育培训机会。

⑥有较好的社会地位。

⑦工作不太紧张、外部压力少。

⑧能充分发挥自己的能力特长。

⑨社会需要与社会贡献大。

⑩经济发达、工业企业众多的江苏、浙江等区域。

3. 职业了解

（1）你所知道并感兴趣的行业有哪些？你的职业兴趣代码排序是怎样的？（可以在学信网上免费测量，获得报告）。

（2）你感兴趣的就业岗位类型（可选一个或两个以上）。

生产技术操作	科研技术	管理	销售	人事行政辅助	财务	客服或其他

（3）你有具体的企业目标吗？请填写＿＿＿＿＿＿，你有具体的岗位目标吗？请填写＿＿＿＿＿＿。

（4）你有参军的想法吗？＿＿＿＿。如果有，你将在哪一年大学几年级时参军？＿＿＿＿＿＿。

（5）你对学历有提升想法吗？＿＿＿＿。如果有，你将采取什么方式提高学历层次：A 毕业前考专升本　B 毕业后再考虑。

4. 阶段目标

亲爱的新同学，在进入大学学习、生活和实践的第二年了，你将制定怎样的目标，采取什么行动来完成制定的目标，目标完成到什么程度是你满意的标准，完成的时间节点请列在表中（各条目标在100字以上）。

学习目标：	具体学习行动计划与措施	完成时间与标准
实践目标：	具体实践行动计划与措施	完成时间与标准
生活目标：	具体生活行动计划与措施	完成时间与标准

通识教育中心　职业生涯规划与就业指导教研室　202×年×月修订

附录7　练习：厘清自己的就业目标

标职业/职位：_____

目标行业：_____

目标单位：_____

目标地域：_____

目前可以选择的是：_____

我还想通过努力达到的是：_____

达到上述就业目标，我的策略是：_____

_____

_____

资源和条件保障是：_____

_____

我的应急措施有：_____

_____

附录8　生涯彩虹图

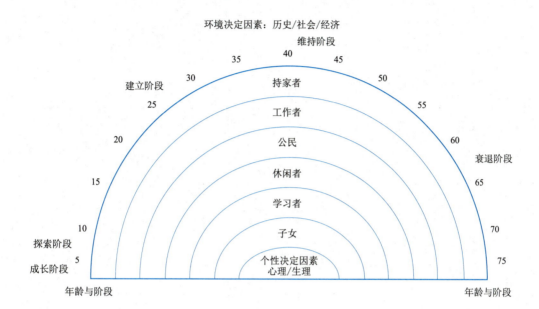

References 参考文献

[1] 李家华，等．大学生职业发展与就业指导［M］．北京：高等教育出版社，2022．

[2] 周文霞，谢宝国．职业生涯研究与实践必备的41个理论［M］．北京：北京大学出版社，2022．

[3] 李枢，生涯咨询99个关键点与技巧［M］．北京：机械工业出版社，2021．

[4] 李晓军，应用型高校大学生职业生涯规划与就业创业指导［M］．上海：上海教育出版社，2021．

[5] 吴兴惠，许芳，白军福．大学生职业生涯规划与就业创业指导（微课版）［M］．北京：人民邮电出版社，2021．

[6] 邹渝，张雪松．大学生职业生涯规划与就业指导手册：职业咨询经典案例［M］．北京：中国经济出版社，2020．

[7] 杨炜苗．大学生职业生涯规划与就业指导［M］．北京：清华大学出版社，2020．

[8] 李业明．职业生涯规划［M］．上海：上海交通大学出版社，2018．

[9] 张普权．大学生职业生涯规划与就业指导［M］．上海：上海交通大学出版社，2018．

[10] 胡琼妃，刘定巧．大学生职业生涯规划与就业指导［M］．北京：中国人民大学出版社，2017．

[11] 王占军．大学生职业生涯规划咨询案例精编［M］．上海：华东师范大学出版社，2017．

[12] 钟思嘉，金树人．大学生职业生涯规划：自主与自助手册［M］．北京：高等教育出版社，2017．

[13] 陶德胜，等．大学生职业生涯规划与就业创业指导（修订版）［M］．苏州：苏州大学出版社，2017．

[14] 钟谷兰，杨开．大学生职业生涯发展与规划（第2版）［M］．上海：华东师范大学出版社，2016．

[15] 鲁江旭．大学生职业生涯规划与就业指导［M］．北京：中国轻工业出版社，2016．

[16] 刘平．大学生就业与创业指导［M］．北京：清华大学出版社，2016．

[17] 孙晃．高职院校学生职业生涯规划与就业创业指导［M］．苏州：苏州大学出版社，2016．

［18］王丽迎，等.大学生职业生涯规划［M］.北京：北京邮电大学出版社，2022.

［19］高亮，邹琴.大学生职业生涯规划［M］.北京：北京理工大学出版社，2023.

［20］文武.大学生职业生涯规划与就业指导［M］.上海：上海交通大学出版社，2023.